KB154198

AI 임팩트

Artificial Intelligence **Impact**

AI 임팩트

인공지능의 정체와 삶에 미치는 파장

이주선 지음

굿인포메이션

SK경영경제연구소에 재직하던 2014년 초 '인공지능(AI: artificial intelligence)이 사람의 지능에 필적할 만한 지능으로 발전할 가능성이 있다'는 소식을 카이스트의 뇌과학자 김대식 교수로부터 전해들었다. 내가 이런 이야기를 듣던 시기에 이미 인공지능은 '딥러닝'이라는 기술로 이미지 인식과 사람들의 언어 인식 및 번역에서 사람을 능가하는 수준에 도달해 있었다. 2014년과 2015년 이런 인공지능 관련 정보와 지식은 전문가들이 참여하는 포럼과 회의의 주요 주제가 되었다. 그리고 우리나라에서는 2016년 딥마인드의 인공지능 '알파고'가 이세돌 9단과 서울에서 대국을 해서 4대1로 완승을 거두면서 대중들까지도 인공지능 시대의 도래를 알게 되었다.

특히 사람의 지능을 능가하는 인공지능의 등장이 지금까지 많은 사람들의 선망의 대상이던 의사, 변호사, 회계사 등 고임금 전문직 일자리들조차 모두 무용지물로 만들 것이라는 예상들이 미디어에 자주 보도되었다. 그리고 더 나아가서 궁극적으로는 사람이 할 일이 없어 사람에게 지배당하는 다른 동물들과 같이 무능한 무엇인가가 될수도 있다는 이야기들도 돌았다. 미래에 인공지능으로 인해서 도래할 이러한 디스토피아에 대한 예측은 여러 영화에 나오는 인공지능

주인공들처럼 인공지능이 사람을 능가해서 지배하는 상황을 그려보는 대중적인 불안과 호기심을 자극했다. 이러한 인공지능 기술에 대한 부정적인 인식은 마침내 2017년 당시 살아있던 세계적인 석학인 스티븐 호킹을 비롯해서, 닉 보스트롬, 일론 머스크 등 과학자와 관련 산업 CEO 등 2,000여 명이 "인공지능 기반 무기 경쟁을 피해야 한다"는 등의 AI 개발 관련 23개 원칙에 서명한 성명을 발표하는데 이르자 더욱 고조되었다.

그러나 금세기 최고의 미래예측 성공률을 자랑하는 구글의 수석 과학자 레이 커즈와일은 인공지능이 개별적인 사람의 지능을 초월하는 범용인공지능(AGI: artificial general intelligence)은 2029년에 실현되고, 전 인류가 가진 지능의 총합을 크게 초월하는 특이점(singularity)은 2045년에 도달할 것이라고 예언했다. 또한 그는 2030년까지는 사람이 초능력과 영원한 생명을 가지는 포스트휴먼(post-human)으로 진화하는 중간단계인 트랜스휴먼(trans-human) 상태에 접어들 것이라고 예견하기도 했다. 특히 그는 인공지능 시대의 도래로 기하급수적 경제성장(progressive growth)이 가능해져서 사람이 더 이상 부족과 희소성에 지배를 받지 않게 될 것이라고 말하는 인공지능 낙관론자이기도 하다. 공상과학소설이나 영화 같은 커즈와일의 이와 같은 상상을 초월한 예견은 처음에는 많은 다른 전문가들의 다양한 비판과 조소를 받았다. 그러나 2021년 현재는 상황이 완전히 바뀌어 대부분 전문가들이 늦어도 21세기 이내, 좀더 구체적으로는 2060년 무렵까지 특이점에 도달하리라는 데 대부분 동의하고 있다.

이러한 인공지능 기술의 영향력에 대한 관심과 예견은 세계의 미래에 대한 가장 저명한 인사들의 예측의 장인 〈세계경제포럼(WEF: World Economic Forum) 2016년 회의〉가 인공지능 기술이 세계의 미래를 좌우할 가장 중요한 기술이 될 것이라고 인정하게 했다. 그리고 이러한 와해기술들(disruptive technologies)이 가진 긍정적인 기술혁신의 이익과 특이점의 도래 등 다양한 위험에 대한 균형적인 대비가 필요하다는 인식을 공유하게 만들었다.

맥킨지, 액센츄어, BCG를 포함한 세계 유수의 컨설팅 기업들과 저명한 경제학자들은 이러한 기술의 발전으로 전 세계에서 2025년까지 전체 일자리의 15%에 해당하는 4억 개가 사라지게 될 것이라고 예상하고 있다. 그러나 이 기업들은 또한 인공지능 기술을 중심으로 한 기술혁신이 더 많은 일자리를 창출하게 될 것이라는 예측을 공유하고 있기도 하다. 이들 컨설팅 기업들은 더 나아가서 이 기술을 선도적으로 채택한 기업과 국가가 시장과 산업 지배력을 승자독식적으로 향유하는 수퍼스타 기업(superstar firm)과 선도국가가 될 것이라고 예상하고 있다. 특히 이들은 현재 사람들이 종사하는 일과 일자리들의 양태가 대격변을 겪을 것이라고 예측하고 있다. 또한 이들은 지금까지 사람들이 선망하던 안정적이며 높은 소득을 제공하던 대부분의 일과 일자리들이 저임금 일용직으로 전락할 가능성을 시사하고 있기도 하다. 이에 더해서 이들은 기존 교육으로는 이런 일자리 전환(job change)에 대처하는 것이 대단히 어려울 것이라고 경고하고 있다.

또한 인공지능화의 진전으로 지금까지 3차 산업혁명과 세계화가 맞물려 기업들이 추구해 온 저임금 노동력을 이용하기 위한 개발도상국에서의 최적입지 경쟁이 급격히 쇠퇴할 가능성도 커지고 있다. 이는 저임금 노동력으로 말미암아 비교우위를 가졌던 개발도상국들이 더 이상 이런 우위를 유지하지 못하는 상황으로 세계경제 환경이 급변할 가능성을 시사한다. 이러한 변화는 앞으로는 선진국에 의한 기술이전과 해외직접투자에 의존한 개발도상국들의 경제개발 전략이 유효할 수 없음을 의미할 수 있다. 그리고 우리나라처럼 수출과 해외자본투자를 통해서 경제발전을 도모해 온 국가들에도 급격하고도 광범위한 정책전환 필요성을 시사한다.

3차 산업혁명 이후 진행되어온 정보화, 컴퓨터화, 로봇화, 디지털화로 이어지는 기계를 통한 자동화의 물결은 승자독식적 결실배분 방식을 지속적으로 강화하여 왔다. 그런데 인공지능 기술을 포함한 4

차 산업혁명의 와해성 기술혁신들은 이를 더욱 심화시킬 것으로 예상된다. 그리고 이는 심각한 소득격차 확대를 초래하여 사회적, 정치적 갈등을 더욱 악화시킬 가능성을 시사하고 있다. 지금도 급격한 자동화로 인한 저임금 일자리의 양산과 고도의 기술을 요하는 일자리의 증가는 교육수준에 따라 저학력, 저기술 인력의 노동소득 분배비중을 더욱 낮게 만들고, 고학력, 고기술 일자리와의 소득격차를 심각하게 강화하고 있다. 그런데 이를 넘어서 고학력, 고기술 일과 일자리조차도 인공지능이 대신하는 상황이 초래될 가능성이 높아지고 있는 것이다. 이에 더해서 디지털화와 인공지능화의 진행은 시장경쟁에서 승리하는 수퍼스타 기업으로의 심각한 집중화도 더욱 강화시켜, 거의 모든 나라들에서 사회적, 정치적 갈등을 크게 증폭시키고 있다. 이 과정에서 '현대경제의 석유'라고까지 일컬어지는 데이터를 이용하는 것과 관련해서 부각된 공정성, 프라이버시, 소유권 문제는 현재의 법체계로는 적절한 대응이 사실상 어려운 상황이다.

그렇다면 이렇게 갑자기 우리의 인식지평에 등장해서 여러 문제들을 고민하게 하고 있는 인공지능의 정체는 무엇이며, 이런 기술혁신의 충격에 어떻게 대응해야 할까? 인공지능은 도대체 어디서 기원해서 오늘에 이르렀나? 그런 인공지능들의 핵심기술들이 어떤 것들이길래 사람의 지능을 능가할 수 있다고 예견되는가? 도대체 인공지능이 현재 어떤 상태까지 진화했으며, 언제쯤 이런 소설 같은 예언들이 현실이 될 것인가? 이렇게 급격히 발전하는 인공지능이 삶의 핵심 기반인 일과 일자리에 심각한 파장을 초래할 때, 어떻게 대응하는 것이 가장 효과적일까? 일과 일자리는 주로 시장에서의 거래와 기업들의 행태에 의해서 심각한 영향을 받는데 인공지능 기술의 발전과 진화는 시장에 어떤 파장을 가져올까? 또한 시장의 원활한 작동을 위해서 사회적 평화(social peace)와 거래질서 유지를 담당하는 정부가 소득분배 악화를 비롯한 주요 현안들에 대응하기 위해서 어떤 정책들을 사용할 수 있을까? 대개 이런 주제들이 현재 진행되고 있는 인공지능으로 말미암아 초래될 와해적 기술혁신에 대하여 사람들이 가지게 되는 합리적인 질문들이라 할 수 있다.

나는 2017년 초 SK경영경제연구소를 사직한 후 이런 주제에 대해서 광범위하게 독서하고, 사색하고, 쓸 수 있는 시간을 가지는 데 자유로워졌다. 그래서 그해 초 〈기업&경제연구소〉를 설립하고 인공지능을 비롯한 와해적 기술들의 급격한 등장과 그 기술들의 핵심에 있는 인공지능을 본격적으로 공부하기 시작했다. 이미 많은 책과 논문들이 다양하게 나와 있었다. 그럼에도 불구하고 앞에 언급된 주요 주제들을 공부하기 위한 책이나 논문들은 다양한 방식으로 분산되어 있어서 섭렵하는 데 많은 시간이 소요되었다. 이렇게 많은 시간을 들여 공부를 하다 보니 이를 책으로 출판하면 사회과학이나 인문과학 등 인공지능 비관련 전문가들이나, 대학이나 대학원에서 정치, 정책, 행정, 경제, 경영, 법 등 다양한 분야에서 공부하는 학생들에게 보다 정리된 형태로 '인공지능의 정체와 삶에 미치는 파장'에 대한 광범위한 체계적 지식을 제공할 수 있을 것이라는 생각이 들었다. 또한 이에 관심을 가진 일반 독자들에게도 복잡하고 전문지식을 필요로 하는 어려운 방법이 아니라, 보다 이해하기 쉬운 보편적인 용어들로 인공지능의 발달과정과 그 기술 그리고 앞에서 말한 미래에 대한 예측들을 설명해서 이해에 도움을 줄 수 있으리라고도 생각했다.

나는 또한 이러한 작업이 현재 진행되고 있는 광범위한 지식의 축적과 기술의 혁신에 상당한 도움이 되리라고 판단하였다. 학문이나 과학이나 기술은 늘 지식의 축적을 통해서 발전한다. 후학들은 대개 앞의 연구들에 대한 체계적인 정리를 통해서 빠른 시간 내에 이미 만들어진 지식과 정보들의 핵심들을 파악하여 이해한다. 그러고 나서 그 위에 자신의 창의성과 지혜와 명철을 통해서 획득한 지식들을 추가하는 방식으로 공부와 연구를 진행한다. 이런 과정을 통해서 인류는 지금과 같은 학문과 과학, 문명과 문화, 그리고 예술의 진보와 발달을 성취할 수 있었다. 그러므로 새로운 지식이나 기술의 발견과 발명만큼이나, 지금 이 책에서 내가 하려는 것과 같이 기존 지식을 잘 이해해서 체계적으로 정리하는 것이 대단히 중요하다.

　따라서 이 책은 흥미를 위주로 쓰여진 책이 아니며, 소설이나 시나 다양한 신변잡기에 대한 글들과 그 궤를 달리한다. 이 책은 오히려 현재 가장 복잡한 공학과 수학의 언어들로 정리되어 있고, 인지과학, 컴퓨터공학, 경제학의 난해한 용어들을 동원해서 설명해야 할, 다양하고도 복잡한 인공지능 기술들의 핵심과 그 주요 부문별 파장들을 일반 독자들도 읽을 수 있는 보다 쉬운 용어들로 설명하고자 애쓰고 있다. 그래서 이 책은 설사 다른 분야 전문가라 하더라도 인공지능 분야에 문외한인 독자가 한 번 읽어서 모든 것을 이해하기는 어려울 수도 있다. 그러나 책을 읽는 데 집중한다면, 수학이나 엔지니어링, 컴퓨터 언어를 체계적으로 공부한 전문가들이 아니더라도, 궁극적으로는 '인공지능의 정체와 그 파장'에 대한 이해에 용이하게 도달하리라고 확신한다.

　이 책은 목차에서 볼 수 있는 것처럼 다섯 장으로 구성되어 있다. 이렇게 책이 구성된 이유는 필자가 가진 '어떤 사안'을 보는 성향과 직접 연결되어 있다. 나는 대개 어떤 사안이나 주제에 접할 때 그 역사나 기원부터 따지는 성향이 있다. 이런 성향은 역사인식이 사안을 파악하는 데 가장 중요한 좌표설정의 방법이라고 생각하기 때문이다. 그 다음에 나는 사고와 저작의 대상이 되는 주제의 본질을 파악하고, 해당 주제의 장기적인 파급효과를 고려한다. 그러므로 이 책도 인공지능 연구의 역사로부터 시작해서 인공지능 기술과 그 장래에 대한 조망을 먼저 했다. 다시 말해서 인공지능이라는 기술의 정체가 무엇인지 파악하는 것을 먼저 한 것이다. 그러고 나서 이 기술이 개인의 삶에 핵심적인 영향을 미치는 일과 일자리, 이와 직접 관련된 생산성과 경제성장, 세계적인 수준에서의 무역과 투자에 미치는 영향을 분석해서 우리의 삶에 가져올 파장에 대해 살펴보았다. 또한 이들이 상호작용해서 궁극적으로 나타날 삶의 토대가 되는 소득분배에 어떻게 영향을 미칠 것인가에 대해서도 살펴보았다. 다음으로 이러한 삶에 핵심적인 영역들이 조율되는 중추적 공간인 시장과 정부에 어떤 파장을 초래할지를 설명하는 데로 나아가서, 인공지능이 초래할 삶에의 파장이 어떤 '큰 그림'을 가지게 될 것인가를 조망하고자 했다.

이런 얼개를 가진 이 책의 구체적인 내용을 각 장별로 요약하면 다음과 같다.

제1장은 데카르트가 16세기에 '인간은 기계다'라고 주장한 데서 인공지능에 대한 아이디어가 진화하기 시작했다는 것으로 출발한다. 이어서 18세기 보캉송의 '플루트 연주자'를 비롯한 자동인형들의 등장과 20세기 전반 컴퓨터의 아버지로 불리는 튜링과 선각자들의 인

공지능에 대한 아이디어들을 상세히 기술한다. 이렇게 해서 이런 생각들이 어디서부터 출발해서 그 실체를 드러내게 되었는지 설명하였다. 다음에는 1956년 다트머스회의에서 매카시와 민스키를 비롯한 인공지능 최고 전문가들이 이 가상의 기계에 '인공지능'이라는 용어를 처음으로 부여해서 이 연구분야를 정식 학문으로 시작한 것과 그 이후 1970년대 초까지 이어진 연구의 1차 황금기를 구체적으로 살펴보았다. 또한 인공지능 연구의 초창기에 어떻게 기계가 사람의 지능('자연지능')을 가질 수 있는지에 대한 전문가들의 논의가 기호주의와 연결주의라는 합리주의와 경험주의의 철학적 전통과 어떻게 이어지는지를 설명했다. 그리고 이 학파들이 현재의 인공지능과 어떻게 연결되는지를 설명하여 인공지능 또한 사람의 사고와 철학에 깊은 뿌리를 두고 있음을 보이고자 하였다.

이에 더해서 지금에 이르기까지 1차 암흑기와 '인공지능의 겨울'이라 불리는 두 번의 연구침체기들을 설명하고, 이 두 침체기 각각을 지날 때 어떤 기술적 돌파와 과정으로 인공지능 연구가 부활에 성공해서 다른 두 번의 황금기를 맞게 되었는지를 설명한다. 1차 암흑기에는 당시 세계 최강국들이자 인공지능 연구와 연구지원에서 선두에 섰던 미국과 영국이 지원을 철회한다. 이 부분에서는 그렇게 된 배경들과 그 당시 인공지능과 그 기술들이 지닌 한계들을 설명한다.

이어진 2차 황금기에는 '전문가 시스템'이 혁신의 핵심을 이루었고, 인공지능 연구의 두 학파 가운데 기호주의가 대세가 되었다. 반면에 연결주의는 거의 붕괴상태에 있었는데 왜 그런 일이 벌어지게 되었는지도 상세하게 설명한다. 그러나 전문가 시스템을 포함한 기호주의 인공지능들이 더 진보해서 사람 수준의 지능에 도달하리라던 기대가 무너졌다. 반면에 PC들이 전문가 시스템들보다 성능은 더 좋으면서 가격이 낮아지게 되자, 다시 인공지능 연구와 투자는 '인공지능의 겨울'이라는 2차 침체기에 들어갔다. 전문가 시스템이 주류를 이루던 1980년대는 일본이 세계 제2위 경제강국이었으므로 일본, 미국, 영국이 인공지능 연구에서 각축하는 상황이었다. 그러나 1990년대 중반 인공지능의 겨울이 시작된 후 일본을 비롯한 3국이 모두 인공지능 연구에 대한 지원을 사실상 전면철회하는 상황으로 돌아가게 되었다. 이런 제2의 침체기는 2010년대 초까지 사실상 지속되었다. 2차 침체기의 종료와 3차 황금기의 시작은 2012년 토론토 대학교의 제프리 힌튼 교수 팀이 '딥러닝'을 통해서 컴퓨터 비전 분야의 최고 인공지능 기술 경진대회인 ILSVRC(이미지넷 대규모 이미지 인식 경연대회)에서 타의 추종을 불허하는 성능으로 우승한 이후부터이다. 그런데 딥러닝은 2차 침체기까지 인공지능 연구의 대세를 이루었던 기호주의 기술이 아니라 사실상 퇴출상태에 있던 연결주의 기술이어서 기적 같은 연결주의 학파의 부활을 불러왔다. 이후 '딥러닝'은 인공지능 연구기술의 대세가 되고 있다. 어떤 과정을 거쳐서 이런 혁신과정이 흥미진진하게 전개되어 왔는지를 가급적이면 체계적으로 상세하게 설명하려고 노력했다.

마지막으로는 이런 인공지능 연구와 발전의 역사에서, 우리가 이미 신문이나 방송 등 미디어를 통해서 익히 알고 있는 인공지능들인 딥블루, 왓슨, 자율주행차, 알파고, 알파제로, 리브라투스, 알파폴드, GPT-3 등이 인공지능 발전사에서 차지하는 위상과 사용된 기술 그리고 한계들을 설명하였다. 또한 왜 이런 인공지능들이 개발되고 주목받게 되었는지 그리고 현재 사람의 지능과 비교할 때 이들이 가진 한계는 무엇인지를 설명하였다.

이와 같은 인공지능 발달사에 대한 개관은 독자들로 하여금 인공지능이 시간의 변화에 따라 어떤 변화의 추세를 보였는지를 이해할 수 있게 해서, 앞으로 이 와해적 기술혁신이 어디를 향할지에 대한 조망을 가능하게 할 것이다.

제2장은 지금까지 출현한 인공지능 기술에 대한 이해하기 쉬운 설명에 초점을 맞추었다. 기계가 사람 같은 지능을 가지도록 하기 위해서 사용되는 기술의 본질과 발전양상에 대한 이해는 기술의 진화과정을 통해서 도달할 미래세계를 합리적으로 예측하는 데 중요하

다. 즉, 이는 향후 전개될 미래세계를 상상이나 두려움에 입각해서 막연한 기대나 예언을 따라 불합리하게 조망하는 것을 피할 수 있게 한다. 그러므로 이러한 이해는 합리적으로 추론된 미래의 삶과 도전에 어떻게 개인적, 사회적, 국가적, 범지구적으로 대응할 것인가를 모색하는 데도 대단히 중요하다.

그러므로 이 장에서는 먼저 사람들이 '사람처럼 스스로 판단하고 움직이는 기계'를 만들려는 꿈을 실현하기 위해서 처음으로 제작했던 18세기 자동인형이 어떤 원리와 기술을 통해서 사람 같은 놀라운 행동을 보였는지에 대한 흥미로운 설명으로 시작한다. 이어서 인공지능 기술이 규칙 기반 인공지능, 기계학습 기반 인공지능, 인공신경망 기반 인공지능, 딥러닝 기반 인공지능으로 발전한 계보를 대별한다. 이를 통해서 어떤 구체적 기술들이 어떤 계보에 속하고 대별된 기술들간 관계는 어떤 양태를 보이는지를 설명해서, 인공지능 기술발전의 범위(scope)와 경계(boundary)를 이해시키고자 하였다. 인공지능은 크게 이 4대 기술들로 만들어지고 있다. 규칙 기반 인공지능은 기호주의 기술에 기반하고 있고, 기계학습 이후의 인공지능 기술들은 연결주의 기술 기반이며, '학습'이 지능 시현의 핵심방법이다. 또한 기계학습 기반 인공지능들은 '인공신경망에 입각한 것이냐 아니냐'에 따라서 구분되며, 인공신경망 기반 인공지능들은 딥러닝 이전

단층 또는 다층 퍼셉트론을 포함한 인공신경망 기술들과 딥러닝으로 구분된다.

이어서 이 4대 주류기술들을 차례로 구체적으로 설명하였다. 기호주의 학파의 기호·논리 주입을 통해서 지능을 가지게 하는 기술의 원리와 특성, 기계학습을 통해서 지능을 가지게 하는 기술의 원리와 특성, 인공신경망을 기초로 기계학습을 하는 퍼셉트론의 원리와 문제점들, CNN, RNN, LSTM, GAN 등 최신 딥러닝 핵심기술들의 원리와 특성들을 차례로 설명하였다. 특히 기계학습 기반 인공지능 기술 설명에서는 지도학습, 비지도학습, 강화학습, 전이학습 등 기계가 행하는 학습의 종류와 특성들을 구체적으로 살펴보았다. 이를 통해서 '기계가 지능을 가지는 것이 사람처럼 학습을 통해서 어떻게 가능한가?'를 설명하고자 했다. 또한 사람의 두뇌를 모사한 신경망을 만들어서 이를 학습시키는 기계학습의 한 부류인 인공신경망이 '퍼셉트론(Perceptron)'이라는 이름으로 처음 만들어져서 많은 난관과 장애를 뚫고 오늘날 인공지능의 첨단기술로 화려하게 부활한 '딥러닝'이 되기까지의 과정을 설명하였다. 여기서는 죽음의 계곡을 통과한 돌파 기술들과 혁신과정을 상세하게 설명하고, 딥러닝 기술이 이미지 인식, 음성과 언어 인식을 포함한 자연어 처리, 기계번역, 자율주행, 게임 등에서 사람보다 월등한 역량을 가지게 한 기술적 본질과 내용을 쉽게 이해할 수 있게 설명하고자 하였다. 이를 위해서 다양한 딥러닝 기술들의 내용과 진보의 전개상황들을 상세하게 설명해서 이 기술로 시작된 인공지능의 3차 황금기가 왜 과거와는 달리 많은 기대를 가지게 하는지 이해시키고자 하였다.

그리고 딥러닝의 출현 이후 자연지능에 필적하거나 이를 능가하는 인공지능에 대한 관심이 더욱 고조되고 있지만, 여전히 사람에 비해 특정 분야에서는 월등한 지능을 보이나 다른 분야에서는 갓난아이만도 못한 역량을 보이는 '모라벡의 역설(Moravec's paradox)'이 현실임도 설명하였다.

제3장에서는 과연 '사람과 필적할 만한 인공지능'인 범용인공지능(AGI) 또는 자연지능을 능가하는 초지능(superintelligence)이 출현할 것인가에 초점을 맞추었다. 왜냐하면 '앞으로 인공지능 기술의 발전이 어디까지 갈까?'에 대한 합리적인 판단을 하는 것은 AGI나 초지능이 가져올 편익과 위험을 고려해서 이를 대비하는 데 대단히 중요하기 때문이다. 그래서 여기서는 먼저 현재 최첨단 대세기술인 딥러닝이 가진 한계를 조망하여, 현 시점에 우리가 보는 경이적인 성과와 발달 추세에도 불구하고 이 기술이 범용인공지능이나 초지능으로 발전하기 위해서는 아직도 선결과제들이 많은데, 그 과제들이 구체적으로 무엇인가를 설명하였다.

범용인공지능이나 초지능으로 발전하기 위해서 가장 중요한 것은 자연지능의 원천이 되는 두뇌의 기능과 작동원리를 모사하는 것이 핵심이다. 그러므로 사람의 지능발달 과정과 그 지능이 가진 특성들을 구체적으로 살펴서, 인공지능이 어떤 구조와 특성을 가지고, 어떻게 학습을 할 수 있어야 범용인공지능으로 발전할 수 있을지에 대한 전문가들의 제언들을 정리하고자 했다. 여기서는 먼저 기계가 사람 수준 지능으로 진화하기 위해서 필요하다고 전문가들이 제시한 일곱 가지 중요한 조건들의 구체적 내용을 정리했다. 그러고 나서 이를 실현하기 위해서 장차 발전시켜야 할 하드웨어, 소프트웨어, 학습기술들의 혁신은 어떤 것들인지를 살펴보았다. 그리고 이렇게 제시된 조건들이 2020년 전후에 어떤 수준에 각각 도달하고 있는지에 대한 정보를 업데이트했다. 여기에는 '정신 역공학'을 포함한 인지주의 인공지능 연구방법론의 진화, 2018년 구글이 발표한 BERT라는 사람을 능가하는 질의응답 능력을 가진 자연어 처리모델, 2020년 자연어 처리에서 획기적으로 범용성을 확장하여 사람들을 놀래킨 오픈 AI의 GPT-3, DARPA가 2018년부터 2021년까지 진행하는 딥러닝 시스템의 설명력을 향상시키기 위한 XAI(Explainable AI) 프로젝트, 학계의 연구가 집중되고 있는 어텐션 메커니즘, 스몰 데이터로도 추론하고 스스로 학습하며 데이터를 축적하는 바이캐리어스의 RCN(재귀피질네트워크), 구글의 풍선에 의한 험지 인터넷 프로젝트 룬(Loon)에 적용된 기계학습 확률모델 가우스 프로세스, 인공지능이 상식을 가지도록 AI2(알렌인공지능연구소)가 추진중인 MAC(기계상식) 프로그램, ABS(에이전트기반시스템) · MAS(멀티에이전트시스템) · SI(떼지능)로 구성된 인공지능과 사람 간 협업과 팀워크를 원활히 하기 위한 분산 인공지능(Distributed AI) 연구에 대한 설명이 포함된다. 이 첨단인공지능 연구들에 대한 업데이트는 결국 현재의 인공지능 연구가 얼마나 AGI를 향한 목표에 다가서고 있는지를 가늠할 수 있게 하는 중요한 자료가 될 것이다.

마지막으로 '언제 범용인공지능이 실현될지' '언제 초지능이 나타나는 특이점에 도달할지'에 대해서 2009년 이래 연인원 995명의 전문가들을 대상으로 행해진 설문조사들(2009, 2012, 2017, 2019)에 나타난 전문가들의 예견을 요약했다. 이에 따르면 대개 범용인공지능에는 2050-2060년대 정도에 도달하게 되고, 금세기 이내에 초지능에도 도달하게 될 것이라는 예상을 이 분야 최고 전문가들이 하고 있었다. 아울러 여기서는 전문가들이 이러한 컨센서스에 도달하게 된 논리가 무엇인지를 설명해서 예견의 합리성 또는 타당성에 대한 궁금증을 해소하고자 하였다. 요약하면 이 논리는 사람의 지능발달은 답보상태인데 기계는 지능확장에서 지수적인 성장을 할 수 있는 요건을 모두 확보하고 있다는 것이다. 이미 기계가 사람을 능가하는 부문들이 급속히 늘어나고 있으므로, 이 추세로 가면 지금까지 거의 보이지 않던 성장추세가 급격하게 가속되어, 아주 가까운 장래에 기계지능이 사람 수준이나 사람을 능가하는 수준으로 발달하게 되리라는 것이다.

제4장에서는 인공지능이 우리의 삶에서 가장 중요한 일과 일자리에 미치는 영향, 그리고 이에 직결된 생산성, 경제성장, 소득분배, 대외무역과 투자에 미치는 영향을 조망하고자 했다. 일과 일자리에 대한 영향을 먼저 분석한 이유는 사람은 자신의 삶이 무엇보다도 중요한 관심사이기 때문이다. 사람이 자신의 삶을 정상적으로 영위하기 위해서는 물질적인 토대의 확보가 필수적인데, 이를 해결하는 것이 바로 일과 일자리이다. 그런데 일과 일자리는 생산성 및 경제성장과 직접적 연관관계가 있고, 소득분배와 직결된다. 특히 범지구적인 세계화와 인터넷을 통한 연결은 일과 일자리가 국가간 무역과 투자의 흐름과도 직접적으로 연관되게 만든다. 따라서 인공지능의 등장이 이런 우리 삶의 핵심적 변수들에 어떤 영향을 미치는가를 조망해보는 것은 미래에 대한 방향설정에 중요하다. 그러므로 이들 변수들의 관계들에 대한 분석과 예측을 망라하여 체계적으로 설명하고자하였다.

이를 위해 먼저 인공지능이 현재 우리의 삶에 어느 정도, 어떤 속도로 침투하고 있는지를 다양한 사례들을 통해서 살펴보았다. 인공지능 연구와 관련된 학술논문 편수와 전공학과와 전공학생 수의 증가, 투자, 창업, M&A, 로봇 생산과 산업배치 증가, 해당 특허건수의 증가추세를 살펴보면, 현재까지 성장추세가 대단히 빨랐던 컴퓨터 사이언스 관련 산업보다도 그 추세가 훨씬 빠르다. 이는 인공지능의 삶에의 침투가 지수적으로(exponentially) 빨라지는 단계에 들어가고 있음을 의미한다.

이어서 인공지능의 발전이 일과 일자리에 미치는 영향을 맥킨지, 액센츄어, 보스턴 컨설팅 등 세계 유수의 컨설팅 회사들과 이 분야 최고 경제학자들의 분석을 광범위하게 종합하여 설명하였다. 구체적으로 인공지능의 일자리 감소 초래 요인들, 이로 인한 일자리의 감소 수준, 타격이 예상되는 일과 일자리 등을 차례로 설명하였다. 또한 일자리 창출 요인들, 이로 인한 일자리 창출 수준과 앞에 설명한 일자리 감소 상쇄 가능성 등도 설명하였다. 이뿐만 아니라 특히 주목해야 할 점으로 기계로 인해서 일자리의 양태와 특징이 바뀌게 되는 '일자리 전환(job change)'에 대해서도 구체적으로 설명하였다. 이는 개인의 입장에서 현재 '자신이 하고 있는 일이 자동화, 디지털화, 컴퓨터화, 인공지능화 등으로 어떤 변화를 겪게 될지' '이런 변화에 어떻게 대비하는 것이 좋을지'를 예상하는 데 핵심적인 정보가 될 것이므로 중요하다.

이어서 인공지능이 생산성과 경제성장에 미치는 효과에 대한 분석은 경제성장론의 정형화된 사실(stylized fact)인 '솔로우의 역설(Solow's paradox)'이 '산업 4.0' 또는 4차 산업혁명으로 통칭되는 인공지능을 중심으로 한 현 단계 기술혁신으로 돌파될 것인가에 대한 다양한 분석을 설명하였다. 일부에서는 솔로우의 역설이 지속될 것으로 본 반면, 다른 일군의 학자들은 '현 단계에서 그렇게 보이는 것이 인공지능에 대한 선투자(upfront investment)가 지속되는 가운데 그 성과물은 아직 제대로 나오지 않아서'라고 설명하고 있다. 이들은 대개 증기기관이나 전기로 인한 '산업 1.0'과 '산업 2.0'에서도 제대로 생산성의 폭발과 기하급수적인 경제성장이 이루어지는 데는 50여 년에 달하는 기간이 필요했다는 것을 그 사례로 제시하고 있다. 또한 여기서는 기술혁신이 일자리를 감소시키는 반면 생산성의 획기적 향상과 고도경제성장을 가져올 것이라는 예상과 달리, 솔로우의 역설처럼 '기술혁신이 생산성과 경제성장에 부정적인 영향을 미친 반면, 줄어들 것으로 예상했던 일자리를 크게 증가시키는 결과를 가져왔다'는 예상과 전혀 배치되어 보이는 또 다른 경제학의 '정형화된 사실'이 발생한 것에 대해서도 기존 분석들을 통합해서 설명하였다.

다음으로는 인공지능의 도입을 포함한 디지털화, 자동화가 소득분배와 국제무역과 투자에 미치는 영향을 설명했다. 소득분배는 범세계적으로 갈수록 악화되는 추세이며, 노동의 분배 몫도 지속적으로 하락되어 온 추세가 증폭될 가능성이 높다. 특히 인공지능 기술로 인해서 개발도상국의 노동에서의 비교우위가 급격히 축소됨으로 인해서 무역과 투자는 개발도상국들에 대단히 불리한 상황으로 전개될 것으로 예상되고 있다. 또한 저숙련 노동, 모듈화된 일 또는 일자리가 급격히 감소되고, 이와 관련된 전문직, 일용직을 불문하고 임금은 매우 빠르게 크게 하락할 것으로 전망되고 있음도 설명하였다. 그리고 국내복귀(U-turn) 기업에 대한 여러 인센티브 제도들이 궁극적으로 국내 일자리를 창출하기 어려운 이유를 설명해서 일자리를 위한 정책의 광범위한 수정 필요성을 이해시키고자 하였다.

제5장에서는 인공지능화 또는 디지털화가 '게임체인저(game changer)' 역할을 하는 디지털 경제의 특징과 시장과 정부에 미치는 파장에 대한 설명에 초점을 맞추었다. 이렇게 시장과 정부에 미치는 파장에 주목하는 것은 시장에서 개인은 소비자로서 상품과 서비스를 구매하고, 노동의 공급자가 되기 때문이다. '주어진 물리적 환경에서 우리가 어떤 물질적 만족을 구가할 것인지'와 '노동의 공급으로 얼마나 많은 소득을 획득할 수 있을지'는 일차적으로 시장에서 결정

된다. 그러므로 '기술혁신이나 경제환경의 급격한 변동 등으로 시장에 큰 충격이 가해지면, 이것이 우리의 이해관계에 어떤 파급효과를 초래할 것인지'는 사람들 모두에게 민감한 사안이다.

시장에서의 거래와 교환이 우리에게 최대의 만족과 편익을 제공하기 위해서는 시장이 원활하게 작동해야 한다. 그런데 이를 위해서는 사회적 평화와 공정한 시장거래 질서 유지가 필수적이며 이 기능을 정부가 한다. 또한 정부는 시장의 정상적인 작동결과로 발생할 수 있는 소득불평등 문제에 대한 보정을 위해서도 기능한다. 그러므로 '정부가 이런 일을 하는 데 유능한가 그렇지 못한가'가 우리에게 지대한 관심사이다. 정부는 개입 여부와 정도를 조정해서 시장과 민간의 활동이 최적적으로 이루어지게 하는 것이 본연의 기능이다. 그래서 기술 및 환경 변화가 정부의 기능과 역할에 가하는 충격과 이러한 변화들에 대한 정부의 대응역량에 사람들은 주목할 수밖에 없다.

이런 관점에서 먼저 디지털 경제가 가진 획기적 거래비용 축소 메커니즘, 플랫폼화, 빅데이터 세트 등이 시장경쟁과 소비자 후생에 큰 영향을 미치는 특징들임을 설명한다. 이어서 이러한 특징들이 경제의 수요와 공급 측면에서 거래와 시장에 초래하는 효율성 증진과 경쟁촉진 효과들을 설명한다. 특히 검색 알고리즘의 거래비용과 정보 비대칭성 감소 효과, 알고리즘 소비자(algorithmic consumer)화와 그 파급효과, 검색엔진의 검색결과 분류 제시와 맞춤쇼핑추천(PSR)의 효과, 알고리즘 사용으로 인한 품질경쟁 제고 및 담합 색출가능성 증가, 동태적 가격책정 가능성 증가로 인한 상시적 시장균형 유지 등이 어떻게 발생하고 시장과 소비자에게 어떤 파장을 가져올지를 구체적으로 설명하였다.

다음으로는 대규모 AI 기술의 채택 등 첨단기술의 사용 증가가 시장실패와 소비자후생을 악화시키는 경우들을 설명하였다. 이 최신기술들이 가진 규모의 경제와 네트워크 외부성 그리고 큰 전환비용이 함께 작용하여 만들어지는 진입장벽, 플랫폼 기업들의 시장력 강화와 승자독식 구조, 이에 따른 산업집중의 가속화 과정을 상세하게 설명하였다. 또한 이런 시장에서 공짜나 저렴한 소비자가격이 반드시 소비자후생에 긍정적인 것으로 보기 어려운 이유와 알고리즘이 기업의 가격책정에 사용되어 1차 가격차별이나 담합촉진 등을 유발해서 경쟁이 저해되고 소비자 피해가 확대되는 과정을 상세하게 설명했다. 더해서 빅데이터의 진입장벽화, 알고리즘의 검색결과 선별로 인한 반경쟁적 영업관행들의 조장 가능성, 개인정보 소유·이용 관련 소비자 재산권 범위 획정과 이에 따른 소비자 후생과 시장경쟁 관련 효과 등이 시장경쟁에 심각한 영향을 야기할 수 있음을 설명하였다.

이어서 일과 일자리, 생산성과 경제성장, 소득분배, 무역과 FDI 그리고 시장에 대한 인공지능화의 긍정적·부정적 파장에 대처하기 위한 정부의 고용 및 소득분배정책, 경쟁정책, 대외경제정책 이슈들을 차례로 설명했다. 먼저 보편적 기본소득, 근로소득 세액공제(EITC)와 취업기회 세액공제(WOTC)로 대별되는 고용보조금, 고용보장 등 주요 3대 정책대안들의 구체적 내용과 비용 및 실현가능성 등을 다양하게 조명해서 종합적으로 설명하였다. 다음으로 시장경쟁에 미치는 알고리즘 또는 인공지능화의 부정적 파급효과를 제어하기 위한 여러 공정거래정책 이슈들을 설명하였다. 마지막으로 대외무역과 FDI와 관련해서 미·중 충돌과 이로 인한 세계화의 퇴조와 블록화의 강화가 인공지능의 영향력 확대와 결합해서 초래할 충격에 대응하기 위한 정책 이슈들을 소개하였다.

Contents

제 1 장

인공지능은 어디서 출발해서 여기까지 왔나?

제 2 장

기계는 어떤 방법으로 지능을 가지게 되나?

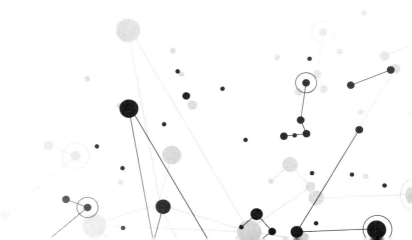

제 5 장 인공지능이 시장과 정부에 초래할 파장과 대응책은?

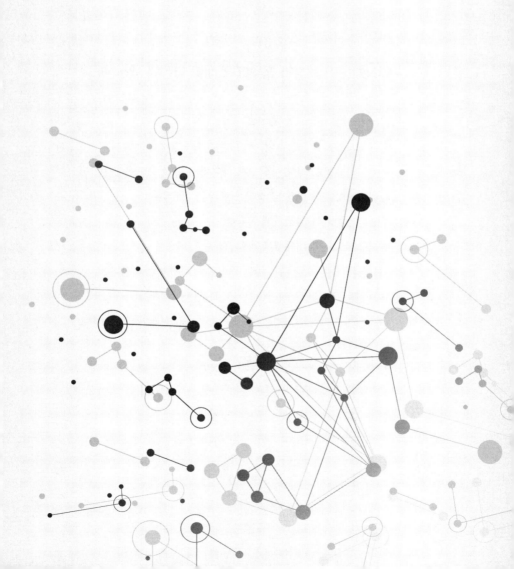

제1장

—

인공지능은 어디서 출발해서
여기까지 왔나?

인공지능이란 사람이 수행하는 지능적인 작업을 기계인 컴퓨터가 모방할 수 있도록 하는 모든 기술을 의미하며, 인간의 지능을 컴퓨터로 구현해서 궁극적으로 출현하는 '생각하는 기계'이다. 그러므로 인공지능은 자신의 목적 달성에 맞는 지능적인 존재가 되는 것이 최종적인 도착지가 될 것이다. 이런 기계에 대한 상상은 어디서부터 시작되어 21세기 초반 모든 국가, 모든 사람들의 주목을 독차지하는 대세가 되었을까? 사실 인공지능의 역사 또는 연혁을 먼저 쓰는 것은 이 인공지능의 발전사가 결국 인공지능이 지금의 형태를 가지게 된 계기와 앞으로 발전이 이루어질 방향이 무엇인지에 대한 예상을 가능하게 할 것이기 때문이다.

인공지능이란 사람이 수행하는 지능적인 작업을 기계인 컴퓨터가 모방할 수 있도록 하는 모든 기술을 의미하며, 인간의 지능을 컴퓨터로 구현해서 궁극적으로 출현하는 '생각하는 기계'이다. 그러므로 인공지능은 자신의 목적 달성에 맞는 지능적인 존재가 되는 것이 최종적인 도착지가 될 것이다. 이런 기계에 대한 상상은 어디서부터 시작되어 21세기 초반 모든 국가, 모든 사람들의 주목을 독차지하는 대세가 되었을까? 사실 인공지능의 역사 또는 연혁을 먼저 쓰는 것은 이 인공지능의 발전사가 결국 인공지능이 지금의 형태를 가지게 된 계기와 앞으로 발전이 이루어질 방향이 무엇인지에 대한 예상을 가능하게 할 것이기 때문이다.

1. 기원이 된 아이디어들과 앨런 튜링

근대 인공지능 연구의 기원은 르네 데카르트(René Descartes)가 1637년 그의 명저 *방법서설(Discours de la Methode)*에서 '인간은 기계'라는 주장으로부터라고 할 수 있다.[1] 데카르트는 그의 인간론에서 동물과 인간은 육체라는 기계이나, 인간은 경험을 쌓은 기계이며 뇌는 그 태엽에 해당한다고 주장했다. 이 기계론적 인간론이 컴퓨터와 인공지능 출현의 철학적 기반이 되었다. 그를 이어서 고트프리트 라이프니츠(Gottfried Leibniz)는 1666년 그의 박사학위를 위한 "조합의 기술에 관한 학위 논문"에서 모든 개념들을 제한된 수의 단순한 개념들의 조합으로 환원할 수 있다는 생각에 근거해서 이진법 논리를 토대로 형식적인 추론을 하여 철학적인 논쟁들을 해결하려고 했다.[2] 1747년에는 줄리앙 오프레이 드 라 메트리(Julian Offray de La Mettrie)가 *인간기계론(l'Homme Machine)*에서 18-19세기 유럽에서 인기를 끌었던 자동인형(automaton)[3]을 뛰어넘는 오늘날 인공지능 로봇 개념의 자동인형이

---

1   르네 데카르트(René Descartes, 1637), *방법서설: 정신지도를 위한 규칙들*, 문예출판사, 1997년.

2   Leibniz, G.(1666), "Dissertation on the Art of Combinations," *Philosophical Papers and Letters*, (ed. by L. Loemker), 2, Springer, Dordrecht, Netherlands, https://doi. org/10.1007/978-94-010-1426-7_2.

3   1737년 자크 보캉송(Jaques Vaucanson)이 '플루트 연주자'라는 자동인형을 만든 후 많은 자동인형들이 나타났는데 이들은 사람이 지속적으로 조정하지 않아도 스스로 움직이는 당대의 자동로봇들이었다. 전문가들 가운데는 이 자동인형들이 현재 인공지능의 시원적인 형태라고 주장하는 사람들이 있다. 자동인형에 대한 보다 상세한 내용은 '숀 게리시(Shen Gerrish, 2019), "생각하는 기계의 기원을 찾아서," *기계는 어떻게 생각하는가?(How Smart Machines Think?)*, 이지스 퍼블리싱, 15-28'을 참조하라.

등장할 것이라고 주장하였다.[4] 철학의 이런 유물론적 관점에 입각해서 현대적인 인공지능 가능성에 대한 구체적인 언급이 시작된 것은 19세기 중반 이후이다. 우리나라의 조선왕조 말기인 1842년 영국의 유명한 시인 조지 바이런의 딸, 에이다 러브레이스(Ada Lovelace)는 찰스 배비지의 해석기관에 대한 분석(Observations on Mr. Babbage's Analytical Engine)에서 현대적 의미의 인공지능 가능성을 처음 언급했고, '베르누이 수'를 구하는 알고리즘을 만들었다.[5]

러브레이스 등장 후 100년여의 시간이 지나서 20세기 중반인 1936년 '컴퓨터 과학의 아버지'라고 불리는 앨런 튜링(Allen Turing)은 "계산 가능한 수와 그것의 결정문제에 대한 적용: 수정본"이란 논문에서 '튜링기계(Turing Machine)'를 제안하였고,[6] 1940년대에 실제로 디지털 컴퓨터가 발명되었다. 1943년에는 워런 매컬러(Warren McCulloch)

---

4   줄리앙 오프레이 드 라 메트리(2020), "제2장 인간기계론," 라 메트리 철학선집: 인간기계론, 영혼론, 인간식물론, 섬앤섬, 43-126.

5   그녀는 또한 현재 우리가 사용하고 있는 C, C++, C#, JAVA, PHP 등 거의 모든 프로그래밍 언어의 기초 개념을 만들었고, 루프, 점프, 서브루틴, IF문 등을 처음 만든 최초의 컴퓨터 프로그래머로 알려져 있다. 에이다 러브레이스의 논문에 대한 보다 자세한 설명은 더글라스 호프스태터(Douglas Hofstadter, 2017), 괴델, 에셔, 바흐: 영원한 황금 노끈(Gödel, Escher, Bach: an Eternal Golden Braid), 까치, 개역개정판과 이소영(2018), "최초의 프로그래머 에이다 러브레이스," 기술과 혁신, 416, 한국산업기술진흥협회를 참조하라.

6   Turing, A.(1936), "On Computable Numbers, with an Application to the Entsheidungproblem: A Correction," Proceedings of the London Mathematical Society, 42(2), 230-265.

와 월터 피츠(Walter Pitts)가 "신경활동에 내재된 생각들의 논리적 미적분"[7]이란 논문에서 각 신경세포의 기능은 매우 단순하지만 이들이 상호연결되어 복잡한 계산을 하는 신경망이 만들어진다는 것을 2진법 출력을 가진 '매컬러-피츠 모델(McCulloh-Pitts Model)'로 구현하였다. 이것이 현재의 인공신경망(ANN: artificial neural network) 또는 신경망(neural network)이 진전되는 데 핵심적인 혁신을 만들어냈다.[8] 또한 튜링은 1950년 '생각하는 기계'의 구현 가능성에 대한 분석이 담긴 인공지능 역사의 '시원적인(seminal)' 논문, "계산 기계와 지능"[9]에서 컴퓨터가 사람의 지능을 흉내내려고 시도할 수 있음을 시사하고, 컴퓨터가 사람의 지능과 같은 수준에 도달하였는지 여부를 시험(test)하기 위한 튜링 테스트(Turing test)를 제안하였다.[10,11] 1951년 피츠와 매

7   McCulloch W. and W. Pitts(1943), "A Logical Calculus of the Ideas Immanent in Nervous Activity," *Bulletin of Mathematical Biophysics*, 5, 115-133.

8   현재 신경망 기술의 핵심인 딥러닝(deep learning)과 2016년 이래 전 세계의 이목을 집중시켰던 '알파고(AlphaGo) 시리즈'도 매컬러-피츠 모델에 입각해서 만들어진 신경망이다.

9   Turing, A.(1950), "Computing Machinery and Intelligence," *Mind*, 49, 433-460.

10 튜링은 "텔리프린터를 통한 대화에서, 기계가 사람과 구별할 수 없을 정도로 대화를 잘 이끌어간다면, 이는 기계가 '생각'하고 있다고 말할 충분한 근거가 된다"고 했다. 이 테스트는 인공지능에 대한 최초의 심도 깊은 철학적 제안으로 알려져 있고, 지금도 사람 수준 인공지능 출현 여부 판단의 핵심기준으로 논의되고 있다.

11 2014년 6월 8일 영국의 리딩대학교(University of Reading) 케빈 워위크(Kevin Warwick) 교수는 아마존(Amazon)의 블라디미르 베슬로프(Vladimir Veselov)가 만든 13세 우크라이나 소년 유진 구스트만(Eugene Goostman)이라는 인공지능이 튜링 테

컬러에게 배운 민스키는 진공관을 이용해서 사람의 뇌에 있는 뉴런의 연결망을 모사한 세계 최초의 신경망 컴퓨터 SNARC(Stochastic Neural Analog Reinforcement Calculator)를 만들었다.[12] 같은 해 영국 맨체스터 대학교(University of Manchester)의 크리스토퍼 스트레치(Christopher Strachey)는 페란티 마크 1(Ferranti Mark 1)[13]을 사용해서 최초의 체커(checker) 프로그램을, 디트리히 프린츠(Dietrich Printz)는 최초의 체스(chess) 프로그램을 만들었다.

1950년대 중반 몇몇 과학자들은 직관적으로 기계가 수를 다루듯 기호(symbol)를 다루고, 사람처럼 기호의 본질적인 부분까지 다룰 수 있을 것이라고 생각했고, 이것이 인공지능 연구에서 '기호주의(Symbolism) 학파'의 시원이 되었다. 1956년 대표적인 기호주의자들인 카네기 멜론 대학교(CMU: Carnegie Mellon University)의 앨런 뉴얼(Allen

스트를 통과했다고 발표했다. 유진 구스트만에 대한 튜링 테스트는 5분간 컴퓨터 2대를 두고 채팅을 해서 어느 쪽이 사람이고 어느 쪽이 컴퓨터인지 판별하는 방식으로 진행되었다. 그런데 이런 짧은 시간의 대화에서는 컴퓨터가 충분히 사람을 속일 수 있고, 유진 구스트만은 현재의 챗봇(chatbot) 수준으로 판명되어, '사람 수준의 지능을 가졌다'고 하기 어렵다는 전문가들의 판정을 받았다. Wilks, Y.(2014.6.11), "Don't Believe the Science Hype-We Haven't Created True AI Yet," The Guardian.

12 Russell, R. and P. Norvig(2003), Artificial Intelligence, Pearson Education, London, UK, 17.

13 영국 전기공학회사 '페란티 주식회사(Ferranti Ltd)'가 만든 상업적으로 이용가능한 최초의 범용 컴퓨터로 맨체스터 일렉트로닉 컴퓨터(Manchester Electronic Computer) 또는 맨체스터 페란티(Manchester Ferranti)로도 불린다. 최초의 기계가 1951년 2월 빅토리아 대학교(University of Victoria of Manchester)에, 3월 말 미국 인구조사국(Census Bureau of USA)에 팔렸다. Ferranti Mark 1," Wikipedia, https://en.m.wikipedia.org/wiki/Ferranti_Mark_1.

Newell)과 허버트 사이먼(Herbert A. Simon)은 최초 인공지능 시스템이라 할 수 있는 '논리 이론가(Logic Theorist)'를 개발하여 알프레드 화이트헤드와 버트런드 러셀(Alfred Whitehead and Bertrand Russel)의 *수학원리(Principia Mathematica)*에 나오는 52개 정리 중 32개를 증명해 냈고, 일부 새롭고 더 우아한 증거를 찾아내기도 했다.[14]

2. 1차 황금기: 다트머스회의와 기호주의 인공지능

인공지능 연구의 진전이 이렇게 가시화되는 가운데, 1956년 다트머스 대학(Dartmouth College) 교수 존 매카시(John McCarthy), MIT 교수 마빈 민스키(Marvin Minsky), IBM 수석과학자들인 클로드 섀넌(Claude Shannon)과 나단 로체스터(Nathan Rochester)가 주관하여 미국 뉴햄프셔주 하노버의 다트머스 대학에서 다트머스회의(Dartmouth Conference)[15]

---

14 Gugerty, L.(2006), "Newell and Simon's Logic Theorist: Historical Background and Impact on Cognitive Modeling," *Proceedings of the Human Factors and Ergonomics Society Annual Meeting*, https://doi.org/10.1177/154193120605000904.

15 이 회의에는 이들 주관자 4인 외 레이 솔로모노프(Ray Solomonoff), 올리버 셀프리지(Oliver Selfridge), 트랜처드 모어(Trenchard More), 아서 새뮤얼(Arther Samuel), 줄리안 비글로우(Julian Bigelow), 뉴얼, 사이먼 등 인공지능 연구의 대가들이 거의 모두 참여했다. 다트머스 회의의 배경과 의의 등 보다 자세한 내용은 윤광제(2019.9.9), "[특집] AI 역사의 시작," *AI 타임스*, http://www.aitimes.com/news/articleView.

가 개최되었다. 이 회의에서 맥카시와 민스키의 주도로 "인공지능"이란 용어가 처음 사용되기 시작하였고, 인공지능 분야가 학문과 과학의 한 분야로 출발하게 되었다.

다트머스회의 이후 인공지능 연구는 1974년까지 대단한 황금기를 구가했다. 이 시기에는 '검색 트리(search tree)' '자연어 처리(natural language processing)' '마이크로월드(micro-world)' 분야가 성공을 거두고 있었다.

먼저 검색 트리 알고리즘을 사용해서 1958년 허버트 겔런터(Herbert Gelernter)가 기하학의 정리를 증명하는 '기하학 정리 풀이 기계(Geometric Theorem Solving Machine)', 1959년 사이먼, 뉴엘과 존 쇼(John Shaw)가 프로그램 속 알고리즘의 범용적인 버전을 포착하고자 하는 '범용 문제 풀이기(General Problem Solver)', 1961년 민스키와 제임스 슬레이글(James Slagle)이 만든 대수학(algebra) 문제 풀이기 'SAINT(Symbolic Automatic INTegrator)'가 만들어졌는데, SAINT는 최초의 '전문가 시스템(expert system)'[16]이다.

둘째, 사람의 말을 '자연어(natural language)'라 하고, 자연어 처리

---

html?idxno=119328을 참조하라.

16 전문가 시스템은 사람이 특정 분야에 가진 전문지식을 정리, 표현해서 컴퓨터에 기억시킴으로써 누구나 이 전문지식들을 이용할 수 있도록 하는 생성 시스템들 가운데 하나이다. 이 시스템은 특정 지식의 범위를 정해주거나, 질문에 응답하는 프로그램으로 전문가의 지식에서 파생된 논리적 법칙들을 응용한다. 1980년대 인공지능의 주축이었다.

(natural language processing)는 영어나 한글 같은 언어로 컴퓨터와 의사소통을 할 수 있게 하는 것을 말하는데, 이 분야에서도 다양한 혁신적 프로그램들이 나왔다. 이 분야의 선두주자는 1964년 'STUDENT'라는 고등학교 수준 대수학 문제를 풀 수 있는 자연어 이해 프로그램을 작성한 MIT 대학원생 대니얼 밥로우(Daniel Bobrow)였다.[17] 같은 해 MIT의 조셉 바이첸바움(Joseph Weizenbaum)이 사람과 대화는 물론 심리상담까지 가능한 자연어 처리 프로그램 '일라이자(Eliza)'를 개발하였는데, 그것은 패턴매칭(pattern matching) 기술을 사용한 초기 '유사 인공지능'[18]이었다. 이 인공지능은 채팅을 해서 상담을 했던 일부 사용자들이 그것을 정신과 의사로 착각하고 자신의 온갖 비밀을 털어놓았는데 나중에 인공지능이라는 것을 알고 분노했을 정도였다.[19] 또한 이 분야에서는 주로 '의미망(semantic networks)'[20]을 사용해서 상당한 진전이 이루어졌다. 1968년 MIT 대학원생 로스 퀼리언(Ross

---

17 Bobrow, D.(1964), "Natural Language Input for a Computer Problem Solving System," *Ph.D Thesis*, MIT.

18 일라이자는 스스로 생각해서 말하는 것이 아니라, 상투적인 말을 하거나, 상대방에게 방금 한 말을 다시 물어보거나, 상대방의 말을 몇 개의 문법 법칙을 사용해서 '파싱(parsing: 일련의 문자열을 의미있는 토큰(token)으로 분해하여 이들로 이루어지는 '파스 트리(parse tree)'를 만드는 과정)'할 뿐이었다.

19 일라이자를 개발한 바이첸바움은 1976년 이 경험들을 토대로 '인공지능이 인류에 위협이 될 수 있다'고 주장했다. Weizenbaum, J.(1976), *Computer Power and Human Reason: From Judgment to Calculation*, W.H. Freeman and Co. NY USA.

20 지식을 표현하는 한 방식으로, 개념을 다른 개념들 사이의 노드(vertices)와 연결(link) 관계로 나타낸다.

Quallian)이 이를 사용한 인공지능 프로그램을 처음 고안했고,[21] 그 1년 후인 1969년 스탠퍼드 대학교(Stanford University)의 로저 섕크(Roger Schank)가 의미망을 이용해서 "개념종속이론(conceptual dependency theory)"이라는 인공지능에 사용될 자연어 이해 모델을 만들어서 대성공을 거두었다.[22]

셋째, 1960년대 후반 이후 평평한 평면 위에 다양한 모양과 색깔 블록으로 이루어진 블록단위 세계에 초점을 맞추어 인공지능을 연구하고자 했던 마이크로월드 분야에서도 다양한 혁신이 나왔다. MIT 컴퓨터인공지능연구소(CSAIL: Computer Science and Artificial Intelligence Laboratory)에 소속한 민스키와 시모어 파퍼트(Seymore Parpert)는 인공지능 연구의 진전을 위해서 블록단위 세계인 마이크로월드라는 간단한 모델에 집중하자는 제안을 했다. 기계 비전(machine vision) 분야에서 이 제안을 가장 크게 성공시킨 것은 1971년 MIT의 제랄드 서스먼(Gerald Sussman), 유진 차리악(Eugene Chariak)과 테리 위노그라드(Terry Winograd)가 만든 프로그래밍 언어인 '마이크로 플래너(Micro-Planner)'

---

21 퀼리언은 이를 통해서 박사 학위를 받았다. Quillian, R.(1968), "Semantic Network," *Semantic Information processing*(ed. by M. Minsky), MIT Press, Cambridge, MA USA.

22 개념종속이론은 '사용 언어와 상관없이 어떤 두 문장도 의미가 같으면, 개념종속 성에 따라서 같이 표현되어야 한다'는 주장이다. 이에 대한 자세한 논의는 Schank, R.(1972), "Conceptual Dependency: A Theory of Natural Language Understanding," *Cognitive Psychology*, 3, 552-631을 참조하라.

이다.[23] 마이크로 플래너는 위노그라드의 자연어 이해 프로그램인 'SHRDLU,' 차니악의 '이야기 이해 처리,' 그리고 매카시의 '법적 추론(legal reasoning)'을 비롯한 다양한 프로젝트들에 사용되어 인공지능 분야에 큰 영향을 미쳤다. 또한 이 분야에서의 다른 혁신적 연구로는 1968년 아돌포 구즈만(Adolfo Guzman)이 개발한 'SEE' 프로그램이 있다.[24] SEE는 다면체로 구성된 복잡한 3차원 장면들(scenes)의 2차원 투영(projection)을 분석할 수 있었다. MIT 대학원생인 패트릭 윈스턴(Patrick Winston)도 1970년 그의 박사학위 논문에서 새로운 개념과 범주(categories)에 대한 일상 학습의 수학 모델(formal model)을 제시했다.[25] 특히 위노그라드의 SHRDLU는 일상적인 문장으로 소통을 해서 작업을 계획하고 실행하여 마이크로월드 연구에서의 가장 눈부신 성과로 인정받았다.[26] 이에 더해서 1969년 민스키와 파퍼트는 촉각

23 Sussman, G. and T. Winograd(1970), *Micro-Planner Reference Manual,* Project MAC, MIT, Cambridge, MA USA.

24 Guzman, A.(1968), "Decomposition of a Visual Scene into Three-Dimensional Bodies," *Proceedings of Fall Joint Computer Conference*, Part 1, AFIPS '68, 291-304, https://doi.org/10.1145/1476589.1476631.

25 Winston, P.(1970), *Learning Structural Description from Examples*, Project MAC, MIT Press, Cambridge MA, USA.

26 자연어 이해 프로그램 SHRDLU, 장면 파싱(scene parsing)과 컴퓨터 비전 프로그램 SEE, 그리고 신 개념(concepts) 또는 범주(catagories)의 일상 학습에 관한 구체적인 정의와 설명 그리고 그 한계에 대해서는 허버트 드레퓌스(Hubert L. Dreyfus)의 다음 논문을 참조하라: Dreyfus, H.(1979), "From Mico-Worlds to Knowledge Representation: AI at an Impasse," *Mind Design II* (ed. by J. Haugeland), 143-159.

센서를 이용해서 블록을 쌓을 수 있는 사람의 팔과 유사한 '로봇 팔'
을 만들었다.

이렇게 1950년대 후반부터 1970년대 초반까지 알고리즘들이 대
수학 문제를 풀고, 기하학의 정리를 증명하고, 영어를 학습했다. 일
부 사람들은 이와 같은 기계의 지능적 행동을 보고 인공지능으로 모
든 것이 가능할 것이라고 믿었다. 대표적으로 1965년 영국의 수학
자 어빙 굿(Irving Good)은 사람을 능가하는 초지능기계(ultra-intelligent
machine)가 등장하게 되면 '지능 폭발(intelligence explosion)'이 일어나고,
이 초지능기계들이 사람을 월등하게 뛰어넘을 것이므로 사람이 마
지막으로 발명하는 기계가 바로 이 첫 초지능기계가 될 것이라고 예
견하였다.[27] 심지어 인공지능 연구의 최고 전문가들조차 완전한 지능
을 갖춘 기계가 20년 내 또는 20세기 이내에 만들어질 것이라고 예측
했다. 예컨대, 1958년 사이먼과 뉴얼은 '10년 내에 디지털 컴퓨터가
체스 세계챔피언을 이길 것이다. … 10년 내에 디지털 컴퓨터는 중요
한 새로운 수학적 정리를 발견하고 증명할 것이다"라고 예견했고,[28]
1965년 사이먼은 다시 "20년 내에 기계가 사람이 할 수 있는 모든 일

---

27 굿의 자세한 주장은 Good, I.(1965), "Speculation Concerning the First Ultra-
Intelligent Machine," *Advances in Computers*, 6, 31-88, https://doi.org/10.1016/
S0065-2458(08)60418-0과 Good, I.(1965.4.15), "Logic of Man and Machine," *The
New Scientist*, 182-183을 참조하라.

28 Simon, H. and A. Newell(1958), "Heuristic Problem Solving: the Next Advance in
Operation Research," *Operation Research*, 6(1), 7.

을 할 것이다"라며 사람 수준 인공지능의 발명을 예견했다.[29] 또한 1967년 민스키도 사이먼보다는 다소 기한을 늦췄지만 "이 세기(20세기)에 인공지능을 만드는 문제는 거의 해결될 것이다"라고 했다.[30]

이러한 성공과 인공지능 연구 권위자들의 낙관적인 전망은 1963년부터 미국 국방부의 고등연구청(ARPA(Advanced Research Projects Agency): DARPA(Defense Advanced Research Projects Agency)의 전신)이 인공지능에 대한 투자를 획기적으로 확대하게 만들었다. MIT CSAIL은 ARPA가 실행한 매년 300만 달러의 대대적인 투자에 힘입어 1963년 인간과 컴퓨터 간 새로운 차원의 상호작용을 목표로 하는 '프로젝트 MAC(Mathematics and Computation)'을 가동했다. 또한 ARPA의 지원으로 CMU의 뉴얼과 사이먼도 음성인식 연구를 핵심으로 하는 'CMU 프로젝트'를 가동했고, 매카시, 위노가드와 섕크가 재직한 스탠퍼드 대학교(University of Stanford)에서도 유사한 프로젝트가 진행되었다. 이 당시 자금지원은 ARPA가 '프로젝트가 아니라 사람에 투자해야 한다'는 방침에 입각하고 있었으므로 자유분방한 연구 분위기를 만들어냈다. 또한 이 시기에 ARPA는 직접 음성 인식(speech recognition) 기술을 개발하는 데 나서기도 했는데 뒤에 이 프로젝트가 애플의 인공지능

---

29 Simon, H.(1965), *The Shape of Automation for Men and Management*, Harper & Row, NY USA 96.

30 Minsky, M.(1967), *Computation: Finite and Infinite Machines*, Prentice-Hall, Englewood Cliffs, NJ USA, 2.

비서 '시리(Siri)'의 개발로 이어졌다.[31] 한편 1965년 튜링의 모국인 영국에도 도널드 미치(Donald Mitch)가 재직하는 영국의 에든버러 대학교(University of Edinburgh)에 인공지능연구소가 세워졌다. 이 네 연구소들이 이 당시 세계 인공지능 연구의 핵심으로 자리매김하고 있었다.

한편 기호주의 학파가 주장하는 사람의 지식을 모두 기호로 만들어 기호들의 관계로 표현하면 컴퓨터가 지능을 가질 수 있다는 논리를 반박하면서,[32] 사람의 두뇌는 신경망으로 이루어져 있고, 컴퓨터에도 이와 유사한 구조를 만들면 지능을 가지는 것이 가능할 것이라고 주장하는 연결주의 학파(Connectionism)가 1950년대 태동했다. 연결주의 학파에서는 1957년 프랭크 로젠블랏(Frank Rosenblatt)이 '퍼셉

---

31 인공지능비서 시리의 개념과 기술에 대한 연구·개발은 1960년대 ARPA의 지원으로 시작되었고, 2003년부터 그 후신인 DARPA에 의해서 본격적으로 추진되었다. ARPA 의 인공지능 프로젝트는 '인공지능의 겨울'로 중단되었다가 2003년 DARPA가 '스탠퍼드국제연구소(SRI: Stanford Research Institute International)'와 공동으로 다시 시작한 인공지능 프로젝트 CALO(Cognitive Assistant That Learns and Organizes)로 부활하였다. SRI는 2007년 CALO에서 인공지능 음성 인식 비서 연구를 분사해서 스타트업 '시리(Siri)'로 출범시켰다. 2010년 4월 애플의 스티브 잡스(Steve Jobs)가 20억 달러에 이 회사를 인수하여 시리를 애플 모바일 운영체제인 i-OS에 통합해서 아이폰의 인공지능비서 '시리'로 나타났다. 자세한 설명은 "Siri," Development, *Wikipedia*, https://en.m.wikipedia.org/wiki/Siri를 참조하라.

32 드레퓌스는 '사람이 문제를 해결할 때 논리를 거의 사용하지 않는다'고 비판했고[Dreyfus, H. and S. Dreyfus(1988), "Making a Mind Versus Modeling the Brain: Artificial Intelligence Back at a Branchpoint," *Daedalus*, 117, 15-54.] 피터 왓슨(Peter Watson), 엘리노어 로쉬(Eleanor Rosch), 대니얼 카네만(Daniel Kahneman) 등 심리학자들이 이를 입증하려 했다. 이 주장에 동조하여 연결주의 신경망 인공지능을 연구한 대표적 인물이 로젠블랏이었다.

트론(Perceptron)'이라는 단층신경망(single layer neural network)을 카메라에 연결한 기기를 만들어서 '쿠리어(Courier) 10 데이터 세트'에 포함된 글씨를 완벽하게 인식하는 데 성공했다.[33] 그러나 퍼셉트론은 그이외 다른 글꼴들로 된 데이터 세트들은 잘 인식을 하지 못하는 한계를 보였다. 로젠블랏은 퍼셉트론의 층이 단순해서 이런 한계가 나타난다고 판단하고, 이를 극복하기 위해서는 한 퍼셉트론에서 계산되어 나온 출력값을 다른 퍼셉트론에 입력해서 여러 층을 쌓으면 된다고 생각했다. 그는 그렇게 하면 신경망이 점점 더 똑똑해지고 다른글꼴들도 잘 인식하게 될 것이라고 주장했다.[34] 그러나 성과는 좀처럼 나타나지 않았고, 1971년 로젠블랏은 이 추론을 입증하지 못한 채타계했다.

3. 1차 암흑기: 미국과 영국의 지원 철회

1970년대 중반에 이르면서 연구자들이 1970년대 초반까지 인공지

---

33 Rosenblatt, F.(1957), "The Perceptron-a Perceiving and Recognizing Automation," *Report*, 85-460-1, Cornell Aeronautical Laboratory.

34 그의 이러한 추론은 최근 딥러닝 신경망 발달과정에서 대단히 정확한 선견지명이었음이 입증되었다.

능 전문가들이 예언했던 엄청난 낙관론에 비해 연구성과들이 심각한 괴리를 보이고, 극복할 수 없는 상당한 한계들이 미해결 상태로 남아 있어서, 인공지능 연구는 상당한 비판에 직면하게 되었다. 당연히 지원이 급격하게 중단되었고 인공지능 연구의 '1차 암흑기(1974-1980)'라고 불리는 기간이 이어졌다.

이런 인공지능 연구의 쇠퇴가 발생한 이유는 우선 컴퓨터의 컴퓨팅 파워에서의 한계, 학습에 사용할 수 있는 데이터의 부족, 학습방법 개발의 진전에서의 어려움, 조합 수의 폭발(combinational explosion)로 인한 문제의 기하급수적인 복잡성 확대와 이에 대한 컴퓨터의 처리능력 결여(intractability), 컴퓨터 비전이나 음성 인식의 어려움, '상식(common sense)'의 결여로 인한 현실 대처능력 결여[35] 등으로 인공지능 연구가 더 이상 진척되기 어려웠기 때문이다. 그다음으로는 1969년 민스키와 파퍼트가 출간한 퍼셉트론(Perceptron)이라는 책에서 로젠블랫이 개발한 연결주의 신경망인 '퍼셉트론'이 AND, OR 같은 선형 구분 문제는 해결할 수 있으나, 선형방식으로 데이터를 구분할 수 없는 XOR(Exclusive OR) 문제는 해결할 수 없다'는 정리를 증명한 것

---

35 인공지능 연구에서는 이를 '사고범위 문제(frame problem)'라고 한다. 1969년 매카시와 패트릭 헤이즈(Patrick Hayes)가 처음 제기했고, 최근에는 이를 '인공지능이 상식을 가지는 문제'로 보고 있다. 구체적인 내용은 McCarthy, J. and P. Hayes(1969), "Some Philosophical Problems from the Standpoint of Artificial Intelligence," *Machine Intelligence*, 4를 참조하라.

이 결정적인 역할을 했다.[36] 결국 민스키와 파퍼트의 비판은 신경망이 인공지능 발전을 위한 방법이 되지 못한다는 인식을 보편화시켜서, 1970년대부터 2000년대까지 연결주의 신경망 연구가 사실상 초토화되는 결과를 초래했다.

이와 같은 인공지능 연구의 답보상태와 결함은 급기야 미국과 영국 정부가 그때까지의 지원을 중단하는 사태를 초래했다. 미국에서는 소련이 1957년 최초 인공위성인 '스푸트닉(Sputnik)'을 쏘아 올리자 이와 관련된 정보를 가진 러시아 논문들을 자동번역하는 프로젝트를 미국 정부 주도로 추진했다. 그런데 이 프로젝트들이 '과학논문의 기계번역이 불가능했다'는 결론을 내게 되자, 그에 실망해서 1966년 모든 자동번역 프로젝트들에 대한 지원을 중단함으로써 암흑기가 시작되었다. 이는 1976년 DARPA가 미국 인공지능 연구의 3대 중심지 가운데 하나였던 CMU의 CMU 프로젝트 연구결과에 실망해서, 음성 인식 연구에 매년 지원하던 300만 달러를 중단하는 것으로 비화되었다. 이러한 미국 정부의 투자중단 배경에는 1969년 이후 기초 연구의 실적 부진을 보고 '보다 실용적인 연구를 수행하라'는 압력을 가해 온 미국 의회가 있었다. 1973년 영국에서도 인공지능 연구실태를 파악한 '라이트힐 보고서(The Lighthill Report)'[37]에 '알고리즘이 문제

---

36 Minsky, M. and S. Parpert(1969), *Perceptrons: An Introduction to Computational Geometry*, MIT Press, Cambridge, MA, USA.

37 Lighthill, J.(1973), "Artificial Intelligence: A General Survey," *Artificial Intelligence*,

가 여러 가지로 조합되어야 하는 경우 기하급수적으로 확대되는 복
잡성을 처리할 수 없어서 인공지능이 간단한 장난감으로 사용하는
것 외에는 쓸모가 없다'는 조롱에 가까운 비판이 제기되었고, 이를 계
기로 급기야 영국의 인공지능연구소가 해체되는 운명에 처했다.

4. 2차 황금기:
전문가 시스템과 일본, 미국, 영국의 각축

1970년대 인공지능 연구가 범용검색시스템을 찾아내려다 실패하자,
1980년대 들어서면서 인공지능 연구자들은 인공지능의 개발영역을
전문지식이 필요한 특정 영역으로 국한하는 것이 진전을 위해서 필
요한 제약조건이라고 생각하기 시작했다. 그렇게 방향을 바꾸자 연
구의 주류가 전문가 시스템(expert system)으로 불리는 '검색생성시스
템(production system for search)'[38]으로 바뀌었다.

British Science Research Council.

38 생성시스템은 생성 규칙을 저장하는 생성 메모리, 현 상태를 나타내는 사실을 저장
   하는 작업 메모리, 현재의 작업 메모리 내용에 따라서 규칙을 선택하여 실행하는 인
   터프리터로 구성되어 있다. 생성 규칙은 'IF 조건부 THEN 결론부' 형태로 조건과 그
   에 따라 제시할 결론이나 행동을 지시하며, 연역법, 유도법, 귀납법에 의거한 추론으
   로 결론에 도달하고, 추론의 방법으로는 전방위 추론과 후방위 추론을 사용한다.

대표적인 전문가 시스템은 스탠퍼드 대학교의 에드워드 파이겐바움(Edward Feigenbaum)과 조수아 레더버그(Joshua Lederberg)가 1965년에 만들어 계속 발전시킨, 유기물로부터 화학 분자구조를 식별하는 'DENDRAL(DENDritic ALgorithm)'이라는 (인공지능) 프로그램이다.[39] DENDRAL의 출범은 스탠퍼드 의대 학생이던 에드워드 쇼트리프(Edward Shortliff)가 이 의과대학 의사들의 도움으로 1972년 항생제 선택을 도와주는 의학용 전문가 시스템 'MYCIN'을 개발하는 것으로 이어졌다. MYCIN의 오진율은 놀랍게도 의사의 오진율보다 훨씬 낮았다. 이런 추세는 1978년 CMU의 존 맥더멋(John McDermott)이 'XCON(eXpert CONfigurer)' 또는 'R1'이라 부르는 생성시스템을 개발해서, DEC(Digital Equipment Corporation)의 VAX 컴퓨터 시스템이 소비자 주문에 따라 컴퓨터 부품을 자동선택하는 일을 하는 것으로 이어졌다. XCON은 1980년에 DEC의 뉴햄프셔주 살렘(Salem) 공장에 배치되어 사용되기 시작했고, 1986년까지 8만 개의 주문을 95-98%의 정확도로 처리해서 매년 2,500만 달러의 비용을 절약한 것으로 알려져 있다.[40]

이렇게 전문가 시스템들이 실용성을 보이자 1985년에 이르러서는 기업들이 1억 달러 이상을 인공지능 개발에 사용하는 새로운 붐이 조성되었다. 심블릭스(Symblics), 리스프머신즈(Lisp Machines) 등 하

---

39 McCorduck, P.(2004), *Machines Who Think: A Personal Inquiry into the History and Prospects of Artificial Intelligence*, A.K. Peters, Natick, MA USA, 327-335.

40 "XCON", *Wikipedia*, https://en.m.wikipedia.org/wiki/Xcon.

드웨어 회사들, 인텔리콥(IntelliCorp), 아이온(Aion) 등 소프트웨어 회사들이 모두 투자에 나섰다.

또한 이러한 성공은 각국 정부의 인공지능 분야 지원을 부활시켰다. 1980년대 세계경제의 강자로 등장했던 일본은 1982년 통산성에서 "제5세대 컴퓨터 프로젝트(The Fifth Generation Computer Project)" 지원을 위한 8억 5천만 달러의 자금을 확보하고, 사람처럼 프로그램을 작성하고 대화를 할 수 있는 시스템, 언어를 번역하고 이미지를 해석하는 프로그램을 개발하려는 원대한 프로젝트를 추진했다.[41]

인공지능 연구지원의 선두주자였던 미국 정부도 1983년부터 1993년 사이에 DARPA에 "전략적 컴퓨팅 이니셔티브(Strategic Computing Initiative)"를 토대로 인공지능에 대한 기존의 투자를 세 배나 확장하는 조치를 취했다.[42] 이런 미국 정부의 인공지능 연구지원 재개에 힘입어서 기호주의 학파가 주축이었던 인공지능 연구자들은 이 시기에 모든 '상식'을 기계에 주입하여 인공지능의 범용성을 확보하려는 시도를 시작하였다. 인공지능 기업 Cycorp의 CEO인 더글라스 레낫(Douglas Lenat)은 미국 내 12개 대기업이 1984년 결성한 컨소시엄 MCC(Microelectronics and Computer Technology Corporation)에서 'Cyc'

---

41 황혜란(1992), "제5세대 컴퓨터 연구의 공과." *과학기술정책*, 2(31), STEPI, 20-22.

42 미국 정부는 이 프로젝트에 총 10억 달러를 지출했다. 자세한 내용은 Roland, A. and P. Shiman(2002), *Strategic Computing: DARPA and the Quest for Machine Intelligence 1983-1993*, MIT Press, Cambridge MA USA.

라는 프로젝트의 그 당시 책임자였다. 그런데 이 프로젝트의 목적은 인공지능이 사람같이 추론할 수 있고, 불확실성이 발생하는 예외적인 상황에도 잘 대응할 수 있게 하는 것이었다. 이를 위해서 이 프로젝트는 세상에서 발생할 수 있는 모든 상황들을 규칙으로 만들어 컴퓨터에 주입하려는 상상조차 어려운 시도를 했다.[43] 그러나 레낫을 비롯한 기호주의자들은 이렇게 하는 것이 사람 수준 인공지능의 실현에 필수적인 요인으로 생각하고 있었다. 그리고 이런 "미친" 프로젝트에 국가적 지원이 시작된 것은, '일본의 80년대 인공지능 연구를 미국이 넘어서야 한다'는 국가적인 의지를 미국 정부가 가지고 있었기 때문이었다. 또한 미국 정부는 이 프로젝트가 특정 기업이나 대학 연구소가 감당할 만한 수준을 넘어서는 것이라고 판단했다. 그래서 1984년 "국가협동연구법(The National Cooperative Research Act)"을 입법해서 최초로 미국 내 12개 대기업이 고위험-고수익 연구에서 '담합(collusion)'을 하는 것을 허용했을 정도였다. 즉, 미국 정부가 프로젝트 컨소시엄을 "반독점법(Anti-Trust Laws)"을 넘어서는 입법으로까지 도운 것이다.

영국 정부도 일본의 "제5세대 컴퓨터 프로젝트"에 대응할 목적으로 라이트힐 보고서 이후 초토화되었던 인공지능 연구 지원을 재개했다. 영국 정부는 1983년부터 1987년까지 정보기술(information

---

43 "Cyc," Overview, *Wikipedia*, https://en.m.wikipedia.org/wiki/Cyc.

technology) 분야 연구 프로그램들에 대한 지원 방식으로 "알비(Alvey) 프로젝트"에 3억 5천만 달러를 투자했다.[44] 결국 전문가 시스템의 성 공에 따른 인공지능 연구의 재기는 범용인공지능(AGI)을 추구해서 성과를 낼 수 없었던 1960-1970년대의 상황을 상당한 부분 타개하 는 계기가 되었다.

한편 퍼셉트론 이후 신경망들은 처음에는 패턴인식(pattern recognition) 작업으로 기대를 받았으나, 1969년 민스키와 파퍼트의 퍼 셉트론에 대한 비판 이후 1970년대는 물론 1980년대 초반까지 연구 자들 사이에서 신경망이라는 단어 자체가 거의 외면을 당하는 데 더 해서 신경망을 언급한 논문들이 전문 학술지들에서 즉각 거부를 당 하는 등 심각한 배척을 받게 만들었다. 결국 이는 신경망 연구자들이 사실상 서구권 인공지능 연구 분야에서 1990년대 중반까지 거의 소 멸되는 상태를 초래했다.[45] 심지어 신경망 연구의 명맥을 이어 오늘

---

44 Oakley B. and K. Owen(1990), *Alvey: Britain's Strategic Computing Initiative*, MIT Press, London, UK.

45 그러나 이런 상태에서도 캐나다, 일본, 미국, 핀란드의 일부 학자들과 인지심리학자 들이 이 방식의 연구를 이어가고 있었다. 캐나다 정부의 연구지원을 토대로 캐나다 의 토론토 대학교(University of Toronto)와 몬트리올 대학교(University of Montreal) 의 제프리 힌튼(Jeoffrey Hinton), 얀 르쿤(Yann Lecun), 조슈아 벤지오(Joshua Bengio), 일본 동경 대학교(University of Tokyo)의 슌이치 아마리(Shunichi Amari), NHK 연구 소의 쿠니히코 후쿠시마(Kunihiko Fukushima), 핀란드 헬싱키 공과대학교(Helsinki University of Technology)의 테우보 코호넨(Teubo Kohonen), 미국 보스턴 대학교 (Boston University)의 스티븐 그로스버그(Stephen Grossberg) 등이 이 당시 신경망 인 공지능에 대한 대표적인 연구자들이다.

의 대대적 성공을 이루어낸 선구자라 할 수 있는 제프리 힌튼(Jeoffrey Hinton)이 그의 동료 테리 세이노프스키(Terry Sejnowsky)와 1983년 공동으로 발표한 논문 "최적 인식 추론"[46]은 오늘날 인공지능 연구의 주류인 초기 '딥러닝(deep learning)'[47]을 설명하고 있을지라도 암호 같은 단어들을 사용해서 신경망을 언급하지 않고 제목도 수수께끼 같은 용어를 사용해서야 학술지에 출판될 수 있을 정도였다.

그러나 인공지능 연구의 장에서 거의 소멸되다시피 했을지라도 신경망 연구가 완전히 퇴출된 것은 아니었다. 민스키와 파퍼트의 비판이 있은 지 5년 후인 1974년, 그 당시 조성된 신경망에 대한 적대적인 인식으로 인해서 큰 반향을 얻지는 못하였으나 하버드 대학교 박사과정의 폴 웨어보스(Paul Werbos)가 박사학위 논문에서 처음 '역전파(backpropagation) 알고리즘'을 제안하였다.[48] 그 후 10년이 지난 1984년 힌튼은 세이노프스키와 함께 존 홉필드(John Hopfield)가 신경망을 에너지 시스템으로 간주하여 만들었던 홉필드 네트워크(Hopfield

---

46 Hinton J. and T. Sejnowsky(1983), "Optimal Perceptual Inference," *Computer Vision and Pattern Recognition*, 448-453.

47 다층신경망 또는 다층 퍼셉트론(multi-layer neural network or perceptron)은 입력층, 은닉층, 출력층으로 구성되는데, 딥러닝은 은닉층을 '깊게(deep)' 쌓은 심층신경망 (DNN: deep neural network) 구조를 활용하여 학습하는 방법이다. 딥러닝 기술에 관한 보다 상세한 설명은 제2장을 참조하라.

48 Werbos, P.(1974), "Beyond Regression: New Tools for Prediction and Analysis in the Behavioral Science," *Ph.D Thesis*, Applied Mathematics Department, Harvard University.

Network)[49]에 확률적 동작규칙을 결합해서 볼츠만머신(Boltzmann Machine)[50]을 만들었다. 힌튼은 그 후 역전파 알고리즘과 볼츠만머신의 성능을 비교해서 역전파의 우월성을 알게 되었고, 이를 토대로 역전파 연구에 매진했다. 마침내 힌튼은 1986년 데이비드 루멜하트(David Rumelhart), 로널드 윌리엄스(Ronald Williams)와 공동으로 *네이처*(*Nature*)에 퍼셉트론의 XOR 문제를 해결하는 기법이자 다층 퍼셉트론(신경망)에 발생하는 경사(gradient)의 발산 내지 소멸 문제를 해결하는 '역전파의 공식'을 제안한 "오류 역전파를 통한 표상학습"을 발표하였다.[51] 이는 민스키와 파퍼트가 비판했던 비선형성 문제를 신경망이 해결했음을 의미한다.

결국 2차 전성기는 당시 세계의 강국들이던 일본, 미국, 영국에서의 큰 기대와 천문학적인 지원에도 불구하고 전문가 시스템을 넘어서는 어떤 진전도 이루어내지 못한 채 답보 상태에 있었다. 게다가

---

49 순환신경망(RNN: Recurrent Neural Network)의 하나로, 신경망에 에너지 함수를 도입해서 네트워크의 에너지가 감소하는 방향으로 동작하게 해서 최적해를 구하는 방식으로 최적화, 연상기억 등에 사용된다. 작동원리가 역전파와 매우 비슷하다. 자세한 설명은 Hopfield, J.(1982), "Neural Networks and Physical Systems with Emergent Collective Computational Abilities," *PNAS*(*Proceedings of the National Academy of Sciences of the USA*), 2554-2558, https://doi.org/10.1073/pnas.79.8.2554.를 참조하라.

50 이 기계가 볼츠만 머신으로 명명된 이유는 물리학자 볼츠만의 확률과 엔트로피 개념 수식이 이 알고리즘의 수식들과 유사하였기 때문이었다.

51 Rumelhart D., G. Hinton and R. Williams(1986), "Learning Representations by Back-Propagating Errors," *Nature*, 323, 533-536.

신경망 연구가 XOR 문제를 해결하였지만 여전히 역전파를 이용하는 데 필요한 레이블된 데이터가 그리 많지 않아 적은 데이터로 학습을 하면 그 결과가 오히려 단층 퍼셉트론만도 못하였다. 또한 다층신경망은 학습이 진행될수록 기울기의 축소가 아예 없어지거나, 기울기 자체가 진동하거나 너무 커져서 완전히 발산하는 문제점이 발생했다. 이외에도 해를 구하는 방법이 알고리즘으로 최소값에 접근하는 방식이어서 진짜 최소값을 찾아내기가 어려웠다. 이러한 한계들로 인해서 다층신경망들은 심지어 1995년에 이르러서도 그 당시 주목을 받던 통계 기법 알고리즘들보다도 못했다.

5. '인공지능의 겨울'과 기계학습의 등장 및 약진

이런 상황이 전개되면서 전반적인 인공지능 연구는 또다시 1988년부터 1993년까지 '인공지능의 겨울(AI Winter)'이라는 두 번째 침체기를 겪게 된다. 이는 결정적으로 기호주의 인공지능이 주류였던 전문가 시스템들의 유용성이 데스크탑 컴퓨터들에 비해 떨어지는 반면 그 값은 비쌌고, 신경망은 여전히 '양치기 소년'이라는 오명을 벗어나지 못하고 있었기 때문이었다. 결국 1987년 특화된 인공지능 하드웨어 시장이 갑자기 붕괴했다.

이 당시 애플과 IBM 데스크탑 컴퓨터들의 성능이 급격히 좋아져서 그 계산속도가 획기적으로 빨라지자, 심블릭스나 리스프머신즈 같은 회사들이 만든 전문가 시스템 하드웨어들인 리스프(Lisp) 기기들[52]의 가격은 데스크탑보다 월등히 비싸면서 성능은 떨어지는 현상이 발생했다. 예컨대, 최초로 성공한 전문가 시스템이었던 XCON은 유지에 훨씬 비용이 많이 들면서, 업데이트는 어렵고, 학습은 불가능했다. 또한 XCON은 이미 입력된 규칙을 넘어서는 어떤 질문을 했을 때 엉뚱한 반응을 보이는 소위 '엉뚱이(the brittle)'였고, 특정한 영역에 그 유용성이 한정되어 있었다. 이러한 문제들로 인해서 이들 기기들을 구입할 인센티브가 시장에서 사라졌고, 그 결과 이 시장 전체의 가치였던 1억 달러의 절반이 1987년 어느날 하룻밤 사이에 사라졌다.

당연히 각국 정부들의 인공지능 연구지원도 다시 사라졌다. 1991년 일본에서는 1981년에 야심 찬 목표를 가지고 출범했던 "제5세대 컴퓨터 프로젝트"가 목표에 대단히 못 미치는 성과가 나온 것으로 평가를 받았다. 그러자 프로젝트에 대한 재검토가 있었고 결국 일본 정부의 인공지능 연구에 대한 지원이 사실상 중단되었다.[53] 미국에서

---

52 기간(基幹) 소프트웨어와 프로그래밍 언어로 리스프 기계를 효율적으로 구동하게 설계된 범용(general-purpose) 컴퓨터들로 최초의 상업적 목적을 가진 개인용(single-user) 사무기기들(workstations)이다.

53 이 프로젝트는 원래 설정한 목표 달성에 실패했다고 보고된 바 있다. 일본의 "제5세대 컴퓨터 프로젝트"의 성과와 문제점에 대한 상세한 논의와 그 후 시작된 "신정보 처리기술 연구조합 설립위원회"에 대해서는 황혜란(1992)와 Pollack, A.(1992.6.5.), "Fifth Generation' Became Japan's Lost Generation," *The New York Times*를 참조하라.

도 DARPA가 1980년대 중반 시작했던 "전략적 컴퓨팅 이니셔티브"를 재검토해서 1987년 DARPA의 헤드였던 잭 슈바르츠(Jack Schwartz)가 인공지능 연구지원을 즉각적으로 중단하는 조치를 취했다.[54] 슈바르츠는 인공지능 분야가 '차세대 주류(next wave)'가 되지 못할 것이라는 판단하에, 즉각적인 성과를 낼 수 있는 분야에 지원을 집중하는 것으로 프로젝트들의 방향을 획기적으로 재조정했다.

인공지능의 겨울이 지나고 난 1990년대 중반, 인공지능 연구는 '지능형 에이전트(intelligent agents)'[55]라는 새로운 패러다임으로 넘어갔다. 예컨대, 지능형 에이전트 시스템들은 1990년대 후반부터 활성화된 '자율이동 로봇' 연구와 결합해서 실내에서 이동하면서 심부름을 하는 로봇이나, '멀티에이전트시스템(MAS: multi-agent system)'으로서 로봇 축구를 하는 협업 모델들로 구현되기도 했다.

또한 이 시기부터 2000년대에 걸쳐서 다양한 기계학습(ML: machine learning) 기법들이 개발되었다. 그 당시까지의 다층신경망들의 문

---

54 McCorduck, P.(2004), 430-431.

55 지능형 에이전트란 특정한 목적을 위해서 사용자를 대신해 작업을 수행하는 자율적 프로세스이다. 독자적인 게 아니라 어떤 환경의 일부나 내부에서 동작하는 시스템이다. 예컨대, 인터넷의 지능형 에이전트는 사용자의 개입 없이도 주기적으로 정보를 모으거나 다른 서비스를 수행하는 프로그램이다. 이 에이전트는 사용자의 별다른 명령이 없어도 정해진 일정(schedule)에 따라 맡겨진 일을 한다. 특히 지능형 에이전트는 소프트웨어로 구현된 로봇이므로 '소프트봇(softbot)'이라 불리며, 인터넷몰의 가격비교 에이전트, 컴퓨터 사용자를 대신해서 명령을 수행하는 유저 인터페이스(user interface) 에이전트, 사용자의 일정을 자동 관리해 주는 비서 에이전트 등이 있다.

제점들인 느린 학습속도와 과적합 문제를 해결하는 방법으로 1995년 블라디미르 배프닉(Vladimir Vapnik)이 통계학습 이론에 기반해서 지도학습(supervised learning)을 하는 지지벡터머신(SVM: support vector machine) 을 개발하였다.[56] 또한 이산 데이터(discrete data)를 학습하는 의사결정 트리(decision-making tree), 변수간 관계를 학습하여 확률 관계를 추론하는 베이지안 네트워크(Bayesian network) 등 기계학습 모델들의 연구가 활발해졌다. 이 기계학습 기법들은 인터넷 및 웹에 의한 데이터 축적과 연계해서 정보검색, 데이터 마이닝(data mining), e-커머스 등에 응용되기 시작했다.

이와 같은 인공지능 연구의 진화과정에서 세상에서 대단한 주목을 받은 여러 인공지능들이 등장하였다. 그 첫 번째는 1997년 5월 11일 IBM이 만든 체스 게임 인공지능 딥블루(Deep Blue)였다. 딥블루는 미국 뉴욕에서 '체스의 신'이라고 불린 세계체스챔피언 가리 카스파

---

56 이는 데이터간 거리를 최대화해서 경계점을 찾는 모델이다. 학습 데이터와 범주 정보 학습과정에서 얻어진 확률분포를 이용하여 의사결정함수를 추정해서, 이 함수에 따라 새로운 데이터를 이원 분류(classification)하는 기술로, 범용적인 기능이 좋아서 많은 분야에 응용되었다. SVM은 '구조적 위험 최소화(structural risk minimization) 원칙'을 구현한 것으로 전체 집단을 여러 하위집단들로 세분한 뒤 이 세분화된 집단들에 대한 경험적 위험도를 최소화하는 의사결정함수를 선택하는 방법을 택하고 있다. SVM의 장점은 명백한 이론적 기초가 있어서 결과해석이 용이하고, 응용 시 인공신경망과 같은 수준의 높은 성과를 보이며, 적은 학습자료만으로도 신속한 분류를 할 수 있다는 것이다. 그 자세한 설명은 Cortes, C. and V. Vapnik(1995), "Support Vector Network," *Machine Learning*, 20, 273-297을 참조하라.

로프(Garry Kasparov)에게 승리하여 비상한 관심을 불러모았다.[57] 딥블루는 사람 플레이어들의 예측능력이 최고 10 수 앞인 데 반해 12 수를 내다보는 예측력을 가졌던 것으로 평가되었다. 특히 딥블루의 연산능력은 1951년 개발된 스트레치의 최초 체스 프로그램보다 1,000만 배나 빨랐다. 이런 추세는 무어의 법칙에 따라서 컴퓨팅 파워가 기하급수적으로 빨라진 데 기인하고 있었다.[58] 그러나 딥블루는 사람이 모든 규칙을 계산해서 직접 코딩한 패턴을 주입한 '기호주의 인공지능(symbolic AI)' 가운데 하나였다. 비록 사람 체스챔피언을 이겼지만 여전히 규칙 기반으로 그 한계가 명확했다.

다음으로는 2005년 스탠퍼드 대학교의 자율주행차 '스탠리(Stanley)'가 자율주행차 경주대회인 "DARPA 그랜드 챌린지(The DARPA Grand Challenge)"에서 연습해 보지 않은 사막도로 131 마일을 6시간 53분 58초 만에 자율주행하여 우승했고, 그 2년 뒤인 2007년에는 같은 대회에서 CMU의 '타르탄(Tartan)' 경주팀이 모든 교통법규를 지키면서 교통혼잡이 있는 시가지 55마일을 자율주행하여 우승해서 세간의 이목을 집중시켰다.[59]

---

57 McCorduck, P.(2004), 480-483.

58 History of Artificial Intelligence," AI 1993-2011, *Wikipedia*, https://en.m.wikipedia.org/wiki/History_of_artificial_intelligence.

59 스탠리와 타르탄의 구체적인 작동기술과 업적에 대한 상세한 설명은 숀 게리시 (2019)의 "자율주행차는 차선을 어떻게 인지할까?(3장)"와 "자율주행차는 교차로에서 어떻게 양보할까?(4장)," 51-128을 참조하라.

다시 전 세계의 이목을 집중한 인공지능의 새 역사는 2011년에 나왔다. IBM의 데이비드 페루치(David Ferrucci)가 주도한 'DeepQA 프로젝트'에서 개발된, 심층신경망(DNN: deep neural network) 인공지능 '왓슨(Watson)'이 2011년 2월 "제퍼디(Jeopardy)! 퀴즈 쇼" 시범경기에서, 상금을 가장 많이 받은 브래드 러터(Brad Rutter)와 가장 많은 우승 기록(74회)을 가진 켄 제닝스(Ken Jennings)를 큰 점수 차로 이겨서 인공지능이 현실 세계에서 사람을 능가할 수 있다는 것을 다시 한번 보여주었다. 왓슨은 말장난, 농담, 복잡한 언어 구사, 자연어 질문에 대한 대답을 할 수 있는 경이적인 모습을 보여서 전문가들도 놀라게 했다. 이는 인공지능 연구 분야에서는 전통적인 규칙 기반 인공지능이 아니라 심층신경망이라는 연결주의 인공지능이 자연어 처리라는 중요한 영역에서 사람을 추월하는 기록을 세운 것을 의미한다. 그렇지만 여전히 왓슨은 기술 기반에서 인간 전문가가 고안한 문제해결 과정을 그 하부 알고리즘들에 구현한 것이며 파스 트리(parse tree)라는 방식으로 정답을 찾아가는 것일 뿐이었다는 한계가 있었다.[60]

---

60 왓슨의 구체적인 작동과 관련된 기술적인 원리와 방법들에 대한 자세하고 이해가능한 설명은 숀 게리시(2019), "자연어, 그리고 〈제퍼디!〉 문제의 이해(12장)," 와 "〈제퍼디!〉의 딥 마이닝 하기(13장)," 268-322를 참조하라.

6. 3차 황금기: 딥러닝의 압승과 AGI 가능성

이런 사람의 적극적 개입이라는 제약조건을 뚫고 딥러닝 신경망의 부활을 확고히 하여 오늘날 인공지능 붐을 조성한 결정적인 전기는 2012년에 만들어졌다. 페이페이 리(Fei-Fei Li)가 주도해서 조성된 이미지넷 데이터 세트들(빅데이터)을 토대로 주최한 2012년 "이미지넷 대규모 이미지 인식 경연대회(ILSVRC: ImageNet Large Scale Visual Recognition Challenge)"[61]에서 딥러닝 혁명을 이끈 힌튼, 르쿤, 벤지오가 공동으로 만든, 독자적으로 학습, 추론, 판단을 하는 '합성곱신경망(CNN: convolutional neural network)' 기술 기반 딥러닝을 탑재한 인공지능 '알렉스넷(Alex Net)'[62]이 압도적인 성적으로 우승을 한 것이다. 르쿤의 제자인 캐나다 토론토 대학교의 알렉스 크리제프스키(Alex Krizhevsky)가 일리아 서스케버(Ilya Sutskever), 힌튼과 만든 알렉스넷은 8개의 신경망을 가지고 있으며, 그 컴퓨팅을 CPU(central processing unit)가 아니

---

61 이미지넷 데이터의 일부가 주어지면 해당 데이터가 어떤 물체의 사진인지를 누가 더 빨리 정확하게 맞추는가를 경쟁하는 대회로 2010년부터 시작되었다. 이미지넷 데이터베이스는 제2장에서 딥러닝의 학습방법을 설명할 때 상세하게 설명된다.

62 Krizhevsky, A., I. Sutskever and G. Hinton(2012), "ImageNet Classification with Deep Convolutional Neural Networks," *Advances in Neural Information Processing Systems*, 25(2), 1097-1105.

라 병렬 컴퓨팅에 유리한 GPU(graphic processing unit)[63]를 사용했다. 결국 CNN 기반 딥러닝에 GPU 컴퓨팅 역량을 접목하여 이런 괄목할 만한 성과를 낸 것이다. 이후 이 대회를 우승한 인공지능들은 모두 CNN 기반 딥러닝 알고리즘들이 차지했다.

우승 당시 알렉스넷은 과거 알고리즘들이 가졌던 약 26%의 인식 오류율을 16%로 낮추었는데, 과거 알고리즘들로는 오류율을 0.1% 낮추는 것조차도 쉽지 않았으므로 이는 알렉스넷의 확고한 우월성을 입증한 경이적인 일로 받아들여졌다. 알렉스넷 이후 이 대회에서 우승한 딥러닝 알고리즘들은 이미지 인식에서의 오류율이 2015년에는 5% 이하(MS의 'ResNet')로 떨어져서 사람의 정확도(오류율 5%)를 추월했고, 2017년 대회에서 우승한 'SENet'의 경우에는 오류율이 2.3%로 사람의 절반 이하를 기록했다. 이렇게 딥러닝의 이미지 분류가 인간을 추월하게 되자, 2018년 이후 컴퓨터 비전 연구는 이미지넷을 넘어서서 모듈화된 이미지 개념을 언어에 연결하여 데이터 세트를 제작하는 '비주얼 지놈(Visual Genome) 프로젝트'로 옮겨갔다.[64]

---

63 컴퓨터 그래픽과 영상처리를 매우 효과적으로 수행할 수 있으며, 고도의 병렬구조로 큰 덩어리의 영상 데이터가 병렬처리되는 알고리즘에서 전통적인 CPU보다 효율적이다. 원래 게임의 그래픽 처리를 위해서 도입되었으나, 딥러닝이 대세가 된 이후에는 컴퓨터 비전, 자연어 처리 등에서 빠른 처리를 가능하게 하는 핵심 컴퓨팅 역량이 되었다.

64 이 프로젝트의 진전상황에 대해서는 Krishna, R., Y. Zhu, O. Groth, F.-F. Li, et al.(2016), "Visual Genome: Connecting Language and Vision Using Crowdsourced Dense Image Annotations, *arXiv*, arXiv:1602.07332(cs)와 Visual Genome의 웹사이트

이 데이터 세트는 시각적인 세계와 언어 간 관계에 중점을 두고 디자인되었으므로, 완성되면 이미지넷보다 더 큰 컴퓨터 비전 연구의 진전을 만들어낼 것으로 기대되고 있다.

알렉스넷의 우승 2년 후인 2014년은 인공지능 연구의 중심으로 떠오른 딥러닝 연구가 학계 중심에서 구글, 페이스북, 바이두(Baidu) 등 기업 중심으로 전환되는 해였다. 기업들의 직접적인 인공지능 투자 붐이 다시 본격화되기 시작한 것이다. 이러한 대대적인 인공지능 개발 붐의 재개는 2010년 무렵 구글, IBM, MS 등의 기업들이 신경망을 이용한 음성 인식 연구에 박차를 가하면서 시작되었다. 이들 기업들의 적극적인 참여는 2010년 음성 인식(MS), 2012년 컴퓨터 비전 분야에서 확실한 성과를 만들어냈다. 특히 2012년에는 구글과 스탠퍼드 대학교 앤드류 응(Andrew Ng) 교수가 16,000대의 컴퓨터로 10억 개 이상의 신경망으로 구성된 심층신경망(DNN)을 만들어 유튜브 이미지 1,000만 개를 비지도학습으로 분석해서, 컴퓨터가 사람과 고양이 사진을 분류하게 하는 데 성공했다.[65] 컴퓨터가 영상에 나온 고양이의 형태와 생김새를 정답이 없는 데이터를 인식하고 판단하는 과정

인 https://visualgenome.org/를 참고하라.

65 Markoff, J.(2012.6.25), "How many Computers to Identify a Cat? 16,000," *The New York Times*, https://www.nytimes.com/2012/06/26/technology/in-a-big-network-of-computers-evidence-of-machine-learning.html; Ng, A., J. Dean, Q. Le et al.(2012), "Building High-level Features Using Large Scale Unsupervised Learning," *Google Research*, arXiv:1112.6209(cs).

을 스스로 학습해서 그렇게 했다는 점에서 진일보로 평가되었다. 또한 같은 해 구글은 안드로이드 스마트폰에 CNN 기반 신경망 인공지능 비서 '나우(Now)'[66]를 탑재했고, 2014년에는 이미지 안의 글씨를 찾는 '캡션 제너레이션(caption generation)'을 실현시켰다.[67] 이렇게 컴퓨터 비전과 음성 인식에 동일한 학습기술을 사용할 수 있다는 것은 그 당시로서는 가히 혁명적인 것이었다. 이러한 발전은 2014-2015년에는 기계번역 분야에서도 획기적인 진보로 이어져서, 2016년에는 드디어 기계번역이 구글번역기에 사용되기 시작했다.

이런 인공지능 개발에서의 성과와 기업의 상용화 붐은 급기야 세계의 이목을 집중시켜서, 〈2016년 세계경제포럼(WEF: World Economic Forum)〉에서는 인공지능이 4차 산업혁명의 핵심기술로 지목되는 것으로 이어졌다.[68] 4차 산업혁명은 정보통신 기술을 바탕으로 한 3차 산업혁명의 연장선에 있으나, 기존 산업혁명들이 손과 발을 기계가 대체하여 자동화를 이루고, 연결성을 강화하여 온 과정이라면, 4

---

66 2016년 '구글 어시스턴트(Google Assistant)'로 진화했다.

67 Vinyals, O., A. Toshev, A. Bengio and D. Erhan(2014), "Show and Tell: A Neural Image Caption Generator," *CoRR*, abs/1411.4555; Karpathy, A., A. Joulin, and F.-F. Li(2014), "Deep Fragment Embeddings for Bidirectional Image Sentence Mapping," *Proceedings of the 27th International Conference on Neural Information Processing Systems*, 2, 1889-1897.

68 Schwab, K.(2016.1.14), "The Forth Industrial Revolution: What It Means, How to Respond," *World Economic Forum*, https://www.weforum.org/agenda/2016/01/the-fourth-industrial-revolution-what-it-means-and-how-to-respond.

차 산업혁명은 인공지능으로 사람의 두뇌를 대체하는 시대가 될 것이라는 점에서 근본적인 차이가 있을 것으로 전망되었다. 디지털화(digitalization)와 인공지능의 발달로 인한 경제적, 사회적 진보와 함께 인공지능을 포함한 4차 산업혁명 기술들의 와해성(disruption)이 경제적, 사회적 대격변을 초래할 특이점(singularity)을 발생시킬 것이라는 경고도 있었다. 이와 같은 인공지능에 대한 범세계적인 이목의 집중은 GAFA(Google, Amazon, Facebook, Apple)를 포함한 테크기업들의 투자 붐과 맞물려서, 드디어 인공지능에 대한 투자가 재폭발하는 상황을 만들었다.

이런 가운데 구글 지주회사 알파벳(Alphabet)의 자회사로 범용인공지능 연구 개발의 선두기업인 딥마인드(Deep Mind)의 CEO 데미스 허사비스(Demis Hassabis)가 개발한 바둑 인공지능 '알파고-판(AlphaGo-Fan)'이 2015년 처음으로 유럽바둑챔피언 판 후이(Fan Hui) 2단에게 5번 모두 승리하여, 그 당시까지는 전문가들이 실현 불가능할 것이라고 여겼던 바둑에서 그 이름을 알렸다. 이듬해인 2016년에는 다시 '알파고-리(AlphaGo-Lee)'가 세계바둑챔피언인 한국의 이세돌 9단과의 대국에서 4:1로 승리하여 세계의 이목을 집중시켰다. 이 알파고는 2016년 3월 사람들의 기보 16만 건을 학습한 후 이세돌 9단을 상대해서 승리했는데, CNN 기반 딥러닝 신경망 12개로 인간들의 기보에 대한 지도학습(supervised learning)과 알파고 자체 게임을 이용한 강화학습(reinforcement learning)을 모두 사용하고, 구글이 자체 개발한 애플리케이션 집적회로 TPU(Tensor processing unit)[69] 48개를 사용한 분산

시스템이었다.

이어서 '알파고-마스터(AlphaGo-Master)'가 2017년 5월 바둑 세계 랭킹 1위인 중국의 커제 9단을 3:0으로 이겼다. 이 알파고는 신경망 개수를 40개로 늘린 반면, 4개 TPU만 사용하는 단일 컴퓨터 시스템으로, 독자적 강화학습만 해서 학습과 의사결정 능력을 향상시켰을 뿐만 아니라 컴퓨터의 연산능력도 획기적으로 절감하는 혁신 시스템이었다.

다시 2017년 10월 딥마인드는 *네이처*에 알파고의 마지막 버전인 '알파고-제로(AlphaGo-Zero)'를 발표하였는데[70], 이 알파고는 인간 기보에 의존하는 지도학습 없이 바둑규칙만으로 72시간 학습한 뒤, 알파고-리와의 대국에서는 100전 100승, 그 후 40일에 걸쳐서 2,900만 판을 혼자 둔 뒤에는 알파고-마스터와의 대국에서 100전 89승 11패를 기록하였다. 빅데이터를 통한 지도학습이 필요 없는 새로운 인공지능이 출현한 것이다. 이러한 성과들로 알파고는 세계에서 가장 강력한 인공지능임을 세계인 모두에게 각인시켰음은 물론 범용인공지능의 가능성에 대한 관심을 고조시켰다.[71]

69 구글이 독자 개발한 인공지능 칩으로 구글 개발 인공지능 기계학습 엔진 텐서플로우(Tensor Flow)에 최적화된 칩이다. TPU의 연산 성능은 당시 최신 CPU보다 30 내지 80배 빠른 것으로 알려졌다.

70 Silver, D., J. Schrittwieser, K. Simonyan et al.(2017), "Mastering the Game of "Go" without Human Knowledge," *Nature*, 550, 354-359.

71 "알파고," *위키백과*, https://ko.m.wikipedia.org/wiki/%EC%95%8C%ED%8C%8C%EA

딥마인드의 알파고들이 이런 흥행과 인기몰이를 하고 있던 2017년 말, CMU의 투마스 샌드홀름(Tuomas Sandholm)과 노암 브라운(Noam Brown)이 과거 10-20년 동안 나온 여러 알고리즘을 합성한 포커 게임용 하이브리드 인공지능 '리브라투스(Libratus)'로 2017년 "무제한 텍사스 홀덤 포커 게임"에서 3명의 프로 포커 플레이어들을 꺾었다.[72] 리브라투스는 놀랍게도 게임 중 상대방의 전략에 기반해서 자신의 전략을 수정하는 방법으로 승리했다.[73]

그런데 딥마인드는 다시 알파고-제로에서 더 나아가 1년 후인 2018년 12월 한 개 알고리즘으로 바둑, 체스, 장기 등을 모두 할 수 있는 범용 강화학습 알고리즘인 '알파제로(Alpha-Zero)'가 개발되었음을 *사이언스(Science)*를 통해서 알렸다.[74] 알파고 시리즈가 바둑이라는

%B3%%A0.

72 Spice, B.(2017.12.17), "Carnegie Mellon Reveals Inner Working of Victorious AI: Libratus AI Defeated Top Pros in 20 Days of Poker Play," *Carnegie Mellon University News*, https://www.cmu.edu/news/stories/archives/2017/December/ai-inner-workings.html.

73 포커 같은 불완전 정보 게임에서는 변칙적(random) 전략이 필요하다. 즉, 블러핑을 늘 하거나 아예 하지 않는 게 아니라 이따금 불규칙적으로 하는 게 필요하다. 또한 포커를 잘하려면 배팅 규모에 대한 확률을 잘 처리할 수 있어야 한다. 이를 리브라투스가 해낸 것은 상당한 혁신으로 평가되고 있다. 그러나 이런 확률 계산을 인공지능이 잘 할 수 있지만, 한계는 한 팩에 몇 장 없는 포커게임 등에서만 잘 작동하고, 완전한 포커 게임에서는 이런 확률을 정확히 계산하기 어렵다는 것이다. 이 문제를 해결하기 위해서 10년여 노력한 결과 더 큰 버전의 포커 게임도 확률을 정확하게 계산할 수 있게 되었다. 그러나 포커의 한 버전에서 조금 더 큰 버전으로 발전하는 데 10년이 걸렸다는 것은, 이 기술이 완전히 확장 가능한 것이 될지 의문을 가지게 한다.

74 Silver, D., T. Hubert, J. Schrittwieser et al.(2018), "A General Reinforcement Learning

단일 게임에 특화된 인공지능들이었다면, 알파제로는 보드게임이라 불리는 2인용 완전 정보 게임 모두를 할 수 있는 범용성을 가진 인공지능이라는 점에서 범용인공지능(AGI)에 한 걸음 더 접근한 것으로 볼 수 있다. 또한 적어도 완전 정보 게임에서는 더 이상 사람의 개입이 전혀 없는 상태에서 CNN 기반 인공지능이 사람의 한계를 넘어서는 상태에 도달하였음을 의미한다. 그렇지만 여전히 2인용 보드게임들은 플레이어의 수가 둘로 한정되어 있고, 완전 정보 하에서의 학습과 의사결정이라는 한계를 가졌다. 사람이 활동하는 현실은 불확실성이 지배하는 것이 보편적이므로 불완전 정보 하 의사결정이 불가피하고, 이런 상황에서도 사람의 지능은 신속한 최적 의사결정을 하므로, 사람 수준과 동등하거나 이를 넘어서는 지능은 이런 불확실성 하 불완전 정보 상황에서도 최적 의사결정이 가능해야만 출현할 것이다. 그러므로 여전히 AGI는 아직도 실현되기 어려운 목표임이 분명하다.

딥마인드는 2018년 12월 알파제로의 기술을 적용해서 단백질의 '3차원 접힘(folding)구조'를 파악하는 인공지능 '알파폴드(AlphaFold)'로 멕시코 칸쿤에서 개최된 98개 연구팀들이 참가한 "단백질 구조 예측 경연대회"에서 사람 전문가들을 압도적 차이로 누르고 우승했

Algorithm That Masters Chess, Shogi, and Go through Self-Play", *Science*, 1140-1144.

다.[75] 알파폴드는 문제로 주어진 단백질 구조 43개 가운데 25개 구조를 정확하게 예측하여 2위인 미시간 대학교(University of Michigan) 연구팀이 3개를 맞춘 것에 비교도 할 수 없는 혁혁한 성과를 보여줬다. 이는 딥마인드의 인공지능 기술이 게임 영역을 떠나서 인류가 현재까지 풀지 못한 여러 난제들의 해결을 위하여 응용될 수 있음을 시사하는 것이었다. 앞으로 날씨 예측, 기후 모델링, 자연어 이해 등 프로젝트에 알파제로를 포함한 혁신 인공지능 기술들을 적용한 시스템들을 이용하는 프로젝트들이 지속적으로 발전해 나가는 전기가 될 것으로 기대되고 있다.

그런데 알파제로 발표와 알파폴드의 승리가 확정된 후 불과 한 달이 지나지 않은 2019년 1월 딥마인드는 온라인 게임 인공지능 '알파스타(AlphaStar)'가 1주일간 사람이 200년 학습할 분량을 학습한 후 "스타크래프트 2 게임"에서 평균 8분 만에 한 번꼴로 중·상위권 유럽 프로게이머들인 TLO(다리오 뷘시)와 마나(Mana: 그레고리 코민츠)에게 10승 1패의 전적으로 승리한 것을 발표했다.[76] 또한 2019년 10월 *네이처*는 알파스타가 게임서버 배틀넷(Battle.net)에서 최고 레벨

---

75 Sample, I.(2018.12.2), "Google's Deepmind Predicts 3D Shapes of Protains," Science, *The Guardian*; 양병찬(2018.12.05), "구글 딥마인드의 최신병기 알파폴드(AlphaFold), 단백질의 3D 형태 예측," *BRIC* 동향, https://www.ibic.org/myboard/read.php?Board=news&id=300218.

76 김주완(2019.1.26), "이번엔 '알파고' 아닌 '알파스타' 충격 … 구글 AI, 인간 프로게이머도 이겼다," *한국경제신문*.

인 '그랜드 마스터(상위 0.2%에 해당하는 선수)'에 올랐다는 논문을 게재했다.[77] 이번 게임에서는 알파스타가 신분을 감춘 채 '저그, 프로테스, 테란'[78] 세 종목으로 각각 30 경기씩을 해서 유럽지역 상위 0.15%의 성적을 보였다는 것이다.

이러한 알파스타의 기록은 알파제로를 포함한 알파고 시리즈를 넘어서 스타크래프트 등 불완전 정보 게임들에서도 사람 지능과 대등하거나 월등한 역량을 보였다는 것을 의미한다. 이는 알파스타의 지능이 불확실성 하 정보의 불완전성(information imperfection)이 존재하는 상태에서의 의사결정이나 문제해결 능력에서도 사람의 역량에 근접하거나 사실상 능가한 것을 의미한다. 결국 이는 사람이 사는 현실 세계에서도 인공지능이 주어진 상황과 관계없이 사람을 능가하는 지적능력을 가지는 단계로 점점 접근하고 있는 것으로 해석될 수 있다. 그러나 여전히 '게임'이라는 특정한 환경하에서의 불확실성을 다루고 있으므로 게임이론으로 설명할 수 없는 많은 변수와 환경을 가진 현실세계에서 사람의 지능역량을 가지기에는 아직도 갈 길이 상당히 멀다고 많은 전문가들은 판단하고 있다.

---

77 Vinyals, O., I. Babuschkin, W. Czarnecki et al.(2019), "Grandmaster Level in StarCraft II Using Multi-Agent Reinforcement Learning," *Nature*, 575, 350-369.

78 스타크래프트 게임에 있는 3개 종족이다. 이 세 종족은 기본 틀은 유사하나 각각 다른 건물과 유닛을 가지고 있다. 그러므로 모든 종족은 각각 다른 강점과 약점이 있고, 각각의 게임에서 승리하기 위해서는 각각의 종족의 약점을 최소화하면서 강점을 최대한 부각시켜야만 한다.

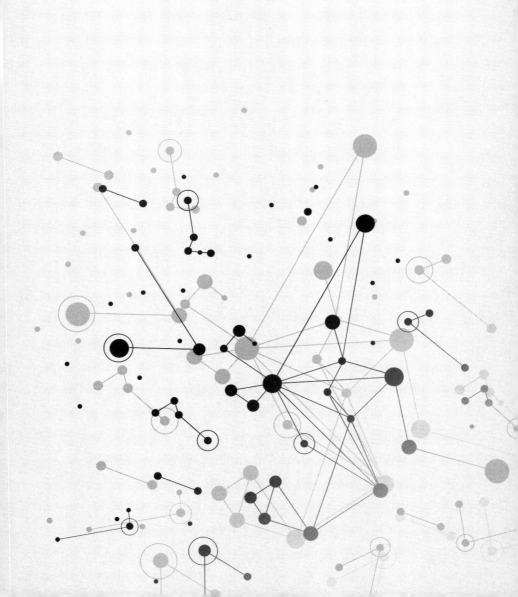

제2장

기계는 어떤 방법으로
지능을 가지게 되나?

우리는 앞에서 인공지능이 어떤 역사적 과정을 거쳐서 오늘날과 같이 진화했는지 살펴보았다. 그렇다면 이제 인공지능이라 명명된 기계들이 '어떤 방법으로 사람들이 가진 지능을 모사할 수 있게 되었는지.' 보다 구체적으로 살펴보는 것이 장차 이 새로운 존재에 대한 우리의 대응을 위해 중요할 것이다. 그래서 이 장에서는 인공지능의 기반 기술들 가운데 중요하다고 생각되는 것들에 대해서 보다 구체적으로 알아보고자 한다.

우리는 앞에서 인공지능이 어떤 역사적 과정을 거쳐서 오늘날과 같이 진화했는지 살펴보았다. 그렇다면 이제 인공지능이라 명명된 기계들이 '어떤 방법으로 사람들이 가진 지능을 모사할 수 있게 되었는지,' 보다 구체적으로 살펴보는 것이 장차 이 새로운 존재에 대한 우리의 대응을 위해 중요할 것이다. 그래서 이 장에서는 인공지능의 기반 기술들 가운데 중요하다고 생각되는 것들에 대해서 보다 구체적으로 알아보고자 한다.

앞에서 말한 것처럼 인간의 지능은 '자연지능'이라 하며 인간의 진화과정과 함께 진화되어 오늘에 이른 것으로 본다. 다양한 지능에 대한 정의들이 있으나 보편적으로 지능이란 정보를 지각, 추론, 보존(기억)함으로써, 환경이나 맥락에 적절하게 대응하는 능력이며, 다양한 환경에서 목적을 달성하거나 문제를 해결할 수 있는 총체적인 역량이라고 할 수 있다. 이러한 정의를 따른다면 예측이 어려운 다양한 불확실한 상황들(contingencies)을 처리하는 역량이 '진정한 지능'이라 할 수 있다. 그렇다면 기계는 어떻게 이런 지능을 가진 존재가 될 수 있을까?

1. 사람처럼 '스스로 판단하고 움직이는 기계'의 첫 기술

산업혁명이 태동하던 1737년 프랑스인 보캉송이 만든, 사람처럼 완벽하게 음악 한 곡을 처음부터 끝까지 연주할 수 있는 '플루트 연주자'라는 자동인형은, 입술을 움직이고, 입김의 세기를 조정하며, 손가락 끝을 플루트 구멍에 정확하게 가져가서 대는, 사람을 완벽하게 모사하는 기계였다. 자동인형이라는 이름처럼 이 기계는 사람이 지속적으로 조정하지 않아도 스스로 움직였다.

어떻게 이렇게 정확하게 사람 같은 움직임을 사람의 아무런 개입도 없이 완벽하게 구사할 수 있었을까? 보캉송이 프랑스 과학 아카데미에 제출한 논문 "자동인형 '플루트 연주자'의 작동원리(Mechanism of the Automaton Flute Player)"에 그 비법이 명시되어 있다.[1] 이에 의하면 이 자동인형은 나무와 판지에 대리석처럼 보이게 색칠을 하고, 그 손가락 끝에는 가죽을 붙여서 플루트 구멍을 확실하게 막을 수 있게 만든 것이었다. 이 자동인형이 움직이는 데는 두 개의 회전축이 사용되었다. 그 축들 가운데 하나는 크랭크축으로 세 개의 풀무를 눌러서 약, 중, 강의 공기흐름을 만든 후 인공 호흡관에서 합쳐서 입김이

---

[1] Dalakov, G.(2017), *History of Computers and Computing, Automata, Jacques Vaucanson*, https://history-computer.com/Dreamers/Vaucanson.html.

불려 나오게 했다. 다른 축은 작은 징들이 여러 개 박힌 원통을 느리게 회전시켰다. 이 원통이 회전하면 징은 스프링이 달린 15개의 레버들을 누르는데, 이 레버들이 쇠사슬과 철선으로 연결되어 자동인형의 각 부분들을 움직였다. 결국 이 레버들이 손가락과 입술들을 움직이고, 플루트에 불어넣을 입김의 세기와 혀의 위치를 조정해서 공기의 흐름을 조절하였다. 그렇게 해서 자동인형은 완벽하게 악곡을 사람처럼 연주할 수 있었다. 또한 회전하는 원통에서 징의 위치를 조정하면 이 자동인형이 연주할 곡을 바꿀 수 있었다. 이런 자동인형들이 움직이는 데는 그 당시로는 최첨단 정밀 기술인 기계식 태엽 장치들(mechanical clockworks)이 사용되었다. 이 장치들의 에너지는 무거운 추의 위치 에너지나 태엽으로 감은 코일이었다.[2] 시계의 작동방법이 자동인형에도 사용된 것이다.[3]

당시 이런 자동인형들이 여럿 만들어져서 사람이나 동물들의 다양한 행동들을 묘사함으로써 많은 사람들을 경탄하게 했다. 그러나 자동인형들은 현실세계에 반응할 수는 없었고, 미리 지정해 놓은 대

---

2 시계는 내부에 저장된 에너지를 사용해서 시간을 유지하는 기능을 수행한다. 태엽 장치는 이 에너지를 작은 단위로 쪼개서 전달하여 시계가 단계적으로 움직일 수 있게 만든다. 추가 일정한 시간마다 움직이면 일련의 빗장과 톱니바퀴가 시, 분, 초의 흐름을 기록한 후, 저장된 에너지를 조금씩 내보내서 그 추가 한 번 더 움직이게 하는 과정을 반복한다.

3 이런 측면에서 보면 시계는 기술적으로 자동인형들의 조상에 해당한다고 할 수도 있다.

로 일련의 동작들을 기계적으로 수행할 뿐이었다. 그렇더라도 자동인형은 사람의 행동을 흉내내서 궁극적으로 사람 같은 기계를 만들려는 사람들의 모색의 첫 실체였다는 데 의의가 있다.

2. 스스로 판단하고 움직이는 기계의 기술발전 양상

기계가 사람을 모방해서 사람같이 추론하고 의사결정과 행동을 하게 하려는 노력은 자동인형이 등장한 이후에도 계속되었다. 드디어 20세기 중반인 1950년대에 아직 출현하지도 않은 이 사람을 닮은 상상의 기계에 '인공지능'이라는 이름이 붙여졌고, 이를 구현하기 위한 노력은 꾸준히 지속되었다. 이런 노력으로 인공지능은 기호 · 논리의 주입에 기반한 규칙 기반(rule-based) 인공지능, 기계학습(ML: machine learning) 기반 인공지능, 인공신경망(ANN: artificial neural network) 기반 인공지능, '딥러닝' 기반 인공지능으로 발전해 왔다. 규칙 기반 인공지능은 1950년대 후반부터 1980년대 초반까지의 시기에 주류였다. 기계학습[4]은 1980년대 중반부터 2010년대 초반까지 인공신경망 이외

---

4   기계학습과 컴퓨터 프로그램들의 차이점은 기계학습은 투입(input)과 산출(output)을 컴퓨터에 입력하면 기계가 이를 토대로 프로그램을 직접 만드는 반면, 일반 컴퓨터 프로그램들은 컴퓨터에 프로그램과 투입을 입력하면 이에 입각해서 그 산출이 출력된다는 것이다.

[그림 2-1] 인공지능, 기계학습, 딥러닝의 관계

인공지능(AI)

기계학습(ML)

딥러닝

의 기술들을 중심으로 발전하였고, 2010년대 들어서부터 지금까지는 심층신경망(DNN: deep neural network)에 기반한 딥러닝이 대세가 되고 있다. 지금까지도 이러한 기술들의 분류에 논란이 이어지고 있으나, 인공지능, 기계학습, 딥러닝 간 관계를 그림으로 표현하면 보편적으로 [그림 2-1]과 같이 볼 수 있다.

인공지능은 추론(inference)과 검색(search)에 기반한 '규칙 엔진(rule engine)'과 컴퓨터에 주입된 전문적 지식을 기반으로 하는 전문가 시스템(expert system) 같은 규칙 기반 인공지능, 다양한 소스로부터 수집된 의미론적(semantic) 검색 정보를 이용해서 검색결과를 향상시키는 '지식 그래프(knowledge graph)' 같은 통계 알고리즘(statistic algorithm), 그리고 기계학습 기반 인공지능을 포괄한다. 기계학습 기반 인공지능은 이런 초기의 규칙 기반 인공지능들과 통계 알고리즘들을 제외한 인공지능 기술들 전체를 말한다. 그러므로 모든 기계학습 기반 인공지능은 인공지능이나, 모든 인공지능이 기계학습에 의해서 만들어진 것은 아니다.

기계학습은 다시 크게 사람 두뇌의 뉴런(neuron)을 모사한 인공신경망을 이용한 방법과 그렇지 않은 방법들로 나눌 수 있다. 인공신경망을 이용하지 않은 방법들에는 의사결정 트리(decision tree), '귀납적 논리 프로그래밍(ILP: inductive logic programming)', '베이지안 네트워크(Bayesian network)', 지지벡터머신(SVM) 등이 있고, 인공신경망을 이용한 방법들로는 다층 퍼셉트론 또는 다층신경망과 딥러닝이 대표적이다.

현재 인공지능과 기계학습의 대세가 된 딥러닝은 1957년 로젠블랏이 제작한 단층 퍼셉트론(single layer Perceptron)이라는 인공신경망에서 시작되었다. 그후 우여곡절을 겪은 후 지금은 인터넷과 사물인터넷(IOT: internet of things) 등에 기반한 빅데이터, GPU · TPU 등 병렬처리 컴퓨팅 파워의 기하급수적 혁신, 그리고 퍼셉트론들의 다양한 학습상 한계와 문제점들을 극복하여 CNN, RNN, LSTM, GAN 등 최신 신경망으로 발전되었다. 그래서 이제는 이 신경망 기술들이 범용인공지능(AGI)으로 나아가는 선도적 지위에 있고, 1950년대 인공지능 연구가 시작된 이래 세 번째 연구와 투자의 붐을 조성하는 견인차 역할을 하고 있다.

3. 기호·논리 주입에 의한 기계지능 제작 기술

이제 이 인공지능 기술들이 어떻게 진화·발전해 왔는가에 대해서 구체적으로 살펴보기로 하자.

사람처럼 스스로 판단하고 움직이는 기계를 만들려는 시도들 가운데 처음 주류를 이룬 것은 기계에 기호(symbol)와 논리(logic) 등 규칙을 주입해서 이를 실현하려는 노력이었다. 1936년 영국의 튜링은 어떤 가상의 기계가 스스로 저장공간의 기호들을 읽어 처리하고 그 상태에 따라서 다른 상태로의 변화가 가능하다면, '기계가 어떤 연산이든 스스로 처리한다'고 할 수 있다는 것을 이론적으로 입증했다.[5] 이는 컴퓨터의 기본원리를 제시한 것인데, 그는 이 혁명적인 가상 기계를 '튜링머신(Turing machine)'이라고 이름 붙였다. 그 후 튜링이 배웠던 미국의 존 폰 노이만(John von Neumann)이 '폰 노이만 구조(프로그램 저장방식)'라는 현대 컴퓨터의 기본 아키텍처를 제시했고, 1940년대 이를 토대로 'EDSAC(Electronic Delay Storage Automatic Calculator)'라는 최초의 컴퓨터들 가운데 하나가 발명되었다.[6]

---

5 Turing, A.(1936).

6 EDSAC는 영국에서 개발된 인류 최초 컴퓨터들 가운데 하나로 1949년 영국의 케임브리지 대학교(University of Cambridge) 수학실험실의 모리스 윌크스(Maurice Wilkes) 교수팀에 의해서 개발된 세계 최초의 실용적 프로그램 내장 전자식 컴퓨터이다. 자세한 설명은 Freiberger, P. et al., "EDSAC Computer," Technology, *Britannica*,

1950년대 들어서 사람의 지능을 모사할 수 있는 '자동기계 (automatic machine)'에 대한 생각은 더욱 진척되어, 사람의 두뇌와 마음에서 일어나는 일들을 진지하게 고찰해서 사람의 두뇌에서 일어나는 일들도 '기계적 계산과정'을 통해 설명할 수 있을 것이라는 아이디어가 나왔다. 이는 결국 '마음이 정보처리 과정의 산물'이라는 사고의 대전환을 불러왔다. 인지과학자들은 마음을 이해하기 위해서 컴퓨터가 필수적이라고 확신했다. 그런데 이는 사람이 문제를 해결할 때 마음의 작용과 컴퓨터가 프로그램을 처리할 때 기호조작이 매우 비슷하다고 생각했기 때문이었다. 그들은 사람과 컴퓨터가 모두 '기호조작 시스템'이라고 생각하고 있었다. 그래서 그들은 '사람의 마음은 정보처리 시스템이고, 정보처리는 계산 곧 기호조작 과정이며, 프로그램은 기호조작 시스템이므로, 사람의 마음은 프로그램으로 모델화될 수 있다'고 주장했다. 이 생각을 따르면 컴퓨터의 하드웨어는 사람의 뇌이고, 프로그램은 사람의 마음인 것이다.

위와 같은 생각을 '기호주의 가설(Symbolism Hypothesis)'이라고 하는데, MIT의 민스키 교수를 포함한 당대 주류 인공지능 연구자들이 이를 지지하여 사람의 지식을 기호화하고, 그 기호간 관계(규칙)를 컴퓨터에 입력하면, 컴퓨터가 사람과 비슷한 입력(input)을 받았을 때, 사람의 인식과 비슷한 것을 출력(output)해 낼 것이라고 주장했다. 그

---

https://www.britannica.com/technology/EDSAC를 참조하라.

런데 컴퓨터가 계산을 하려면 계산과정을 정의하는 기호와 기호 간 연산에 대한 규칙을 정의해야 하기 때문에, 초창기 인공지능은 필연적으로 '규칙 기반 인공지능(rule-based AI)'으로 발전할 수밖에 없었다. GOFAI(Good Old-Fashioned AI)[7], 기호주의 · 계산주의 · 심볼릭(symbolic) AI 등 용어들은 이런 기호주의 가설의 연장선상에서 나온 규칙 기반 인공지능의 여러 개념들이다.

규칙 기반 인공지능은 '현실에 존재하는 사물과 사상을 어떻게 기호화(symbolization)할 것인가?'와 '이렇게 표현된 기호들과 규칙들을 활용해서 어떻게 지능적 추론을 할 수 있을 것인가?'에 답하려는 인공지능 연구의 결과물들이다. 기호화는 온톨로지(ontology)[8]같이 컴퓨터가 개념을 이해하고 지식 처리를 할 수 있는 지식 표상(knowledge representation) 체계들로 이루어지고, 지능적 추론은 1차 논리(first-order logic) 같은 추론기법들에 의해서 행하여지는 양태로 발전했다. 그러므로 규칙 기반 인공지능은 순수하게 규칙에 기반하고 있고 '학습(learning)'은 없다. 대신 정보를 순차적으로 추론하고 결합하는 인지적 관점에 집중하는 지식공학(knowledge engineering) 방식을 따른다. 이 방식은 컴퓨터에 기호를 입 · 출력하는 과정의 중간단계도 기호로 이

---

7 GOFAI란 용어는 존 호글랜드(John Haugeland)가 1985년 그의 책 *인공지능(Artificial Intelligence)*에서 처음 사용했다.

8 사람들이 보고, 듣고, 느끼고, 생각하는 것에서 상호 합의한 것을 개념적으로 컴퓨터에서 처리할 수 있는 형태로 표현한 모델을 온톨로지라고 한다. 이는 또한 개념의 유형(type)이나 사용상 제약조건을 명시적으로 정의하는 기술이다.

루어졌다고 생각한다.

그러므로 규칙 기반 인공지능은 사람이 이해할 수 있는 표상(표현) 방식이고 컴퓨터 프로그래밍과 유사한 성격을 가지므로 1950년대부터 1980년대까지 인공지능 연구의 대세가 되었다. 1956년 다트머스회의 이후 1970년대까지 규칙 기반 인공지능 기법들로는 검색 트리(search tree), 패턴매칭(pattern matching), 의미망(semantic networks), 마이크로월드(micro-world) 등이, 1980년대에는 전문가 시스템(expert system)이 주류를 이루었다. 그 당시에는 심지어 규칙 기반 인공지능이 범용인공지능이 될 것이라는 믿음이 확고해서, 1980년대 중반 미국에서는 사람의 모든 규칙('상식')을 컴퓨터에 입력하는 'Cyc'라는 상상을 초월하는 프로젝트를 수행하는 데까지 나아갔다.

그러나 규칙을 컴퓨터에 심어서 기계에 사람의 지능을 실현할 수 있을 것이라는 초기의 예상은 빗나가고, 1980년대 후반에는 규칙 기반 인공지능이 연구의 주류에서 밀려났다.[9] 이러한 퇴조는 전문가 시스템을 비롯한 규칙 기반 인공지능들이 PC에 비해서 상용할 정도의 성능을 내지 못하고, 범용성이 매우 부족하여 장난감 정도인 것이 드러났기 때문이다. 이러한 규칙 기반 인공지능의 실상은 '현실 세계의 형상을 모두 '기호화' 하는 것이 불가능하며, 인간은 규칙 기반으로 생각하지 않는다'는 비판의 타당성을 강화시켰다. 결국 이런 과정을

9　이 과정에 대해서는 제1장의 '인공지능의 겨울' 부분에서 이미 상세하게 설명한 바 있다.

거쳐서 1990년대 이후 인공지능 연구에서 기호주의가 사실상 거의 퇴출되는 상황이 초래되었다.

그렇지만 인공지능 연구에서 딥러닝이 주류가 된 현재도 많은 인공지능 연구자들이 결국 범용인공지능(AGI)을 실현시키기 위해서는 기호주의 인공지능 접근법을 딥러닝과 혼합(mixture)해야만 한다고 주장하고 있다.[10] 실제로 현재 딥마인드의 인공지능 알파제로나 알파스타도 검색 트리와 딥러닝의 CNN을 조합한 형태임을 본다면, 향후 기호주의 접근법들도 어떤 양태로든 결국 인공지능의 발전을 위한 도구들로 이용될 것으로 보인다. 다만 그것이 어떤 역할을 할 것인가가 아직 확정되지 않은 채 남아 있을 뿐이다.

4. '학습'에 의한 기계지능 제작의 출발점과 방법들

규칙 기반 인공지능은 많은 자료들을 사람이 일일이 데이터베이스

---

10 주데아 펄(Judea Pearl)과 게리 마커스(Gary Marcus)는 딥러닝에 대한 대표적 비판론자들이자 하이브리드 시스템 주창자들이다. 오늘날 이런 주장들은 '인지주의 인공지능 연구'라는 영역으로 통합되어 가고 있다. 이들의 보다 구체적인 비판과 하이브리드 주장에 대해서는 마틴 포드(Martin Ford, 2019), "주데아 펄 인터뷰," 540-544; "게리 마커스 인터뷰," 327-328, *AI 마인드*, 터닝포인트를 참조하라.

로 만들어서 컴퓨터에 입력하고 관련 규칙들을 컴퓨터에 프로그램 형태로 입력해야 해서 엄청난 노력과 비용 발생이 불가피했다. 또한 기술발전에 따라 사람에게조차 '명백하지 않은 지식(no explicit knowledge)'을 구현하거나, 사람이 일일이 구현하기에는 너무 많은 규칙들이 필요한 상황이 발생하기 시작했다. 이런 시대적, 기술적 변화에 대응해서 기계를 학습시켜서 인간의 지능을 실현하려는 시도가 '기계학습(ML)'이다.

기계학습이란 용어는 1959년 IBM의 아서 새뮤얼(Arthur Samuel)이 처음 사용했다. 그는 기계학습을 '컴퓨터에 명시적 프로그래밍을 하지 않고도 학습을 할 수 있는 능력을 부여하는 연구 분야'로 정의한 것으로 알려져 있다.[11] 이는 철학적으로 볼 때 합리주의 철학의 연역법적 방법론에 기반한 규칙 기반 인공지능과 달리, 기계학습이 경험주의 철학의 귀납법적 방법론에 토대를 두고 있음을 의미한다. 즉, 기계학습은 규칙 기반 인공지능에 사용되던 'if-then 구문' 등을 직접 컴퓨터에 코딩하지 않고, 대량의 데이터와 알고리즘으로 기계(컴퓨터)를 학습시켜서 프로그램이 경험한 데이터에 반응하게 하여 자발적으로 변화시켜 나가게 하는 방법론이다.

기계학습 기반 인공지능이 규칙 기반 인공지능과 차이가 나는 결

---

11 Samuel, A.(1959), "Some Studies in Machine Learning Using the Game of Checkers," *IBM Journal of Research and Development*, 3(3), 210-229. 그러나 이 정의는 새뮤얼이 이 논문에 쓴 내용을 다른 사람들이 해석해서 정리한 것으로 알려져 있기도 하다.

정적인 부분은 사물을 표상(표현)하는 방식이다. 예컨대, 규칙 기반 인공지능은 '고양이'를 묘사할 때 고양이를 기호사전 중 한 기호로 맵핑(mapping)해서 생각한다. 다룰 수 있는 기호의 수가 모두 10개이고 '고양이'가 3번 항목이라면, 고양이는 [0,0,1,0,0,0,0,0,0,0]으로 표현되며, 이를 '원-핫 표상(one-hot representation)'이라고 한다. 반면 기계학습 기반 인공지능은 고양이는 '고양이'라는 기호 하나로 따로 생각할 수 없고, 다른 여러 정보와 연결되어 있다고 본다. 사람의 두뇌가 고양이를 떠올렸을 때, 어제 저녁에 본 고양이, 내가 키우던 고양이, 검은 고양이 등 고양이와 연관된 다양한 정보가 활성화된다는 것이다. 그러므로 이런 다양한 활성화 정도를 '실수 벡터 형태(real value vector form)'로 표상한다. 5차원 벡터로 사물을 표상하려 했을 때, 고양이는 예컨대 [31.2, 95.0, 43.5, 51.1, 3.8]과 같이 표현될 수 있는데, 이러한 표상 방식을 '분산 표상(distributed representation)'이라고 한다.[12] 이는 사람이 물체나 동물을 인식하는 바로 그 방식이다.

---

12 표상(representation)이란 현실에 존재하는 사물에 대해서 사람이 마음속에 갖고 있는 인지적 상징(cognitive symbol)을 의미한다. 예컨대, '사과'라는 낱말에 대해서 사람들은 마음속에 "빨갛다," "과일," "꼭지" 등의 개념들을 함께 떠올린다. 이러한 개념들은 사람들의 마음속에 있는 '사과'라는 개념을 구성하는 특징(feature)들이다. 이를 낱말에 적용해 보면 어떤 낱말의 표상은 그것이 지닌 의미와 구문적 특징들을 포괄하는 종합적인 것으로 많은 사람들이 이러한 특징들을 동시에 떠올리고 공유할 수 있기 때문에 언어를 통한 의사소통이 가능해진다. 낱말의 벡터 표상(vector representation)은 사람들이 낱말에 갖고 있는 이러한 특징들을 벡터 형태로 나타낸 것이다. 그러므로 이는 낱말이 갖는 의미적(semantic), 구문적(syntactic) 특징을 연속적으로 벡터공간에 표현한다.

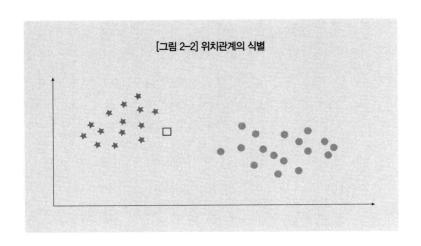

[그림 2-2] 위치관계의 식별

기계학습은 데이터를 입력하고, 이를 분석하여 일정한 패턴과 규칙을 찾아낸 후 이를 토대로 의사결정과 예측을 수행하는 방식으로 작동한다. 예컨대, [그림 2-2]를 사람에게 보여주고 네모 칸에 들어갈 적절한 모양을 말해보라면 대부분 사람들이 별 모양이라고 답할 것이다. 사람은 지각능력을 사용해서 각 모양이 무리지어 있는 위치관계를 무의식적으로 파악할 수 있기 때문이다. 그러나 컴퓨터는 지각능력이 없어서, 이러한 위치관계를 인식하지 못한다.

컴퓨터가 이를 인식하게 하기 위해서는 벡터(vector)를 활용한다. 벡터는 공간에서 크기와 방향을 가진다. [그림 2-2]에서 별 모양과 원 모양 점들이 각각 벡터가 된다. 그리고 특정 벡터들이 무리 지어 있는 것을 '특징(feature)'이라 하는데, 기계학습은 바로 이 특징을 기준으로 벡터들을 구분한다. 위 [그림 2-2]에 특징을 기준으로 한 구분선을 그리면, [그림 2-3]에서 볼 수 있는 것처럼 컴퓨터도 두 특징을 쉽게 구분할 수 있다. 기계학습은 이 구분선을 찾아내는 행위라고 볼 수도 있다.

컴퓨터가 입력된 데이터를 스스로 분석해서 일정한 패턴이나 규칙을 찾아내는 학습을 하게 하려면, 사람이 인식하는 데이터를 컴퓨터가 인식할 수 있게 바꿔 주어야 한다. 이때 데이터별로 특징을 찾아내고, 이를 근거로 데이터를 벡터로 바꾸는 작업을 '특징추출(feature extraction)'이라고 한다. 그런데 일반적으로 사용되는 기계학습을 위한 기계들은 다용도(범용)로 만들어져서, 특정 사용자가 원하는 특징을 자동추출하는 기능이 없다. 그러므로 사용자가 어떤 특징을 추출할지 결정해야 하는데, 이게 기계학습 알고리즘 개발에서 가장 중요한 일이다. 왜냐하면 적절한 특징을 선택해야 컴퓨터가 가장 효

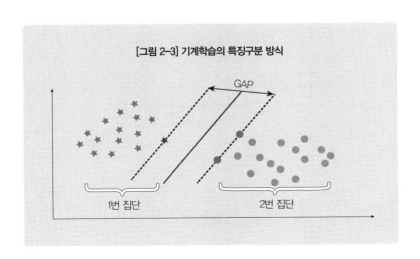

[그림 2–3] 기계학습의 특징구분 방식

GAP

1번 집단   2번 집단

과적으로 학습을 할 수 있기 때문이다.

기계학습의 방법은 크게 지도학습(supervised learning), 비지도학습 (unsupervised learning), 강화학습(reinforcement learning)으로 나눌 수 있고, 이외에 전이학습(transfer learning), 자기지도학습(self-supervised learning) 등 다양한 기계학습방법들이 현재도 지속적으로 만들어지고 발전하고 있다.[13]

이 가운데 지도학습이 현재까지 인공지능 학습의 주류를 구성하고 있고, 비지도학습과 강화학습, 전이학습도 인공지능이 '약 인공지능(weak AI)'에서 '강 인공지능(strong AI)' 또는 범용인공지능(AGI)으로 발전하려면 지속적인 발전이 필수적인 분야로 인식되고 있으며, 현재 그 비중이 점점 더 커지고 있다.[14]

---

13 각 기계학습의 구체적인 방법들이 기록된 각주 15, 16, 20, 21, 22, 23과 본문에 있는 강화학습방법들에 대한 보다 상세한 이해를 원한다면 '조우쯔화(Zhou Zhihua, 2019), *단단한 머신러닝(Machine Learning)*, 제이펍'을 참고하라.

14 약인공지능이란 사람의 지시에 따라서 세상을 인식하고 정보를 조합해서 특정 분야의 주어진 일을 수행하는 정도의 인공지능으로 규칙 기반 인공지능을 포함한 현재 존재하는 대부분의 인공지능이 이 범주에 속한다. 강인공지능은 어떤 문제를 실제로 생각해서 해결할 수 있는 사람의 지능을 컴퓨터의 정보처리 능력으로 구현한 인공지능을 의미한다. 이러한 분류는 존 설(John Searle)이 '중국어 방' 논증에서 처음 사용했다. 중국어 방 관련 자세한 논의는 Cole, D.(2020), "The Chinese Room Argument," *Stanford Encyclopedia of Philosophy*, https://plato.stanford.edu/entries/chinese-room/을 참조하라. AGI는 사람 수준으로 다양한 일을 할 수 있는 인공지능이므로 강인공지능의 범주에 속한다. 이와는 다르게 러셀과 노빅(2013)은 기능에 따라서 인공지능을 '사람처럼 사고하는 시스템,' '사람처럼 행동하는 시스템,' '이성적으로 사고하는 시스템,' '이성적으로 행동하는 시스템'으로 분류하기도 했다. 자세한 논의는 Russel, S. and P. Norvig(2013), *Artificial Intelligence: A Modern Approach*, 3rd

지도학습은 레이블(정답)된 데이터로 학습하는 방법이다. 즉, 이미 유형을 결정하는 특징을 확정해서 구분한 레이블된 데이터 세트(labeled data set)로부터, 유형을 구분하는 함수적 모델을 찾아서, 레이블이 달리지 않은 새로운 데이터의 유형을 구별해 내는 기술이다. 예컨대, 다양한 고양이의 사진들에 '고양이'라고 레이블을 붙여서 이들을 컴퓨터에 보여주면, 컴퓨터는 고양이를 구별할 역량을 그 데이터들을 학습해서 가지게 되고, 그 후에 '고양이'라는 레이블이 달리지 않은 고양이 사진을 보여주어도 '고양이'라고 판독할 수 있게 되는 것이다. 지도학습의 대표적인 기술들로는 레이블된 데이터 세트가 이산적인(discrete) 경우에 사용하는 분류(classification)[15], 연속적인 경우에 사용하는 회귀(regression: estimation & prediction)[16], 그리고 현재 인공신경망 학습 기술의 핵심인 역전파(backpropagation) 등이 있다.

지도학습을 위해서는 레이블된 데이터가 대단히 많이 필요하고, 데이터가 많으면 많을수록 학습의 효율성과 유효성은 증가한다. 지도학습에 사용되는 데이터에는 사람이 일일이 레이블을 붙여야 하

---

ed., Prentice Hall, Englewood Cliff, NJ USA을 참조하라.

15 KNN(K-nearest neighbors), Naïve Bayes Classification, Decision Tree, Logistic Regression, SVM, ANN(Artificial Neural Network), Ensemble(Bagging, Boosting, Random Forest) 등이 이에 속한다.

16 Stepwise Linear Regression, Regularized Linear Regression, Regression Tree, Model Tree, Random Forest Regression, Support Vector Regression, HMM(hidden Markov models), ARIMA, Exponential Smoothing, Neural Networks, Deep Learning 등이 이에 속한다.

는데, 수많은 데이터를 그렇게 하는 것은 많은 시간과 비용을 요하는 어려운 일이어서 이 기술의 한계로 작용하고 있다. 물론 오늘날 이 한계를 극복하기 위해서 MS의 에릭 호비츠(Eric Horvitz)가 개발한 실시간 사용자의 상태와 전환을 자동 기록하는 기술인 실시간 지도(in-stream supervision)[17]와 레이블이 있는 데이터와 없는 데이터를 모두 학습에 사용하는 반(半)지도학습(semi-supervised learning)[18]이 시도되고 있다. 지도학습은 주로 이미지 인식(image recognition), 광학문자 인식(OCR: optical character recognition)[19], 음성 인식(speech recognition), 자연어 처리(NLP: natural language processing), 추세 예측(회귀분석), 스팸 분류, 언어 번역 등 거의 모든 응용 분야에 사용되고 있다.

비지도학습은 레이블이 없는 데이터들을 학습해서 데이터에 내재된 패턴, 속성, 구조를 발견해 내는 학습기술이다. 즉, 유형을 구분하는 특징을 가지지 않은 레이블이 없는 데이터로부터 그 자체의 상

---

17 Horvitz, E.(2016), "Machine Learning, Reasoning, and Intelligence in Daily Life: Directions and Challenges," https://www.microsoft.com/en-us/research/wp-content/uploads/2016/11/AmbientAI_Keynote.pdf.

18 반지도학습은 소량의 레이블된 데이터를 대부분의 레이블되지 않은 데이터들과 동시에 사용하는 것이다. 이 방법은 먼저 레이블되지 않은 데이터들을 신경망에 투입해서 일정한 근사치에 도달시킨 후 이어서 레이블된 데이터들을 투입해서 미세조정을 함으로써 정확도를 높인다. 즉, 이는 지도학습과 비지도학습을 모두 사용해서 학습의 정확도를 높이는 방법이다. 이 방법은 딥러닝이 빅데이터 세트로 지도학습을 해야 하는 한계를 넘어서는 데 지대한 공헌을 하였다.

19 OCR은 사람이 손으로 쓰거나 기계로 인쇄한 문자의 영상을 이미지 스캐너로 스캔해서 기계가 읽을 수 있는 문자로 변환하는 기술이다.

호 유사성 또는 근접성(likelihood or distance)을 기준으로 유형을 구분하는 함수적 모델을 찾아서 새로운 데이터 유형을 구분하는 기술이다. 비지도학습의 대표적인 기술들로는 차원 축소(dimension reduction)[20], 군집화(clustering)[21], 패턴 · 규칙 인식(pattern or rule recognition)[22], 영상 · 이미지 · 텍스트 신호 처리(signal processing)[23] 등이 있다. 이 기술은 주로 마케팅 고객 분류, 개체분포별 특성 분석, 뉴스 요약 등에 이용되고 있으며, 특히 페이스북이 사람들의 얼굴을 구별해 내는 알고리즘인 '딥 페이스(Deep Face)'에 이 학습방법을 사용하는 게 대표적인 사례이다.

강화학습은 소프트웨어 에이전트(agent)가 주어진 환경에서 포상(reward)이 최대화되는 일련의 행동(action)을 하도록 하는 것이 기술의 핵심이다. 즉, 데이터의 상태를 인식해서 반응한 행위가 환경으로부터 받는 포상을 학습하여, 행위에 대한 포상이 극대화되는 정책 또

---

20 ICA(Independent Component Analysis), PCA(Principal-Component Analysis), Factor Analysis, MDS(Multi-Dimensional Scaling), SVD(Single Value Decomposition) 등이 이에 속한다.

21 Hierarchical Clustering, K-Means Clustering, K-medios, SOM(Self-Organizing Feature Map), Density-Based Clustering, Fuzzy Clustering 등이 이에 속한다.

22 Association Rule Analysis, Sequence Analysis, Network Analysis, Link Analysis, Graph Theory, Path Analysis, Structural Equation Modeling 등이 이에 속한다.

23 Wavenet, Fast Frontier Transformation, DTW(Dynamic Time Wrapping), SAX(Symbolic Aggregate Approximation), Linear or Circular Hough Transformation, Text Mining, Sentiment Analysis 등이 이에 속한다.

는 기준을 찾는 기술이다. 이는 시행착오를 통해서 학습하는 방법으로 사람들도 어떤 것을 배울 때 '시간차 학습'이라고 불리는 이와 유사한 방식을 통해서 학습을 하는 경향이 있어 가장 자연스러운 학습 방식으로 알려져 있다. 강화학습의 대표적인 기술들로는 무차별 대입(Bruto Force), 몬테카를로 기법(Monte Carlo methods), 마르코프 의사결정 프로세스(Markov decision processes), 가치함수(value functions), Q-러닝(Q-learning), 정책학습(policy learning), 동태적 프로그래밍(dynamic programming) 등이 있다. 주로 로봇 제어, 게임 개인화, 공정 최적화 등에 사용되고 있다.

이외에도 현재 데이터를 가급적이면 적게 사용해서도 기계가 학습을 할 수 있도록 하기 위한 다양한 방법들이 시도되고 있다. 이 가운데 범용인공지능(AGI)으로의 발전을 위해서 가장 중요한 학습방법으로 주목받고 있는 전이학습은 이미 잘 훈련된 모델을 특징 추출, 레이어 조정 등을 통해서 유사한 문제를 해결하기 위해 사용하는 기술이다. 예컨대, 컵을 감지하는 시스템을 만들었을 경우, 그 시스템을 주전자를 감지하는 시스템을 만드는 데 활용하기 위해서 미세조정을 거쳐서 주전자를 감지하는 시스템으로 변경하는 것이 가능해진다. 이러한 학습이 가능해지면 한 영역에서 적용되는 지식이 전혀 보지 못한 다른 영역에서도 유익하게 사용될 수 있다. 이 학습방법이 주목을 받는 이유는 사람은 새로운 일을 주면 비슷한 일, 구조적으로 유사해 보이는 것의 개념들을 차용해서 바로 처리할 수 있는 반면, 컴퓨터는 많은 데이터가 필요하다는 한계가 있는데, 이를 극복할 수 있는 학습방법이기 때문이다.

또 다른 주목받는 학습방법은 자기지도학습인데 이 방법은 비지도학습의 한 부류로 보통 데이터에는 레이블(정답)을 사람이 달지만 사람의 개입 없이 입력 데이터로부터 기계가 스스로 정답을 얻는 방식의 학습을 말한다. 특정한 훈련을 하지 않은 채, 세계를 관찰하고 그것이 어떻게 작동하는지를 근본적으로 이해하는 학습방법이다. 예컨대, 고양이 사진이 있으면 고양이라는 레이블(label)은 없지만, 동물과 관련된 지식, 눈·코·귀 등의 특징을 스스로 찾아내서 그 정보들을 활용해서 학습하는 방법이다. 갓난아이가 세상에 태어나서 움직임 없이 눈만 깜빡거리거나 이리저리 굴리면서 학습해서 자기가 존재하는 환경을 이해하는 방법이 바로 이 방법이어서 기계가 이런 방식으로 학습할 수 있으면 인공지능 발전에 큰 진전을 가져올 것으로 보고 있다.

5. 신경망 모사 지능 제작 기술들의 진화

인공지능 연구가 시작되던 시기부터 '기호화나 기호조작만으로는 지능을 충분히 설명할 수 없다'고 비판하던 사람들 가운데 연결주의자들(Connectionists)은 '사람의 지능이 뇌에 있는 신경들(neurons) 사이의 연결(synapses)에서부터 출발한다'고 생각했다. 연결주의자들은 뇌

구조를 낮은 수준에서 모델링 한 인공신경망을 만들어 데이터 세트를 입력해서 신경망의 구조와 가중치 값을 변경시키는 방식으로 기계학습을 시도했다. 그러므로 신경망을 통한 인공지능 연구는 모두 기계학습에 기반을 두고 있다. 이렇게 연결주의자 관점으로 인공지능을 구현하려고 하는 시도를 '신경망 기반(neural network-based)' 또는 '연결주의자(Connectionist)' 인공지능이라고 부른다.

인공신경망은 1943년 발명된 맥컬러와 피츠의 최초 인공 뉴런 모델에 기반해서 1957년 로젠블랏이 단층 퍼셉트론(single layer Perceptron)을 처음 개발하면서 인공지능 연구 분야에서 주목받기 시작했다.

아래 [그림 2-4]에서 보는 것처럼 단층 퍼셉트론은 각 입력 데이터에 가중치(weight)를 곱하고 여기에 편차(bias)를 더해서 이를 모두

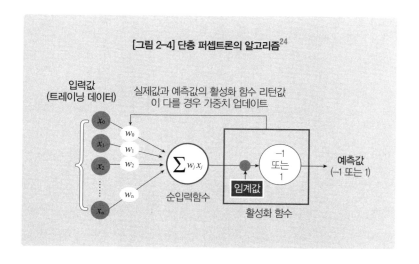

[그림 2-4] 단층 퍼셉트론의 알고리즘[24]

합한 순입력함수(net input function)를 만드는 입력층(input layer), 비교기준이 되는 임계값과 활성화 함수(activation function) – 입력값을 임계값과 비교해서 입력값이 클 경우 1, 작을 경우 –1을 출력하는, 입력 데이터를 적절하게 변환하는 함수 – 를 가진 뉴런(노드)으로 불리는 중간층, 결과에 대한 출력층을 가진 지도학습 알고리즘이다. 이 알고리즘은 출력된 가중치의 예측값이 실제값과 다른 경우 가중치가 업데이트되는 과정을 반복하도록 되어 있다.

그런데 여기서 활성화 함수로 구성된 중간층은 하나의 뉴런으로 구성되기 때문에 출력층(output layer)과 구분이 되지 않는다. 따라서 단층 퍼셉트론은 아래 [그림 2-5]같이 입력층과 출력층만 가진 단순 신경망이다.

로젠블랏은 이 최초의 신경망으로 레이블된 데이터들을 지도학습시켜서 Courier 10 데이터 세트에 포함된 글씨를 완벽하게 인식해 내서 명성을 얻었다. 이 단층 퍼셉트론 기술은 AND, OR 등 선형 연산을 할 수 있었다. 그러나 다른 유형의 글자들은 잘 인식하지 못하였다. 로젠블랏은 퍼셉트론을 여러 겹 쌓는 방법으로 이 문제를 돌파할 수 있을 것이라고 생각하고 있었다. 그러나 로젠블랏이 퍼셉트론을 만든 지 12년이 지난 1969년 민스키와 파퍼트는 '단층 퍼셉트론으로는 비선형 연산(XOR)을 할 수 없다'는 것을 수학적으로 증명한 책 퍼

---

24 자료: https://blog.naver.com/samsjang/220948258166

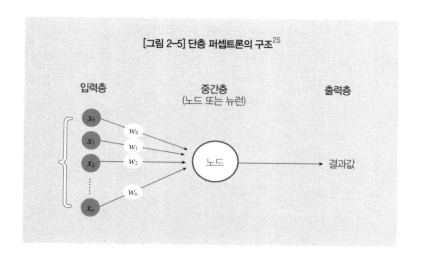

[그림 2-5] 단층 퍼셉트론의 구조[25]

입력층　　　　　　　　중간층　　　　　　　　출력층
　　　　　　　　　（노드 또는 뉴런）

x_0

w_0

x_1

w_1

x_2

w_2

노드　　　　　　　　결과값

w_n

x_n

셉트론을 발간해서, 그 후 수십 년이 지난 2012년 딥러닝으로 인공신경망 모델이 화려하게 부활할 때까지 연결주의 인공지능 연구가 거의 소멸되게 만드는 타격을 가했다.[26]

　이 단층 퍼셉트론의 비선형(XOR) 연산 불가 문제를 해결하기 위해서 단층 퍼셉트론을 여러 겹 쌓은 다층 퍼셉트론(multi-layer Perceptron)이 발명되었다. 다층 퍼셉트론은 [그림 2-6]에서 보는 것처럼 단층 퍼셉트론에 은닉층(hidden layer)을 추가한 다층신경망(multi-layer neural network)인데, 이는 입력층에서 나온 출력값을 은닉층에 입력하여 단층 퍼셉트론의 알고리즘을 반복함으로써 XOR 문제를 해결

25　자료: https://blog.naver.com/samsjang/220948258166

26　Minsky, M. and S. Parpert(1969).

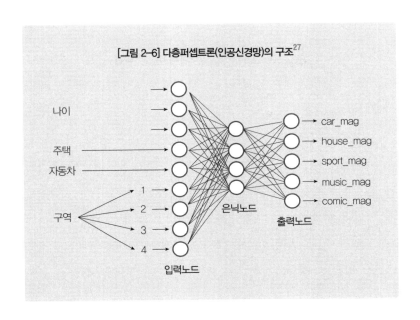

[그림 2-6] 다층퍼셉트론(인공신경망)의 구조[27]

나이

주택

자동차

구역

1
2
3
4

입력노드

은닉노드

출력노드

car_mag
house_mag
sport_mag
music_mag
comic_mag

하는 방식으로 작동한다.

여기서 복잡한 XOR 문제들을 해결하는 방법은 은닉층의 뉴런 수를 더 많이 두는 것과, 한 은닉층의 뉴런 수는 적게 유지하되 은닉층의 수를 더 많이 쌓는 방법이 있다. 전자는 대개 신경망의 규모를 너무 크게 만들어서 컴퓨터 연산에 장애를 초래한다. 이에 반해서 후자는 연산을 단순화하면서도 문제를 잘 처리하는 장점을 가지고 있다. 그러므로 현재 다층신경망들은 은닉층을 여러 개 쌓은 심층신경망

27 자료: https://blog.naver.com/samsjang/220948258166

(DNN)[28]들이 보편적이게 되었으며, 이론적으로는 은닉층을 더 추가할수록 아무리 복잡한 비선형 문제들도 정확하게 해를 구할 수 있다.

다층 퍼셉트론이나 DNN은 비선형 문제를 해결하는 방법으로 경사하강법(gradient descent)과 오류 역전파(error backpropagation) 알고리즘을 사용한다. 경사하강법은 신경망을 데이터에 최적화하기 위해서 오차함수(error function)[29]의 경사값(gradient, 기울기)을 구하고, 이 경사가 낮아지는 쪽으로 가중치를 계속 이동시켜서 해를 구하는 방법이고, 역전파 알고리즘은 다층 퍼셉트론이나 DNN에 데이터를 입력해서 나온 경사값을 역방향으로 다시 보내서 가중치를 업데이트하는 방법을 말한다. 경사하강법과 역전파 알고리즘은 구현과 해를 구하는 것이 쉬워서 다른 학습방법들보다 선호되어 현재 신경망 학습방법의 대세가 되고 있다.

그러나 은닉층의 수가 많을수록 신경망의 성능이 올라간다는 것은 이론적으로는 증명되었으나, 경사하강법과 역전파를 이용하는 데 현실적인 여러 가지 문제점이 나타났다. 우선, 추정해야 하는 층(layer) 수와 각 층 당 뉴런 수, 학습률, 초기 가중치 등 파라미터(parameter)들이 많아서 엄청나게 큰 데이터 세트, 특히 레이블된 데이터가 많이

---

28 심층신경망(DNN)은 입력층, 출력층으로 구성된 단층 퍼셉트론에 은닉층(hidden layer)을 둘 이상 추가한 모든 다층신경망(multi-layer neural network)을 의미한다.

29 오차함수는 신경망의 학습 정도를 확인하는 데 사용하는 함수로 비용함수(cost function), 목적함수(objective function), 손실함수(loss function) 등으로도 불린다.

필요한데, 현실에 존재하는 데이터들은 레이블이 없는 것들이 훨씬 많았다. 그래서 적은 양의 레이블된 데이터 세트로 다층 퍼셉트론을 학습하면 종종 단층 퍼셉트론이나 SVM같은 신경망이 아닌 기계학습 기반 인공지능들보다 성능이 떨어지는 과적합(overfitting) 현상[30]이 발생하였다. 또한 경사하강법은 모든 학습 데이터에 반복적으로 오차함수 최소화를 위한 가중치를 업데이트해야 하므로 학습시간이 매우 오래 걸리는 '시간 복잡성(time complexity)' 문제가 발생하였다. 더구나 학습이 진행될수록 급속도로 기울기가 '0'에 가까워져서 거의 경사가 완전히 사라지는 '경사소멸 문제(vanishing gradient problem)'[31]나, 초기 가중치 설정 상태에 따라 '경사가 진동하거나 점점 커져 완전히 발산하는 현상'도 나타났다. 이에 더해서 이 접근방법들은 직접 최소값을 구하는 게 아니라 알고리즘으로 최소값에 접근시키는 방식이므로, 전체 최소값(global minimum)이 아니라 국지적 최소값(local

---

30 레이블된 학습 데이터가 적은 경우, 다층신경망이 지나치게 잘 학습을 해서 이 학습 결과를 실제 세계의 데이터에 적용하면 그 결과가 오히려 나쁜 경우를 말한다. 예컨대, 노란 고양이만 보고 고양이의 특성을 학습한 컴퓨터가 다른 색깔의 고양이를 구분하지 못하는 등의 결과를 낼 수 있다. 과적합이 나타나는 이유는 다층신경망에서 추가된 층들(layers)이 모델화되기에는 그 수가 대단히 적은 희귀한 데이터들도 모델화를 해주기 때문이다.

31 1991년 학위 논문에서 셉 호흐라히터(Sepp Hochreiter)가 처음으로 경사소멸 문제가 결과를 국지적 최소값(local minimum)에 머무르게 하는 원인이라는 것을 밝혀냈다. Hochreiter, S.(1998), "The Vanishing Gradient Problem during Learning Recurrent Neural Nets and Problem Solutions," *International Journal of Uncertainty, Fuzziness and Knowledge-Based Systems*, https://doi.org/10.1142/S0218488598000094.

minimum)에 도달하는 국지 최소화 문제가 발생하였다.

6. 신경망 학습의 최신기술 '딥러닝'의 발달

앞에서 언급한 다층신경망의 문제점들은 1985년 데이비드 애클리 (David Ackley)가 그의 선생인 힌튼, 그리고 세이노프스키와 함께 홉필 드 네트워크에 '담금질 기법(simulated annealing)'[32]을 추가하여 에너지 기반 인공신경망 모델인 볼츠만머신을 만들어[33] 비지도학습방법으로 다층신경망들이 가진 국지적 최소화 문제를 해결하고, 병렬 분산 처리로 시간 복잡성 문제를 개선하려 한 것을 필두로 지난 30여년간 다양한 혁신들이 나오면서 점차 해소되어 왔다.

볼츠만머신은 [그림 2-7]의 왼쪽에서 볼 수 있는 것처럼 뉴런이 보이는 입력층과 보이지 않는 은닉층으로 구성되어 있고, 층간은 물론 같은 층에 속한 뉴런들 사이도 모두 연결되어 있다. 뉴런은 1의 값을 가지면 켜지고(활성화되고), 0의 값을 가지면 꺼지게 된다. 학습은

---

32 보편적으로는 에너지가 감소하나, 간간이 에너지가 증가할 확률이 나오는 '확률적 경사하강(stochastic gradient descent)'을 이용해서 신경망이 국지적 최저점에 빠졌을 때 이를 벗어나 전체 최저점에 도달하게 하는 방법

33 Ackley, D., G. Hinton and T. Sejnowski(1985), "A Learning Algorithm for Boltzmann Machines," *Cognitive Science*, 9(1), 147-169.

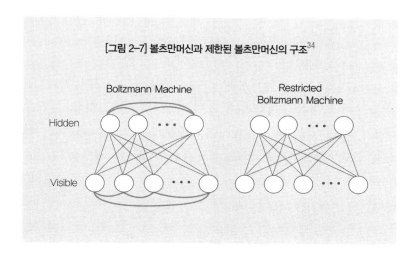

[그림 2-7] 볼츠만머신과 제한된 볼츠만머신의 구조[34]

각 학습 데이터를 하나의 벡터로 간주하여 얻을 수 있는 확률을 최대
화하고, 그 결과는 하나의 완전한 연결그래프로 출력된다. 그러므로
볼츠만머신은 학습의 복잡도가 높아서 현실문제 해결이 쉽지 않았
다. 이를 개선한 '제한된 볼츠만머신(RBM: Restricted Boltzmann Machine)'
은 [그림 2-7]의 오른쪽처럼 볼츠만머신의 입력층과 은닉층간 연결
만 남기고, 각 층 내 뉴런들간 연결을 없애서 완전 연결그래프 구조를
이분(bipartite) 구조로 축소해서 신경망이 깊어질 수 있게 한 것이다.

그러므로 RBM은 보이는 입력층이 관찰되고 일정한 범위 안에 한
정됨으로, 학습과정에서 근사법인 MCMC(Markov Chain Monte Carlo)나

34 자료: Goel, A.(2016), "Deep Boltzmann Machines," ppt. 4. http://swoh.web.engr.
illinois.edu/courses/IE598/handout/fall2016_slide18.pdf.

이산도 비교(CD: contrastive divergence)[35] 사용 시, 추론과정을 단순화해서 데이터 기반 학습을 보다 쉽게 만든다.

그런데 힌튼은 이후 연구에서 볼츠만머신과 역전파를 비교해 보고 후자가 더 성과가 좋은 것을 알게 되어, 1986년 루멜하트가 주도한 연구에 윌리엄스와 공동으로 참여해서 XOR 문제를 해결하는 '역전파 공식'을 만들어냈다.[36] 또한 1989년에는 힌튼의 제자인 얀 르쿤(Yann Lecun)이 그의 동료들과 함께 RBM에 역전파 알고리즘을 결합해서 최초의 역전파 기반 DNN이자, 현대적 CNN인 'LeNet 5'를 만들어서 미국 우체국에서 '수표에 쓰인 손 글씨'를 자동인식하는 데 성공했다.[37] 그러나 LeNet 5는 그 성공적인 작동에도 불구하고, 10개의 숫자를 학습하는 데 3일이 걸렸다. 이는 다른 분야들에 이 신경망을 사용하는 데는 그 계산속도가 너무 느리다는 것을 의미했으므로, 다층신경망은 여전히 주목을 받지 못하는 상태에 있었다.

이렇게 침체기에 머물던 신경망 연구가 결정적으로 부활한 것은 2006년 힌튼 팀이 다층신경망에 대한 역전파 학습방법[38]과 벤지

---

35 입력층의 뉴런이 데이터를 입력받아 그 데이터를 얼마나 은닉층에 전달할지를 확률에 따라 결정하는 알고리즘으로, 뉴런은 확률에 따라서 입력 내용을 전달할지(1), 전달하지 않을지(0)를 결정한다.

36 Rumelhart, Hinton and Williams(1986).

37 Lecun, Y., B. Boser, J. Denker et al.(1989), Backpropagation Applied to Handwritten ZIP Code Recognition, *Neural Computation*, 1, 541-551.

38 Hinton, G., S. Osindero and Y. Teh(2006), "A Fast Learning Algorithm for Deep Belief

오 팀의 오토인코더(auto-encoder)를 사용한 사전훈련(pre-training) 방법[39]을 혼용해서, RBM을 여러 층 쌓아서 만든 '심층신뢰망(DBN: Deep Belief Network)'을 효율적으로 학습하는 것이 가능해지면서이다. 신경망을 학습시키려면 많은 레이블된 데이터가 필요했고, 이를 위해서 데이터에 사람이 직접 레이블링(labeling: 정답 부여)을 해야만 했는데, 힌튼과 벤지오는 위 연구들을 통해서, '레이블되지 않은 대량 데이터를 이용해서 비지도학습으로 RBM 또는 오토인코더를 사전훈련시켜서, 신경망의 국지적 최적화를 극복하는 방법을 발견해서 심층신경망의 한계와 문제점들을 극복한 것이다.

그러나 '신경망'이라는 단어에 대한 부정적인 선입견이 그때도 여전했으므로, 힌튼을 비롯한 연구자들은 신경망 대신 '심층망(deep net)' 또는 '심층신뢰망(DBN)'이라는 용어를 전략적으로 선택했다. 이런 배경 때문에 지금 대세가 된 인공신경망들이 '딥러닝'이라고 불리게 되었다. 이런 기술적 돌파(breakthrough)가 이루어진 이후부터 양질의 빅데이터를 확보하기만 하면 신경망들은 잘 작동하기 시작했다.

그렇지만 그 당시 여전히 신경망을 학습하기 위한 레이블된 데이터는 대단히 적었고, 학습을 위한 컴퓨팅 파워도 대규모 심층신경망

Nets," *Neural Computation*, 18(7), 1527-1554.

39 Bengio, Y., P. Lamblin, D. Popovici and H. Larochelle(2006), "Greedy Layer-Wise Training of Deep Network," *Advances in Neural Information Processing Systems 19*(NIPS 2006), 153-160.

들을 학습하기에는 너무 느렸다. 이런 상황에서 스탠퍼드 대학교 페이페이 리(Fei-Fei Li) 교수 주도로 2007년부터 인터넷과 집단지성을 이용해서 크라우드 소싱으로 167개국 5만 명의 작업자가 10억 장에 이르는 이미지 데이터를 수집, 정리, 분류하는 작업을 해서, 2009년에 이미지넷(ImageNet: www.image-net.org)이라는 상상을 초월하는 빅 데이터베이스가 완성되었다.[40] 이 데이터베이스는 객체와 사물을 2만 2천 개 범주로 구분한 1,500만 장의 고해상도 이미지로 구성되어 있고, 1만 개의 이미지에 동물, 식물, 구조, 사람, 장면, 스포츠, 도구, 가구, 구조물, 재료, 음식 등의 레이블링이 되어 있다. 이 엄청난 레이블된 데이터베이스의 구축은 오늘날 딥러닝이 인공지능 분야의 주도권을 가지는 데 혁혁한 기여를 했다고 평가되고 있다.

이런 레이블된 빅데이터 세트들의 활용이 가능하게 된 상태에서 2010년에는 힌튼의 제자인 비노드 나이르(Vinod Nair)가 그 선생과 함께 경사소멸 문제를 해결한 ReLU(Rectified Linear Unit)함수[41]를 개발함으로써 RBM이나 오토인코더를 통한 사전훈련 없이도 심층신경망

---

40 Jia, D., D. Way, R. Socher, L. Li-Jia, L. Kai and F.-F. Li(2009), "Imagenet: A Large-Scale Hierarchical Image Database," *CVPR(Computer Vision and Pattern Recognition)2009*, 248-255.

41 함수의 독립변수인 x가 0보다 클 때는 선형증가 함수이고, x가 0보다 작을 때는 함수 값이 0인 함수이다. 이 함수는 x값이 0보다 크기만 하면 항상 기울기가 1로 정해져서 기울기 소멸 문제가 해결된다.

의 지도학습이 가능하게 만들었다.[42] 또한 2012년에는 조지 달(George Dahl)이 타라 사이낫(Tara Sainath), 힌튼과 함께 이 인공신경망 구성 뉴런들을 임의로 점멸하는 방식으로 과적합 문제를 해결한 '망 부분생략(drop out)'[43] 등의 혁신을 함으로써 딥러닝의 기술적인 한계들이 대부분 극복되었다.

데이터 분야에서의 혁신, 학습방법상 한계의 돌파와 함께 컴퓨팅 역량에서도 대대적인 혁신이 발생했다. 컴퓨터 그래픽과 영상처리를 매우 효과적으로 수행할 수 있으며, 고도의 병렬구조로 큰 덩어리의 영상 데이터가 병렬처리되는 알고리즘에서 CPU보다 월등히 효율적인 GPU를 CPU가 맡았던 연산에 사용해서 연산속도를 향상시키는 기술인 GPGPU(general-purpose computing on GPU)가 발전했다. 그리고 이는 CPU의 100-250배 속도를 내는 것이 가능하게 만들었다. 또한 인공지능 연구에서 선두 그룹에 있는 구글은 데이터 분석 및 딥러닝 분석 전용 TPU(Tensor processing unit)를 개발했는데 이는 GPU보다 10배나 빠른 것으로 알려져 있다.

이런 발전과정을 거쳐서 인공지능의 주류로 등장한 딥러닝은 컴

---

42 Nair, V. and G. Hinton(2010), "Rectified Linear Units Improve Restricted Boltzmann Machines," *Proceedings of the 27th International Conference on Machine Learning*(ICML-10), 807-814.

43 Dahl, G., T. Sainath and G. Hinton(2013), "Improving Deep Neural Networks for LVCSR Using Rectified Linear Units and Dropout," *Conference Paper on 2013 IEEE, International Conference on Acoustics, Speech and Signal Processing*.

퓨터로 사람의 두뇌를 모사한 거대 심층신경망에 사람의 사고방식을 가르치는 일련의 기계학습 알고리즘 집합체인데, 2012년 "ILSVRC"에서 힌튼 팀의 알렉스넷이 월등한 성적으로 우승을 하면서 대세가 되었고 대중적 지지가 확고해졌다. 현재 딥러닝은 자동 음성 인식(ASR, automatic speech recognition)과 컴퓨터 비전(computer vision) 분야에서 최고 수준의 성능을 보여주고 있음은 물론, 그 기술의 응용도 광범위하게 확장되고 있다.

현재 딥러닝 알고리즘들 가운데 대표적인 것들로는 심층신뢰망(DBN), 심층오토인코더(deep auto-encoder), 합성곱신경망(CNN), 순환신경망(RNN: recurrent neural network), 긴 단기메모리(LSTM: long short-term memory), 생성적적대신경망(GAN: generative adversarial network) 등이 있고, 각 분야별 적합성에 따라서 이것들이 다양하게 발전하고 있다.

심층신뢰망(DBN)은 순방향신경망(FNN: feed-forward neural network)[44]으로 RBM을 여러 층 블록처럼 쌓을 경우 발생하는 경사소멸 문제를 해결한 심층신경망(DNN)이다. 레이블된 데이터가 충분하지 않은 경우 레이블 되지 않은 데이터들을 가지고 비지도학습으로 사전학습된 RBM들을 층층이 쌓아서 가중치의 초기값을 최적치의 근사값으로 입력하고, 역전파나 다른 분류 알고리즘으로 가중치를 '미

---

44 정보가 입력층에서 출력층으로 한 방향으로만 이동하는, 단위간 연결이 순환(cycle)되지 않는 신경망이다.

세조정(fine tuning)'해서 학습의 성과와 속도를 최적화하는 방법이다.[45] 즉, 복잡한 다층신경망 학습을 여러 개의 보다 단순한 RBM 학습으로 환원시켜서, 학습의 복잡도를 층의 개수에 비례하게 낮춘 것이다.

심층오토인코더는 다층신경망이 딥러닝에 대한 이해 부족으로 학습에 실패하는 것을 해결한 모델이다. 오토인코더는 신경망이 각 층을 단계적으로 학습해서 출력이 입력을 재현하게 한 알고리즘이다. 심층오토인코더는 은닉층 뉴런의 수가 입력층이나 출력층보다 적은 반면, 입력층과 출력층의 뉴런 수는 같다. 은닉층의 뉴런 수가 더 적기 때문에, 신경망이 입력 데이터들을 압축하여(encoding) 이들로부터 특징을 추출하고, 추출한 특징을 기반으로 입력을 최대한 재현한(decoding) 출력을 하게 된다. 심층오토인코더는 사람이 컴퓨터에 레이블된 데이터를 입력하지 않고 레이블이 없는 데이터들로 비지도학습을 한다는 측면에서 심층신뢰망과 유사하다.

합성곱신경망(CNN)은 딥러닝의 대표적인 이미지 인식에 적합도가 높은 알고리즘으로 동물이나 사람의 시각 피질로부터 영감을 받아서 만들어진 신경망이다. CNN은 여러 개의 합성곱층(convolution layers)과 풀링층(pooling layer)이라는 새로운 층들을 완전연결층(fully-connected layer) 이전에 연속적으로 쌓아 올린 구조의 순방향신경망(FNN)이다. 각 합성곱층은 모두 여러 개의 특징맵(feature map)으로 구

---

45 Hinton, G.(2009), "Deep Belief Networks," *Scholarpedia*, 4(5), 5947.

성되고, 각 특징맵은 다수의 뉴런으로 구성된 평면이다. 합성곱층은 입력의 특징을 추출하는 필터 역할을 하고, 뉴런들은 입력의 '부분 특징'을 추출하는 필터가 된다. 풀링층은 입력의 특정 부분에서 상관관계가 높은 특징들을 비슷한 정도에 따라 부분 특징을 추출해서 학습에 필요한 데이터 양을 줄이면서 의미 있는 정보를 기억한다.[46] 이 때 같은 조합에 속한 뉴런에 같은 가중치를 사용해서 계산 비용을 줄이는 전략을 사용한다. 이 과정을 반복해서 입력된 신호를 가공함으로써 필터링된 이미지가 완전연결층에서 분류되도록 한다. 이 과정을 다른 관점에서 보면 입력된 데이터를 단계별로 가공해서 초기의 출력 목표와 밀접한 연관관계가 없는 입력의 표상(representation)을 관계가 깊은 표상으로 바꾸어 주는 것을 의미한다. 원래 방식대로 하면 마지막 층의 출력 맵핑 만으로는 해결하기 힘들었던 문제들을 이렇게 해서 해결할 수 있다. 이는 여러 개의 층을 통해서 '저층' 표상 특징을 '고층' 표상 특징으로 바꾼 후, 여기에 단순한 분류모델을 적용해서 복잡한 분류 문제를 해결하는 것을 의미한다.[47] 그러므로 이런 차원에서 CNN을 특징학습(feature learning) 또는 표상학습(representation

---

46 이렇게 한 이미지 내에 있는 특정 부분에서 일정한 특징이 비슷하거나 상관관계가 높은 것을 분류하는 방법을 '국지적 상관성 원리'라 한다.

47 '저층', '고층'의 의미는 층(layer)의 개수가 적으냐 많으냐를 의미하는 것이다. 층의 개수가 적을 때는 특정한 특징이 단순하게 표상(표현)되는 것이 어렵다. 그러나 층의 개수가 많을 때는 특징이 여러 부분으로 잘게 쪼개져서 표현되는 것이 가능하고 이렇게 되는 경우 특징에 대한 분류는 대단히 단순화된다.

learning)이라고 부르기도 한다. CNN은 2014년에 컴퓨터 비전 연구의 대세가 된 이래로 이미지 및 비디오 인식, 추천 시스템, 이미지 분류, 의료 이미지 분석, 자연어 처리 등 거의 모든 인공지능 응용분야들에 이용되고 있다.

순환신경망(RNN)은 시계열 데이터(time-series data)나 순차적 데이터(sequential data)와 같이 시간이나 순서에 따라 변화하는 데이터를 학습하기 위한 알고리즘으로 '순환구조'를 가진 신경망이다. 이 순환구조를 이용해서 과거 학습을 현재의 데이터 학습에 반영할 수 있다. 신경망 내부상태를 저장할 수 있어서 내부 메모리를 이용한 순차적(sequential) 입력처리로 앞으로의 데이터를 예측하는 것이 가능하다. 필기체 인식이나 음성 인식은 시간을 따라서 RNN을 나열하거나 RNN을 여러 층 쌓아서 시간에 따라 정렬하는 방식으로 처리할 수 있다. 대개 음성 인식 신경망은 후자의 방법을 채택하는 게 보편적이다. 그러므로 RNN은 MINST 데이터 세트 등 필기체 인식이나 음성 인식(speech recognition)과 같이 시간에 따라서 변화하는 특징을 가진 데이터를 처리할 수 있다. 그런데 이 경우 연결된 다른 층 RNN을 통해서 보내야 할 정보가 학습과정에서 손실되는 경향이 있다. 즉, 각 시점마다 RNN이 연결되어 있을 경우 오래전 데이터로부터의 경사값이 소멸되는 문제가 발생한다. 그리고 이 RNN의 쌓아진 층이 깊어질수록 이러한 경향은 증폭된다.

'긴 단기메모리(LSTM: long short-term memory)'는 RNN의 개량버전으로 경사소멸 문제를 해결한 신경망이다. LSTM은 RNN 층 또는 유닛

(unit)이 상태를 해석하고 변경하는 방식을 통제하는 '제어뉴런(control neuron)'을 사용해서 경사소멸 문제를 해결한다. 여기서 제어뉴런이란 RNN 층이나 유닛이 작동하는 방식을 변경하는 특별한 배선(wires)으로, 디지털 시계에서 시간을 맞추는 데 사용하는 '설정' 버튼 같은 역할을 한다. 시계에서 설정 버튼을 누르면 특별모드로 전환되고 이 상태에서 여러 버튼들을 눌러서 시간을 바꿀 수 있는 것처럼 제어뉴런을 설정하면 RNN의 상태를 변경하는 것이 가능해진다. 이 제어뉴런이 들어 있는 RNN 층 또는 유닛을 LSTM 유닛이라고 하는데, 이 유닛을 가진 신경망을 줄여서 LSTM이라고 부른다. 현재 LSTM은 구글의 '이미지캡션생성신경망(image caption generative network)'에 사용되고 있다. 이런 진전에도 불구하고 여전히 신경망들이 자연어를 이해하는 것은 아주 초보적인 수준이고, 이러한 알고리즘들을 속이려고 만들어진 입력 데이터들에 대단히 취약해서 그 결과가 왜곡되기도 한다. 예컨대 이미지에 대한 아주 작은 조작으로도 이미지캡션생성신경망은 쉽게 속아 넘어갔다.

생성적적대신경망(GAN: Generative Adversarial Network)은 지금까지 설명한 딥러닝 신경망들의 문제점을 해결하기 위한 한 방법으로 등장했다. GAN은 2014년 이안 굿펠로우(Ian Goodfellow)를 비롯한 연구자들이 만들었는데, 실제 데이터를 학습해서 거짓 데이터를 생성하는 생성자(generator) 신경망과 생성된 데이터의 진위를 판정하는 감별자(discriminator) 신경망으로 구성된 서로 대립하면서 경쟁하는 구조를 가진 시스템이다.[48] 기계학습 분야 연구자들이 기계학습 알고리즘들을 속일 목적으로 만든 입력 데이터를 '적대적 데이터(adversarial data)'라고 하는데, 이를 이용하면 어떤 종류의 이미지가 신경망을 속일 수 있는지를 이해해서 안정된 신경망을 만들 수 있다. 이 적대적 데이터를 이용해서 시스템의 한 신경망은 시스템이 인식하는 특정 범주 이미지(예컨대, 고양이, 개, …)처럼 보이는 이미지를 생성하고, 다른 한 신경망은 생성된 이미지가 해당 범주에 속하는지(이미지에 고양이가 있는지…)를 판별하는 방식으로 학습을 진행한다. GAN은 시스템의 생성신경망이 실제(거짓이 아닌) 이미지를 만들어낼 때까지 계속 개선해 나간다. 그러므로 GAN은 특정 목적의 데이터 생성에 유용하다. 예컨대, 실제 말, 새, 사람처럼 보이는 이미지를 생성하는 게 필요할 때나(NVIDIA의 이미지 생성 등), 빈센트 반 고흐(Vincent van Gogh) 의 그림으로부터 극사실적인(photorealistic) 풍경 이미지를 생성하고자 할 때(deepfake의 영상생성 등), 음성이나 영어 문장 같은 이미지가 아닌 데이터들을 생성(MIT가 연구중)할 때 사용할 수 있다.

이런 딥러닝 기술들의 진보로 인공지능은 컴퓨터 비전과 자연어 처리 등 부문에서 눈부신 성과를 거두어 왔다. 딥러닝으로 학습된 인공지능들의 이미지 인식 능력은 이미 사람을 앞서는 데까지 도달한 상태에 있다.[49] 그 밖에도 인공지능은 혈액검사에서 암세포 식별, MRI

---

48 Goodfellow, I., Y. Bengio, J. Pouget-Abadie, M. Mirza et al.(2014), "Generative Adversarial Networks," NIPS(Neural Information Processing Systems) proceedings, 1-9.

49 이에 대한 상세한 논의는 이미 제1장에서 이루어졌다.

스캔에서 종양 식별 등을 할 수 있게 되었고, 50여개의 모든 아타리 게임(Atari game)을 하고, 체스, 체커, 장기, 바둑을 최고수들보다 잘하고, 스타크래프트 온라인 게임을 사람 중 최고수들만큼 하는 데까지 나아갔다.

또한 음성을 듣고 이를 문자로 바꾸고, 사진을 보고 이를 간단한 문장으로 설명을 하는 것도 가능하게 되었다. 심지어 인공지능이 그 활동영역을 넓혀서 문학, 예술의 창작 활동으로도 사람과 동등하거나 능가하는 수준의 업적을 내고 있다. 그리고 자율주행차들도 이미 일반도로에서 사람의 개입 없이 상당한 거리를 주행하는 수준에 다다르고 있으며, 인공지능이 단백질의 '접힘구조'를 식별하는 데까지 사람을 훨씬 능가하는 수준으로 진화하고 있다. 이미 앞에서 설명한 딥러닝의 기술들을 통해서 이런 놀랄만한 진전이 이루어진 것이다. 이런 추세를 보면서 일부 전문가들과 미래학자들은 머지않은 장래에 사람과 같은 '지능'을 가지거나 사람을 능가하는 초지능이 나타나는 특이점에 도달할 것이라는 예언을 하고 있다.

그러나 이에 대한 반론도 만만치 않다. 우선 기술적으로 현재 각광을 받고 있는 딥러닝은 인간의 지능에 접근할 만한 그런 수준이 아니라 여전히 기술발전의 초보단계에 있고, 해결할 수 있는 특정 문제나 영역에서는 사람을 능가할 정도로 탁월한 능력을 보이나, 해결하지 못하는 문제나 영역이 여전히 훨씬 많고, 사람과 같이 광범위한 영역에서 자유자재로 그렇게 하는 것은 아직도 너무나 요원한 상태에 있다는 것이다. 현재 대부분의 사람들이 동의하는 바는 사람이 어려워하는 바를 인공지능이 사람이 따라가기 힘들 정도로 잘하지만, 사람이 쉽게 할 수 있는 바를 인공지능이 따라 하는 것은 지극히 어려운 상태라는 것이다.[50] 이런 상황은 여전히 개선되지 않은 상태에 있다.

---

50 이를 '모라벡의 역설' 또는 '인공지능의 역설(AI Paradox)'이라 한다. 모라벡은 "지능 검사나 체스에서 어른 수준의 성능을 발휘하는 컴퓨터를 만들기는 상대적으로 쉬운 반면, 지각이나 이동 능력 면에서 한살짜리 아기만한 능력을 갖춘 컴퓨터를 만드는 일은 어렵거나 불가능하다"고 말했다. 한스 모라벡(Hans Moravec, 1988), *마음의 아이들(Mind Children)*, 15-16, 김영사, 2011년.

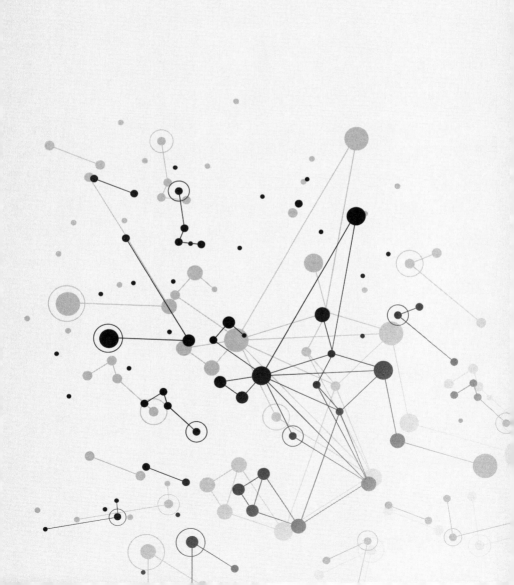

제3장

사람에 필적할 인공지능은
어떻게 출현할까?

그렇다면 이런 인공지능 기술의 진보는 어디까지 진행될까? 이 분야의 많은 전문가들은 인공지능이 사람의 지능과 동등한 범용인공지능(AGI) 또는 그보다 우월한 초지능으로 발전할 것이라는 데 동의하고 있다. 인공지능이 사람의 지능을 추월하는 시점을 특이점이라고 하는데, 현재 많은 전문가들이 '특이점에 언제 도달할 것인가?'에 대해서만 견해 차이를 보이고 있을 뿐 이런 시기가 오리라는 것에는 거의 모두 동의하고 있다. 그러나 많은 전문가들이 여전히 현재의 인공지능이 초보단계에 있다는 점을 지적하고 있기도 하다.

우리는 앞 장에서 기계가 어떻게 지능을 가지게 될 것인가를 살펴보았다. 기계가 지능을 가지게 만드는 주요 기술들을 자세히 살펴봄으로써 인공지능이란 '기계'가 어떤 방식으로 작동하는지 알 수 있었고, 현재의 인공지능이 '딥러닝'이라는 기술을 중심으로 진화하고 있음도 알았다. 또한 관련 기술의 혁신, 컴퓨팅 역량의 획기적인 발달, 빅데이터의 급격한 확대 등으로 딥러닝이 오늘날 인공지능 기술의 대세로 등장하고, 딥러닝 기반 인공지능이 새로운 산업혁명의 핵심으로 돌풍을 일으키게 된 것도 알게 되었다.

그렇다면 이런 인공지능 기술의 진보는 어디까지 진행될까? 이 분야의 많은 전문가들은 인공지능이 사람의 지능과 동등한 범용인공지능(AGI) 또는 그보다 우월한 초지능으로 발전할 것이라는 데 동의하고 있다. 인공지능이 사람의 지능을 추월하는 시점을 특이점이라고 하는데, 현재 많은 전문가들이 '특이점에 언제 도달할 것인가?'에 대해서만 견해 차이를 보이고 있을 뿐 이런 시기가 오리라는 것에는 거의 모두 동의하고 있다. 그러나 많은 전문가들이 여전히 현재의 인공지능이 초보단계에 있다는 점을 지적하고 있기도 하다.

그러므로 이 장에서는 먼저 현재 최첨단 인공지능 기술인 딥러닝이 AGI로 진화하는 데 어떤 한계를 지니고 있는지 살펴보고자 한다. 이어서 사람의 지능이 진화 발달하는 과정과 본질적인 특징들을 구체적으로 살펴봄으로써, 이러한 기술적 한계들을 극복하기 위해서 사람의 지능에서 무엇을 벤치마크할 것인지, 그리고 궁극적으로 도전해야 할 핵심과제들이 무엇인지 점검할 것이다. 마지막으로 앞의 논의들을 토대로 언제 AGI 또는 초지능이 출현할 것인가에 대한 전문가들의 예견과 그 근거들을 살펴볼 것이다.

대부분의 전문가들은 현재의 인공지능 기술이 발전을 거듭해서 사람의 지능과 동등하거나 이를 능가하는 인공지능이 앞으로 수십 년 이후 내지 적어도 금세기 말에 출현할 것이라고 예상하고 있다. 반면에 미래학의 석학으로 널리 인정받는 레이 커즈와일(Ray Kerzweil)은 2029년 사람의 지능에 필적하는 인공지능(human-level intelligence)이 출현하고, 2045년에는 사람을 능가하는 초지능이 나타나는 특이점이 발생할 것이라고 주장하면서 동료 학자와 내기를 건 상태에 있다.[1] 최근에는 커즈와일의 이 주장에 오픈 AI(Open AI)를 설립해서 AGI

---

1 커즈와일은 미래학자로 여러 가지 과학과 기술의 미래에 대한 예견을 해왔다. 그의 예견이 주목받고 있는 이유는 사람의 지놈지도 완성을 비롯해서 대부분의 전문가들이 짧은 기간에 실현 불가능할 것이라고 주장한 주요 기술적 변화를 예측하는 데 86% 이상의 정확도를 가진 예견기록을 가지고 있기 때문이다. 그래서 그가 튜링테스트를 통과한 범용인공지능이 2029년 실현되리라고 한 예견도 큰 주목을 받고 있다. 그는 이 시점에 대해서 동료학자 미첼 카포르(Mitchell Kapor)와 내기를 건 상태에 있다. 레이 커즈와일(2007), 특이점이 온다(The Singularity Is Near), 김영사, 52-

를 만들려고 했고, AI의 위험을 세계의 석학들과 함께 경고했던 이 시대 최고의 혁신가 중 한 사람인 일론 머스크(Elon Musk)가 앞으로 5년 이내 '초인 인공지능(vastly smarter than human AI)'이 출현할 것이라고 말하여 힘을 실었다.[2]

그렇다면 왜 '언제 AGI 또는 초지능이 출현하는 특이점이 도래할 것인가?'에 대한 보다 정확한 예견에 대한 관심이 이렇게 지대한가? 대중들에게는 호기심이 가장 큰 이유일 수 있으나, 학계를 비롯한 전문가들이 비상한 관심을 가지는 가장 실질적인 이유는 인공지능이 '와해성 기술(disruptive technology)'이기 때문이다. 즉, 그 실현시기가 커즈와일이나 머스크의 예견처럼 '불과 십 년 이내이냐' 아니면 '금세기 말이나 다음 세기 언제쯤이냐'에 따라서 인공지능의 위험과 문제점에 대한 대응 또는 적응에 엄청난 차이가 있을 것이기 때문이다. 커즈와일이나 머스크의 주장처럼 앞으로 10년 내에 실현된다면 현재 예상되는 위험과 문제점에 대처하기 위해서 적절한 조치를 하는 것은 대단히 어려울 가능성이 높다. 그러나 그 시기가 금세기 말이나

53; Kurzweil, R.(2002.4.9), "Response to Mitchell Kapor's "Why I Think I Will Win," https://www.kurzweilai.net/response-to-mitchell-kapor-s-why-i-think-i-will-win.

2   머스크의 이 인터뷰에 페이스북의 AI 수장(Head) 제롬 페센티(Jerome Pesenti)는 "일론 머스크는 그가 무슨 말을 하는지 모른다. AGI 같은 것은 없으며, 어디에도 인간의 지능과 필적할 어떤 것도 없다"고 반박했고, 머스크는 이에 "페이스북 형편없어! (Facebook sucks!)"라는 비난 트윗을 날렸다. 머스크 인터뷰의 상세한 내용은 Shead, S,(2020.7.29), "Elon Musk Says DeepMind Is His 'Top Concern' When It Comes to A.I.," Tech, *CNBC*, https://www.cnbc.com/2020/7/29/elon-musk-deepmind-ai.html을 참조하라.

그 이후라면 상당한 시간적 여유가 있으므로 인류가 이에 대해 점진적인 대처를 모색하는 게 가능할 수도 있다.

1. 딥러닝 인공지능 기술이 가진 한계

사람의 지능에 필적하는 범용인공지능(AGI) 시스템이 만들어지면, 기계가 사람보다 지식을 폭넓게 자유자재로 사용할 것이며 중요한 여러 분야에서 기계가 사람의 능력을 능가하게 될 것이다. 예컨대, 인공지능이 자동차를 설계하고, 저녁식사를 차리고, 애완동물의 어려움을 알아내서 사람에게 알려줄 수 있을 것이다. 또한 인공지능이 사람이 못하는 일인 천만 단위 곱셈 암산을 순식간에 해낼 것이다. 또한 기계가 읽을 수 있게 되면, 세상의 모든 글들을 읽어서 인공지능의 독서능력이 유치원생 수준을 넘는 순간, 그 어떤 사람보다 더 방대한 지식을 가지고 사람을 훨씬 능가하는 업적을 낼 수도 있을 것이다.

그러나 어떤 영역에서는 인공지능이 여전히 사람보다 못할 수 있고, 사람처럼 보이지 않을 수도 있다. 지금도 달력의 날짜가 단순히 숫자가 아니라 오늘이 어제와 다른 날임을 의미한다는 것을 아는 인공지능은 없다. 체험적인 기억이 없고, 이 '세상(world)'이 있다는 것을 이해하지 못하며, 장기적인 목표와 점진적인 진보도 이해하지 못한다. 그러므로 진화론적 관점에서 보면 오늘날 인공지능들은 바닷가 근처에 살고 있는 어떤 미개한 종(species)으로 볼 수 있다. 예컨대, 현재 가장 진보한 인공지능으로 손꼽히는 알파제로나 리브라투스도 게임이 무엇인지, 스스로 게임을 하고 있는지, 사람이 자신의 상대인지 아무것도 모른다. 그런데 범용인공지능(AGI)은 이런 사실들을 인지할 수 있어야 한다. 현재의 인공지능 기술이 딥러닝으로 경이적 진보를 실현하였다고 하나, 이렇게 AGI와 비교하면 아직도 매우 큰 격차와 한계가 있는 게 분명하다. 그렇다면 딥러닝에 기반한 인공지능들의 주요한 한계들로는 어떤 것들이 있는가?

첫째, 현재의 딥러닝 기반 인공지능은 사람의 지능에 비해서 아주 좁은 영역의 제한된 능력만 가지고 있어 AGI로 발전하기 위해서는 수백 가지 알고리즘이 더 필요하다. 사람의 생물학적 시스템은 수백 가지 알고리즘이 복잡하게 얽혀서 시각적인 원동력, 계획, 추론, 감정, 의도 및 끈기가 효율적인 조화를 이룬 지능을 가짐으로써 범용성을 가진다. 그러나 딥러닝 기반 인공지능은 지각과 이미지 인식이 중요한 능력이나, 이는 AGI가 필요로 하는 지각 및 이미지 인식 능력 가운데 극히 일부분일 뿐이라 현실적으로 다양한 문제를 푸는 데 한계가 명백하다. 예컨대, 현재 가장 발달된 인공지능이라 할 수 있는 알파제로나 리브라투스도 딥러닝과 검색기반 인공지능의 하이브리드 시스템일 뿐이다.[3] 묘수와 악수를 분류하는 것이 핵심인데, 딥러

---

3 마틴 포드(2019), "스튜어트 러셀 인터뷰," AI 마인드, 터닝포인트, 477.

닝만으로는 세계챔피언급 바둑을 둘 수는 없다. 자율주행차도 많은 운전상황에서 여러 상황에 대비해야만 해서 딥러닝만으로는 모든 것을 처리할 수 없으므로, 검색기반 인공지능 기술 등 다른 기술들이 필요하다.

둘째, 딥러닝은 매우 복잡한 것들을 어떤 특정한 포인트들이나 곡선 등에 맞추는 일종의 '곡선 적합(curve fitting)' 작업이므로, 결과가 이론적으로 사실과 동떨어진 것을 보지 못하고, 전에 보지 못한 새로운 행동들을 하지도 못한다.[4] 사람은 인지(cognition)의 세 가지 차원인 지각(perception), 개입, 상상을 할 수 있는데, 인지의 가장 높은 차원인 '상상'에는 사후가정 사고[5]가 필요하다. 이 사후가정 사고가 인지능력의 핵심이다. 부연하면 바로 이 사후가정 사고가 새로운 이론을 만들거나, 발명을 하거나, 오래된 습관을 버리거나, 지금까지 없던 세상을 만드는 데 중요한 역할을 한다. 그런데 딥러닝은 이 능력이 없어서 사람처럼 복잡한 이론적 지식이나 인과관계에 대한 추론과 문맥의 이해 등 구조화된 지식에 대한 효과적 학습이 어렵고 새로운 행동을 할 수도 없다.

셋째, 딥러닝은 실제로는 '스스로 학습'하는 게 아님은 물론 주

---

4   마틴 포드(2019), "주데아 펄 인터뷰," AI 마인드, 터닝포인트, 540-541.

5   사람은 "내가 다르게 행동했다면 세상은 어떻게 바뀌었을까?"라는 상상 시나리오를 만들고 이야기할 수 있다. 이때 "만일 …이었다면"이라는 것이 사후가정 사고에 해당한다.

어진 문장과 연관이 없는 단어의 '의미'를 이해하지 못하고, 학습 데이터의 확보와 데이터 레이블링에 큰 비용이 수반된다. 딥러닝이 하는 학습은 레이블된 데이터에 기반해서 정교하게 데이터를 분류하고 예측하는 지도학습 중심이다. 이 학습을 위해서는 데이터를 준비하고, 알고리즘을 설계하며, 학습결과에 대한 검토와 개선을 하는 데 사람이 매우 광범위하게 개입해야만 한다. 또한 딥러닝은 사람과 달리 단어를 이미지나 동영상 또는 현실에 있는 것과 쉽게 연결시키지 못한다. 예컨대, 사람은 아이들에게 레이블된 데이터 없이도 고양이를 보여주면서 "이게 고양이야"라고 알려 줄 수 있다. 그런데 이때 인공지능을 학습시키는 것처럼 이 말을 10만 번 반복하지 않아도 된다. 현재 딥러닝의 학습은 이런 레이블되지 않은 실시간 데이터를 통해서 학습하는 사람과 비교하면 여전히 엄청난 차이가 있다. 현재 사물인터넷(IoT: Internet of Things)과 클라우드의 보편화로 엄청난 수준의 빅데이터가 다양한 부문에서 축적되고 다양한 데이터 세트들이 만들어지고 있는 것이 사실이다. 그러나 여전히 딥러닝은 레이블된 데이터에 아주 크게 의존하므로 레이블된 빅데이터 세트를 확보하는 것이나, 이 데이터들에 레이블링을 하기 위해서 막대한 비용이 발생한다. 더구나 우리가 직면하는 '세상(world)'은 빅데이터 세트를 만들 수 있는 부분보다 몇 안 되는 데이터만 있거나 이를 구하는 것 자체가 사실상 불가능한 상황들이 편재해 있으므로, 인공지능이 AGI로 발전하는 데 이런 방식의 학습으로는 근본적인 한계가 있다.

넷째, 딥러닝의 학습은 막대한 데이터 처리를 위해서 엄청난 용량의 컴퓨팅 파워와 이에 필요한 대규모 에너지 사용이 불가피하다. 딥러닝을 계산적 관점에서 보면 결국 거대한 행렬 곱셈의 연속이며, 컴퓨터는 이런 연산을 빠르게 할 수 있는 계산기이므로 컴퓨팅 파워는 학습 효율과 직결된다. 그러므로 딥러닝의 업그레이드를 위해서 컴퓨팅 파워의 획기적 향상이 필수적이다. 물론 지금은 GPU를 인공지능 컴퓨팅에 사용함으로 불과 5년 내지 10년 전과 비교하더라도 컴퓨터의 연산능력이 놀라울 정도로 향상되었고, 구글의 TPU 같은 인공지능 전용 칩들도 나왔다. 그러나 양자 컴퓨팅(quantum computing) 등 AGI로의 발전을 위해서 필수적인 신속한 데이터 처리에 충분할 정도의 컴퓨팅 파워 향상은 아직도 가시화되지 않고 있다. 특히 향후 AGI로 발전하기 위한 모델의 확장은 대대적인 규모로 진행될 것이고, 이에 따른 연산처리가 기하급수적으로 증가하는 것이 불가피할 것이다. 결국 이는 무어의 법칙이 작용하던 컴퓨팅 파워 향상이 십년 이내에 한계상황에 도달할 것이라는 예상을 고려할 경우, 처리비용 상승 문제를 어떻게 해결할 것인가 하는 과제를 남긴다.

다섯째, 딥러닝은 사람같이 '상식'을 가지고 있지 않아서 왜곡 또는 편향된 데이터가 입력되면, 결과가 왜곡되거나 정확도가 떨어질 수 있다. 딥러닝은 이미지의 픽셀을 해석할 뿐 이미지에 포함된 객체에 대한 지식(상식)이 없으므로, 왜곡되거나 정확도가 떨어진 결과를 낼 수 있다. 예컨대, 잘 학습된 딥러닝 시스템에 스티커가 붙은 바나나 사진을 보여주면 토스터로 착각한다. 사람은 바나나에 이상한 스티커가 붙은 것으로 인식하나, 딥러닝은 매우 높은 확률로 이를 토스터로 인식한다.[6] 이는 딥러닝 시스템이 이미지에서 가장 두드러진 것을 식별하는 데 치중하기 때문이다. 즉, 높은 대비를 가진 스티커가 시스템의 주의를 집중시켜서 바나나를 무시하게 만들어서 이런 잘못된 인식을 하는 것이다.

여섯째, 딥러닝은 고성능 컴퓨팅 파워와 알고리즘 기반이어서 컴퓨팅 인프라 고장이나 알고리즘 오류가 발생하면 예상치 못한 결과의 오류가 발생할 수 있다. 이러한 사례들은 대단히 많다. 첫째, 2013년 한맥투자증권 차익거래 자동매매시스템에서 알고리즘 오류로 1,600만 원짜리 '코스피 200' 옵션 상품이 25만 원에 판매되어 2분 만에 460억 원의 손실을 입고, 이로 인해 1년 후 이 회사가 파산하였다.[7] 둘째, 2016년 러시아 페름(Perm) 시의 한 기업 연구실에서 시험 중이던 자율로봇 '프로모봇(Promobot)'이 탈출해서 거리를 활보하다 멈춰서 교통체증을 일으켰다.[8] 셋째, 같은 해 미국의 한 쇼핑센터에서 자율보안로봇 K5가 어린이를 공격해서 상해를 입혔다.[9] 또한 구글, 우버, 테슬라 등 글로벌 IT기업들이 시험운행중인 자율주행차가 자율주행

6 Brown, T., D. Mane, A. Roy, M. Abadi and J. Glimer(2017), "Adversarial Patch," *Proceedings of 31st Conference on Neural Information Processing Systems*(NIPS 2017), https://arxiv.org/pdf/1712.09665.pdf.

7 정진우 · 백수진(2013.3.15), "2분 만에 460억을 날린 투자 AI … 사생활 침해 논란 '딥페이스'," 중앙일보.

8 장길수(2016.6.16), "자유 찾아 연구실 밖으로 탈출한 로봇," 로봇신문.

9 이정현미디어연구소(2016.7.13), "자율로봇, 어린이 공격 '황당 사건'," *ZDNet Korea*.

시스템 오류로 접촉사고나 사망사고를 여러 번 내기도 했다.[10]

일곱째, 딥러닝은 설명력(explicability)이 낮은 블랙박스(black box)이다. 이러한 설명력 부족은 입력변수가 수십, 수백 단계의 변형을 거쳐서 최종 모형에 반영됨으로, 입력된 변수와 출력된 결과의 직접적인 관계를 추적하는 것이 어려워서 발생한다. 시스템의 작동원리를 설명할 수는 있지만 이렇게 학습해서 출력한 값이 어떤 의미가 있는지를 해석하고 설명하기 어렵기 때문에, 결과뿐만 아니라 결과에 대한 설명이 중요한 업무에 활용하기가 대단히 어렵다. 예컨대, 딥러닝 기반의 주식 거래 및 추천 프로그램이 최근 지속적으로 가격이 하락한 주식의 매수를 추천한다면, 사용자는 왜 그런 추천을 하는지 이해할 수 없으므로 이를 토대로 의사결정을 하기가 어려울 것이다. 또한 의

---

10 2016년 2월 14일 구글의 자율주행차가 최초로 버스와 충돌했다. 이는 사고 책임이 자율주행차에 있는 최초의 사례로 알려져 있다. 이 사고의 상세한 내용은 강인효 (2016.3.1), "구글 자율주행차, 버스와 첫 접촉사고 … 일부 책임 인정," 조선비즈를 참조하라. 2018년 3월 19일 우버의 자율주행차가 애리조나 주 피닉스 외곽 템페 시의 한 교차로에서 보행자 사망 사고를 냈다. 이 사고는 운전자 부주의에 기인한 것이라고 미국 연방교통위원회(NTSB)에 의해서 공식적으로 인정된 바 있다. 이에 대한 상세한 설명은 이재윤 · 김토일(2018.3.20), "우버 자율주행차 첫 보행자 사망 사고 … 안전성 논란 증폭, 연합뉴스와 장우정 · 이나라(2019.11.20), "우버 자율주행차 보행자 사망 사고, 원인은 운전자 탓," 조선일보를 참조하라. 테슬라의 자율주행시스템 '오토파일럿 (Autopilot)'을 장착한 자율주행차 '모델 3'가 2019년 3월 1일 플로리다주 델레이비치에서 자율주행 중 세미 트레일러를 들이받아 운전자가 사망한 사고가 발생했고, 12월 7일 코네티컷주 고속도로에서는 자율주행 중 경찰순찰차와 사고차량을 들이받는 사고가 발생했다. 이 사고들에 대한 상세한 설명은 이민정(2019.3.2), "미국서 연이은 테슬라 차량 사망 사고 … 자율주행차 안전 논란," 중앙일보; 이기원(2019.12.10), "테슬라 자율주행차, 미서 또 사고 … 안전 우려 제기," 연합뉴스를 참조하라.

료영상 판독 프로그램에 내장된 딥러닝 알고리즘이 의사의 예상과 다른 진단결과를 낼 경우, 의사는 그 근거를 알 수 없어서 그 결과를 사용해서 진료하는 게 어려울 수 있다.

여덟째, 현재 딥러닝을 포함한 잘 알려진 인공지능들은 새로운 개념적 혁신이라기보다는 과거 정립된 이론들의 시제품(demo)들에 불과하므로 그 범용성(generality)이 제한적이다. 높은 정확도를 가진 딥러닝 기반 컴퓨터 비전 및 음성 인식 인공지능들은 매우 인상적인 기술들이지만, 대규모 데이터 세트와 최신 하드웨어들이 확보되어 1980년대 말에서 1990년대 초에 나온 초기 딥러닝과 CNN 기술들을 이들과 결합해서 초대형 신경망을 가동할 수 있게 됨으로써 최근 큰 관심을 불러일으킨 것일 뿐이다.[11] 그러므로 이 기술들을 AGI로 가는 새로운 혁신이 나타난 것으로 볼 수는 없다. 심지어 최근 각광을 받고 있는 알파제로도 바둑에 사용한 기술로 체스나 일본 장기도 둘 수 있으므로 범용성을 확장한 게 사실이지만, 이 게임들이 2인용의 순서가 정해진, 규칙 기반 완전 정보 게임들이며, 이런 잘 설계된 종류의 게임 처리에만 적합하다는 한계가 있다. 이런 기술들은 다른 종류의 문제를 풀려면 다른 알고리즘 구조를 새로 고안해야만 한다. 그러므로 여전히 알파제로도 포커 게임을 하거나 자율주행차를 운전할 수는 없다. 이런 류의 보다 광범위한 용도(범용성)를 가지려면 볼

---

11 마틴 포드(2019), "스튜어트 러셀 인터뷰," *AI 마인드*, 터닝포인트, 478-480.

수 없는 것들을 추측할 수 있게 불완전 정보와 불확실성을 다룰 수 있어야 한다. 즉, 부분적으로만 볼 수 있고 전체 상황을 볼 수 없는 환경에서도 추론과 의사결정을 할 수 있는 시스템이 필요하다.

아홉째, 딥러닝의 접근법이 사람의 인지발달과정과 다르게 진화해 나가고 있다. 사람은 사회적 동물이며 사회적 상호작용을 통해서 지능을 개선해 왔는데, 딥러닝의 접근법은 이런 방향의 기술발전 방식을 채택하지 않고 있다. 현재 딥러닝 인공지능 개발과 AGI 연구의 선두에 있는 회사들이나 연구자들은 처음부터 최대한 많이 학습할 수 있는 '강 인공지능' 시스템을 만드는 데 집중하고 있는데, 이러한 방법은 사람이 실제 지능을 개선하는 생물학적 방법과는 다르다. 사람은 다양한 환경에서 서로 협력해서 문제를 해결하는데, 현재 선두에 있는 기업들이나 연구자들이 추구하는 인공지능들은 협력보다 한 개 또는 몇 개 분야에서 월등한 능력을 가진 인공지능으로 개발되고 있다. 궁극적으로 AGI를 실현하려면, 어떤 면에서는 뛰어나지만 다른 면에서는 멍청한 게 아니라, 인공지능이 사람만큼 다방면에서 지능적으로 행동할 수 있어야 하는데, 현재는 연구와 개발이 다른 방향으로 진행되고 있는 것으로 보인다. 궁극적으로 AGI가 실현되려면 인공지능이 사람과의 공동작업에서 좋은 팀플레이어가 되어 사람인지 아닌지 모를 정도가 되어야 한다. 이러한 한계들로 인해서 '딥러닝만으로는 AGI 제작이 사실상 불가능하다'는 데 많은 전문가들이 동의하고 있다.[12] 그러면 어떻게 해야 사람과 동등한 수준의 지능을 실현하는 데로 나아갈 수 있을까? 대부분의 전문가들은 사람의 발달

과정(development process)과 두뇌의 특성에 대한 과학적인 모사를 통해서 이를 실현할 수 있을 것으로 예상하고 있다. 딥러닝 기술을 구체적으로 설명한 앞 장에서 이미 우리는 인공신경망이 사람의 두뇌에 대한 모사에 기반을 두고 있고, 그 학습도 사람의 방법과 유사하게 하고자 노력해 왔음을 알 수 있었다. 인공지능 전문가들은 여기에 사람의 지능이 발달하는 과정과 지능의 특성들을 정확하게 이해하여 모사하는 과정을 지속적으로 발전시켜 나갈 수 있으면 AGI가 실현될 것으로 본다.

2. 사람 지능의 발달과정과 그 특성들

그러면 사람이 어떻게 지능을 가지고, 이를 발달시켜 나왔으며, 사람

---

12 딥러닝도 하나의 도구일 뿐이다. 신경망은 패턴인식을 잘하고, 실용적이고 확장가능하나, 음성 인식 및 컴퓨터 비전 문제 중 일부만 푼 것에 불과하다. 오늘날 딥러닝 기반 신경망들은 딥러닝만이 아니라 게임 트리 검색, 기대값 계산 등 기호주의적 방법들의 하이브리드이다. 예컨대, 알파고도 딥러닝만 사용한 시스템은 아니다. 게임을 하고, 게임 트리 검색 시스템의 일부로 딥러닝을 사용한 것뿐이다. 이로 볼 때, 바둑이나 체스처럼 한 가지 일을 넘어 더 넓은 범위의 지능적인 문제를 풀 때도, 모든 것을 '패턴인식' 문제로 전환하려는 것은 어리석은 일이다. 지능은 패턴인식을 넘어 새로운 모델을 설명·이해·상상·계획·구축하는 데 다양한 작용을 하기 때문에 딥러닝만으로 이를 해결할 수는 없다. 마틴 포드(2019), "조슈아 테넨바움(Joshua Tenenbaum) 인터뷰," *AI 마인드*, 터닝포인트, 562-563.

의 지능인 자연지능의 특성들은 무엇인가? 이를 구체적으로 살펴서 향후 AGI가 출현하기 위해서는 무엇을 어떻게 해야 할지 가늠해 보기로 하자.

사람의 지능은 정보를 지각, 추론, 보존(기억)해서 환경이나 맥락에 적절하게 대응할 수 있으므로, 불확실한 다양한 상황을 처리해서 다양한 환경에서 자신의 목적을 달성하거나 문제를 풀 수 있다. 이런 자연지능의 '범용적 특성'으로 인해서, 사람은 충분한 시간을 주면 지능을 광범위하게 사용해서 엄청난 일들을 해낼 수 있다. 진화과정에서 고릴라나 침팬지 등 유인원들이 단기 기억력 등에서 사람보다 뛰어난 지능을 가졌으나, 현실에서는 이것들이 사람의 의사결정 능력에 미치지 못해 사람의 지배를 당하게 되었다. 이는 자연지능의 범용적 특성이 얼마나 대단한 것인지를 입증하는 것이라고 할 수 있다.

그런데 사람의 지능은 유전된 천성(nature)과 후천적 양육(nurture)이 동시에 작용하여 형성되고 발달되었다는 것이 현대 인지과학(cognitive science)의 정설이다. 인지과학자들은 사람이 이미 다양한 세상(환경)에서의 판단과 의사결정을 위한 많은 사전지식을 모듈화한 구조들을 두뇌에 가지고 태어난다고 보고 있다.[13] 즉, 갓난아이들이

---

13 사람의 두뇌는 그 속에 있는 복잡한 구조가 무엇인지 명확하지 않으나, 그렇다고 뉴런이 무작위로(randomly) 연결된 빈 공간도 아니다. 두뇌에는 엄청난 수의 구조들이 내장되어 있고, 그 구조들은 세상을 이해하기 위한 가장 기본적인 모델과 모델을 키울 수 있는 학습 알고리즘을 가지고 있다. 마틴 포드(2019), "조슈아 테넨바움 인터뷰," AI 마인드, 터닝포인트, 566.

'백지상태(Tabula rasa)'가 아니라 훨씬 많은 복잡한 구조들을 가지고 태어난다는 것이다. 과거에는 아기들이 한 살(생후 1년)이 되어야만 세상의 기본적인 것들을 배우는 것으로 알려져 있었으나, 엘리자베스 스펠케(Elizabeth Spelke)를 비롯한 여러 학자들이 갓난아이의 두뇌가 이미 '3차원 공간에 존재하는 물리적 실체의 존재방법'[14]을 이해할 준비가 되어 있음을 알아냄으로써 이 주장이 틀렸음을 밝혀냈다.[15] 그들에 의하면 2-3개월 된 아기들의 학습 메커니즘은 기존에 생각해 왔던 것보다 훨씬 더 똑똑하고 정교해서 태어나자마자 세상의 기본적인 것들을 이해할 수 있다.[16] 갓난아이들은 실험과 관찰을 통해서 세상에 있는 많은 데이터를 얻고, 인지능력을 발전시킬 때 엄청난 양

---

14 이를 '대상 영속성(object permanence)'이라 한다.

15 이러한 설명의 구체적인 내용은 Spelke, E.(1985), "Object Permanence in Five-month-old Infants," *Cognition*, 20(3), 191-208을 참조하라. 스펠케의 연구와 같은 맥락의 연구를 한 대표적인 연구자들로는 르네 바일라르게온(Renee Baillargeon), 로라 슐츠(Laura Schultz), 앨리슨 곱닉(Alison Gopnik), 수잔 캐리(Susan Carey) 등이 있다.

16 튜링은 "아이의 두뇌는 문구점에서 구입한 노트와 같다. 다소 작은 메커니즘과 빈 공간이 많이 있다"면서, 갓난아이 수준의 두뇌를 만들어서 이를 가르치면 기계가 사람의 지능을 가질 수 있을 것이라고 주장했다. 이는 존 로크(John Locke)가 '사람은 태어날 때 '백지상태'로 태어나서 오직 후천적인 경험을 통해서만 지능(지식)을 가진 존재가 된다'는 관점을 그대로 받아들인 것으로 보인다. 이 관점은 20세기 초까지 진화론에 입각해서 '사람의 타고난 본성은 아무것도 아니고 오직 양육(교육 또는 학습)이 지능 또는 지식의 유일한 근원이 된다'는 주장으로 이어졌다. 그러나 앞에서 설명한 것처럼 현재는 이 주장이 그 영향력을 잃었다. 그렇지만 튜링이 아이의 두뇌 수준에서 인공지능을 만들어 학습을 통해서 개선해 나가면 사람 지능에 도달할 것이라는 생각은 대단한 선견지명이었던 것으로 받아들여지고 있다.

의 데이터를 사용해서 그렇게 한다.

또한 이런 특성을 가진 사람의 지능은 진화의 산물이다. 진화는 생물학적 측면과 문화적 측면이 있고, 지식의 대부분은 문화에서 오며, 여러 세대에 걸쳐서 축적된다. 그러므로 사람이 없는 정글에서 자라난 아이는 문명세계에서 자란 아이보다 지능이 훨씬 떨어진다. 대표적인 사례는 1920년 인도의 정글에서 발견된 늑대가 키운 두 소녀인 '아마라와 카마라'에서 볼 수 있다.[17] 수십, 수백 세대에 걸쳐서 축적된 예술, 문화, 언어, 학문을 통해서 얻게 되는 지능, 사고체계 등을 고려하면, 정글에서 늑대에 의해서 길러진 아이가 사람 사회에서 길러진 아이보다 확실히 덜 지능적이라는 것을 받아들이는 것은 어렵지 않다. 이는 사람이 태어난 후에 이루어지는 후천적인 학습이 지능 발달에서 대단히 중요함을 의미한다.

그렇다면 사람의 지능은 어떤 특성을 가지고 있을까? 우선 사람의 지능은 언어능력과 긴밀하게 연결되어 있다. 대화를 하고, 자신이나 상대방에게 생각을 표현하기 위해서는 언어의 사용이 필수적이

---

17 정글에서 발견된 두 소녀는 육체만 인간이고 행동은 늑대와 비슷했다. 네 발로 기어 다니고, 짐승의 생고기만 뜯어먹고, 늑대처럼 소리를 지르지만 늑대 소리와는 다른 소리를 내고, 그렇다고 내는 소리가 사람의 소리와 같지도 않았다. 빛을 싫어하고 어둠을 찾아다니며, 고기 냄새에 아주 민감했다. 음식을 땅에 놓고 핥아 먹었으며, 옷을 입히면 찢어 버리고, 사람을 싫어하고, 가까이 접근하는 것에 질색을 했다. 교육자들과 목사 부부가 이들을 사람처럼 만들려고 애를 썼으나, 한 소녀는 발견된 지 1년 만에, 다른 소녀는 9년 만에 죽었다. 9년 동안 산 소녀가 살아있는 동안 배운 것은 '45개의 단어'와 '포크를 사용해서 음식을 먹는 법' 정도였다.

기 때문이다. 그러므로 언어가 지능의 핵심적 요소이다. 그런데 사람의 초기 언어발달은 대개 3단계로 나뉘어 있다. 첫 단계는 태어난 직후부터 18개월까지로 갓난아이가 태어나서 처음 며칠, 몇 주, 몇 달 동안 언어에 대한 개념이 전혀 없이도 엄청난 양의 지식을 오직 관찰과 약간의 상호작용으로 배우는 시기이다. 아기들은 이 시기에 대부분 특정한 물체나 동물의 이미지가 무엇이라는 말을 듣기 전에 스스로 학습한다.[18] 처음에는 손발을 제대로 움직이지도 못하고, 언어로 소통하는 것이 불가능한 상태에서 출발하나, 언어를 구사하는 생명체가 되기 전 가질 수 있는 모든 지능을 이 시기에 형성한다. 이 시기에 아기는 물리적 환경과 다른 사람들의 행동을 파악할 수 있는 '상식적 이해'를 할 수 있게 되는 것으로 알려져 있다. 둘째 단계는 18개월부터 3살까지로 언어를 터득하고 어떻게 문장과 문단이 만들어지는지 배우는 시기이다. 이 시기에 아기들은 처음에는 재잘거리다가, 몇 마디 말을 하고, 문장을 만들기 시작한다. 영감을 받아서 책상이나 강아지 사진을 보고 무엇을 맞추는 것이 아니라, 사진을 문장으로 묘사하는 방법으로 인식한다. 또한 자라나는 아이들은 픽셀 수준부터 의미론적 수준, 문장과 문법 수준으로 연결되는 계층적(hierarchical) 시스템을 사용하고, 한 수준은 다른 수준이 어떻게 작동하는지 모르

---

18 이러한 갓난아이들의 학습방식을 비지도학습(unsupervised learning), 예측학습(predictive learning) 또는 전가학습(imputative learning), 자기지도학습(self-supervised learning)이라고 한다.

나 서로 간단한 의미를 주고받으면서 이 모든 수준들이 상호작용해서 객체들(자동차, 고양이, 바나나 등)을 빠르고 정확하게 구분(분류)할 수 있다. 마지막 셋째 단계는 3살 이후인데 이러한 학습과정을 통해서 마침내 언어를 구사하고, 언어를 통해서 배워나갈 수 있게 된다.

이렇게 출생으로부터 언어를 자유롭게 구사하는 단계로 이어지는 아기의 언어 발달과정(development process)은 사람의 지능이 천성과 양육을 통해서 어떻게 발달하는지를 잘 보여주며, 기계가 사람의 지능과 대등한 지능을 가지기 위한 조건을 시사한다.

둘째, 사람의 두뇌는 기호 정보를 지각 정보와 함께 얻고 사용할 수 있다. 사람 두뇌의 생물학적 시스템은 복잡하게 얽힌 수백 가지 알고리즘으로 인과관계를 추론할 수 있는 모델을 가지고 있고, 세상의 지식을 수학이나 언어로 된 문장으로 기호화할 수도 있다. 이미지를 보면 빛이 망막에 떨어져서 상향식(bottom-up) 정보를 획득하고, 세상에 관한 지식과 지금까지의 경험을 바탕으로 한 하향식(top-down) 정보를 더해서 이미지를 해석할 수 있다. 상향식 정보는 후두엽에서, 하향식 정보는 전두엽 피질에서 만들어지는데, 사람은 이 두 정보를 모두 사용할 수 있다. 두뇌에서 도파민 시스템이 이를 작동시키는데, 도파민 뉴런은 두뇌에서 예측한 오류를 추적하고 그 보상신호에 따라 시냅스(synapse)를 강화시켜서 그렇게 한다.

셋째, 사람은 전이학습 능력이 있어서 상관관계는 물론 인과관계도 쉽게 파악할 수 있다. 사람은 한 영역에서 적용되는 지식을 전혀 보지 못한 다른 영역에도 유용하게 적용할 수 있다. 이렇게 사람은 새로운 일을 주면 비슷한 일, 구조적으로 유사해 보이는 것의 개념들을 차용해서 바로 처리할 수 있다. 심지어 아이들조차 몇 가지 사례로부터 새로운 인과관계를 추론할 수 있다. 그러므로 아이들도 단어의 의미를 어른들처럼 잘 배우고, 다른 문맥에서 사용된 단어의 한 예시만 보고도 새로운 단어를 배울 수 있다. 단어가 명사이든 동사이든 상관없이 그렇다. 또한 아이들에게 강아지를 한 번만 보여줘도 다음부터는 어떤 것이 강아지인지 알 수 있고, 새로운 춤 동작, 새로운 기계 사용법을 알려주면 바로 춤을 추거나 기계를 사용하지는 못하더라도, 무슨 일이 일어나고 있는지 즉각 이해할 수 있다. 또한 아이들조차 처음 스마트폰을 접했어도 스크린 터치에 의한 앱 접속을 한두 번만 보면, 새로운 인과관계 - 터치로 앱을 켜는 것 - 를 즉시 배울 수 있다.

넷째, 사람의 언어는 앞에서 본 것처럼 계층적인데, 이 계층성을 이용해서 사람은 두뇌의 전두엽 신피질에 있는 계층적 아이디어를 공유할 수 있다. 사람의 언어인 자연어는 매우 모호하고 맥락적이므로 사용할 때 미묘한 상황이 발생한다. 어떤 문단에서 한 문장만 빼도 완전히 다른 것을 의미하게 만들 수 있는데, 이는 직접 대화할 때뿐만 아니라 마음속에서도 마찬가지이다. 그러므로 서로 완벽하게 이해를 하려면 이야기에 들어 있는 정보만으로는 불충분해서, 이해가 부족한 부분으로 돌아가 정보를 공유해서 이해의 수준을 맞춰야만 한다. 이는 언어 자체가 정보가 아니라 두뇌에서 모델을 전달하는 수단이라는 것을 의미한다. 그런데 이 모델은 사람마다 독립적으로 만들어지고 다듬어져서, 커뮤니케이션을 통해 서로 맞추는 과정을 거쳐서 이해를 '만드는 데' 도달한다. 그러므로 이해를 '만든다'는 개념은 주관적이고 계층화된 것이며, 맥락을 가지고 있다. 이런 커뮤니케이션 과정을 통해서 사람은 행동 결과를 미리 예측할 수 있는 예측 모델을 가질 수 있으므로, 나쁜 결과가 초래되지 않도록 미리 계획을 세우고 행동할 수 있다. 이는 다시 말하면 사람이 자연현상들을 관찰할 때 불필요한 것들을 최대한 배제시키고 추상화하여 사안에 즉각 대응할 수 있음을 의미한다.[19,20]

다섯째, 사람은 '다중연쇄추론(multi-chain inference)'을 할 수 있어서 사람 사이의 대화는 일 또는 상황에 따라서 구조화한다. 예컨대, 사람은 "한 아이가 흙이 잔뜩 묻은 신발을 신고 있다"는 문장을 보면, 아마 이 아이가 바깥에서 흙을 묻히고 왔을 것이고, 만약 그 신발을 신은 채 부엌에 들어가면 아이의 어머니가 화를 낼 것임을 연쇄적으로 추론할 수 있으며, 이 모든 것이 자신에게 명백하다. 실제 사람은 이렇게 '거미줄치기' 방식으로 생각하며 이를 인지과학에서는 "계층적 군집화를 통한 자기조직화(self-organizing through hierarchical-

---

19 1999년 사람의 범용화(generalization)에 대한 갓난아이, 유아, 어린이, 성인을 대상으로 한 실험에서 '사람은 문장을 살펴보는 시간으로 구별한다'는 것이 밝혀졌고, 이는 '모든 사람은 추상화에 능숙하다'는 것을 의미한다. 마틴 포드(2019), "게리 마커스 인터뷰." *AI 마인드*. 터닝포인트, 324.

20 이러한 사람의 학습을 '모델기반 강화학습(model-based reinforcement learning)'이라고 한다.

clustering)"라고 한다.[21] 그러므로 사람은 단순히 문장들을 내뱉는 게 아니라 항상 뉴스, 교과서, 동화 등 큰 구조들 속에서 말을 한다. 그러므로 사람은 고양이가 무엇인지 서로 논쟁할 수 있는데, 이때 서로 이해하고 있는 게 무엇인지 질문할 수 있고, 상대의 이해방식을 받아들일 수 있다.

여섯째, 사람은 '단서지정 기억(CAM: cue-addressable memory)'을 주로 사용하므로 볼품없는 기억력을 가지고 있다. 즉, 사람의 기억은 기본적으로 CAM과 '위치지정 기억(LAM: location-addressable memory)'으로 구성되어 있는데, 사람은 그 가운데 CAM을 주로 사용한다.[22] 그런데 이 기억구조를 가지면 '확증편향(conformation bias)'[23]이 생길 수 있다. 이렇게 사람의 두뇌가 CAM 구조를 가지므로 데이터 내에서 일치하는 것만 검색할 수 있고, 그렇지 않은 것을 기억하는 것은 대단히 어렵다. 반면에 LAM에 기반한 컴퓨터는 'Not' 연산자를 사용해서 일치하는 항목과 일치하지 않는 항목 모두를 검색할 수 있다. 예컨대, 컴퓨터는 '여성이며 40세 이상인 모든 사람'과 '아닌 사람'을 쉽게 검색

---

21 거미의 거미줄치기는 어떤 천재 거미의 발명품이거나, 적절한 교육을 받거나, 건축이나 건설업 적성을 가진 거미만 만드는 것이 아니다. 모든 거미들의 뇌가 거미줄을 치도록 충동하고, 그 일에 집요하게 매달리게 만들어서, 거미줄치기가 이루어진다. 인간도 규칙에 계단식으로 접근하는 게 아니라 이러한 거미줄치기 방식으로 생각한다.

22 게리 마커스(2008), 클루지(Kluge): 생각의 역사를 뒤집는 기막힌 발견, 갤리온.

23 자신의 생각과 맞지 않는 사실보다 자신의 생각과 맞는 사실을 더 잘 기억하는 현상

할 수 있다. 또한 사람과 달리 헤르만 헤세의 모든 작품을 쉽게 업로드하고 망각하지 않을 수 있기도 하다.

또한 CAM을 가지면 '초점화 착각(focusing illusion)' 현상이 발생할 수 있다. 즉, 두 질문을 순서를 바꿔서 하면 답이 달라지게 된다. 예컨대, "결혼생활이 얼마나 행복해?"와 "삶이 얼마나 행복해?" 중 결혼생활 관련 질문을 먼저 할 때, 이 질문이 다음 질문의 응답에 영향을 미치게 된다. 게다가 이 기억구조는 주변의 상태와 신호에도 영향을 받는다. 예컨대, 서 있는 상태에서 무엇을 배우면, 누워 있을 때보다 서 있을 때 기억이 더 잘 난다. 그러나 "495번 기억을 가져와" "2000년 7월 20일에는 무엇을 했지?" 등의 요청이나 질문에는 답할 수 없다. 이는 사람의 두뇌에 각각의 기억들이 저장되는 내부 디렉토리 시스템이 없기 때문이다. 다만, 사람의 두뇌는 "화창한 날 무엇을 할 수 있지?" 같은 질문에는 답할 수 있다. 그런데 이런 기억은 희미해져 간다. 모든 기억이 뚜렷하게 저장되지 않기 때문에 특정 시점에 발생한 일을 달리 기억할 수도 있고, TV나 신문에서 봤던 것을 평생 기억할 수도 없다. 그러나 컴퓨터는 디렉토리 시스템이 있어서 의도적으로 변경하지 않는 한 그 내용이 변하지 않는다.

사람들이 이런 볼품없는 기억력을 가지게 된 이유는 그 조상들이 주로 광범위한 통계적 경험만 기억하는 게 중요했기 때문이었을 것으로 추정된다. 사람의 조상들에게는 "산 너머에는 더 많은 사냥감이 있다"와 같은 광범위한 통계적 경험이 중요했고, 그 기억을 언제 얻었는지는 중요하지 않아서 전자의 기억을 주로 가졌을 것이다. 이런 진화적 배경으로 인해서 사람들은 컴퓨터가 사용하는 안정적이며 최적적인(optimal) LAM 대신 그렇지 못한 CAM의 기억구조를 가지게 된 것으로 보인다.[24]

이렇게 컴퓨터는 정보를 완벽하게 저장할 수 있으나 사람은 그렇게 할 수 없는 기억구조 특성상의 차이때문에 사람의 기억구조(CAM)를 컴퓨터(LAM)로 재구성하는 것은 매우 힘들 수밖에 없다. 그리고 이런 사람 기억구조의 특징으로 볼 때, 사람의 두뇌를 그대로 복사하는 방식으로는 컴퓨터가 사람 수준 지능에 도달하기 어려울 것임을 암시한다.

3. 기계지능이 사람 수준으로 발달할 조건들

지금까지 현재 인공지능을 만드는 첨단기술인 딥러닝의 한계와 사람의 지능의 진화와 발달 그리고 그 특성들을 살펴보았다. 우리는 이를 기반으로 해서 컴퓨터가 범용적 특성을 가진 자연지능과 대등한

---

24 진화는 기존의 틀에 따라 움직이는 경로의존성(path dependence)이 있고 이를 토대로 새로운 것들을 만들어 나간다. 그러므로 진화는 원점에서 다시 시작하는 것이 불가능하다. 이런 진화적 관점에서 볼 때, 유용하지는 않으나 기존에 사용했던 기억구조를 바탕으로 사람의 기억구조가 발전해 온 것이다. 이러한 연유로 최적에 가까운 사람의 청각 및 시각 구조와는 달리 사람의 기억구조는 최적적이지 못하다.

지능을 가지려면 어떻게 해야 할지에 대한 큰 방향을 정리해 볼 수 있다.

첫째, 사람의 '두뇌가 어떻게 생각하는가?'라는 질문에 답하는 것이 AGI 개발의 핵심 실마리이다. 지금까지 대부분 기계는 육체적 능력을 대신하여 왔으나, 인공지능(컴퓨터)은 정신적인 능력을 확장시켜 주는 도구이기 때문이다. 특히 두뇌는 절반이 지능과 관련되어 있고, 지능은 운동체계, 의사결정, 감정, 의식 및 언어와 밀접하게 연계되어 있다. 이렇게 두뇌의 기능은 하나의 대상을 인식하는 게 전부가 아니라 지능을 깊이 정의하는 중요한 요소이기 때문에 이에 집중해야만 진전이 가능할 것이다.

그러나 여기서 중요한 것은 비행기와 새가 다른 것처럼 자연지능과 인공지능도 달라야 한다는 점이다. 인-실리코 시스템(in-silico system: 대부분 실리콘으로 만들어진 전자마이크로시스템을 이용)과 인-카보 시스템(in-carbo system: 많은 양의 탄소로 구성된 살아 있는 세포들을 이용)은 장단점이 명백하므로, 전자가 후자를 전부 모방할 필요는 없다.[25] 예컨대, 인-실리코 방식에서는 두뇌에 있는 해마의 정확한 순열정보에 대한 복사는 필요 없고, 해마가 가진 장기기억과 공간지각력, 격자세포(grid cell)[26]에서 이용되는 기능과 계산능력이 관심의 대상이다. 즉,

---

25 마틴 포드(2019), "데미스 허사비스 인터뷰," *AI 마인드*, 터닝포인트, 42.

26 공간과 거리 감각을 제공하는 세포로, 내비게이션으로 길을 찾을 때 공간상 위치를 나타내는 경도와 위도 역할을 한다. 이 격자세포는 2014년 노벨 생리의학상 공동수

시스템 수준에서는 기능의 구체적 구현보다, 두뇌가 사용하는 알고리즘, 표현방식들과 기능들에 대한 이해가 중요하다. 정확하게 그 방식을 따라 하지 않고도 그 기능을 구현할 수 있어야 하는 것이다. 예컨대, 비행기가 새처럼 날개를 펄럭이지 않지만, 새처럼 하늘을 날 수 있는 원리를 이해해야만 한다.

이는 또한 두뇌의 비효율적인 부분까지 복제할 필요는 없다는 것을 의미하기도 한다. 사람이 기계보다 뛰어난 부분을 인공지능에게 학습시키고 싶을 수 있지만, 사람의 단점이나 비효율성을 배우게 하고 싶지는 않을 것이다. 그러므로 인공지능이 얼마나 사람과 비슷해 보일 것인가보다는, 방대한 데이터에 대한 추론과 매우 효율적인 토론을 할 수 있는 유일한 시스템으로서의 사람의 두뇌에 관한 연구에 집중하는 것이 중요하다. 이를 기억구조에 적용한다면, 사람이 가진 CAM 기억구조의 단점을 해결하는 방법으로 두 기억구조의 하이브리드 시스템(hybrid system)을 구축하는 것이 더 좋을 수 있다. 이러한

상자인 노르웨이 부부 과학자 마이브레트 (May-Britt)와 에드바르트(Edvard) 모세르 (Moser)에 의해서 2005년 발견되었다. 이들은 쥐 실험에서 해마 바로 옆 내후각 피질의 신경세포가 집단적으로 반응하는 것을 발견했는데, 이때 세포의 움직임이 위도와 경도 선처럼 일정한 격자 모양으로 관찰되었다. 이는 쥐가 아무런 규칙없이 움직이는 것처럼 보이나 실제로는 어느 지점을 지나고 있는지 알고 행동하고 있다는 것을 의미한다. 이들의 연구는 공간을 나타내는 최적방식이 계산적인 감각에서 온다는 것을 알아냈다는 점에서 혁신적으로 평가되었다. 그리고 이는 뇌가 격자세포를 만들기 위해 유선적으로 연결될 필요가 없을 수도 있음을 암시하는 것으로, 뉴런만 있으면, 그걸 공간에 뿌려 주어서 가장 효율적인 코딩을 할 수 있음을 알려주는 것이기도 하다.

한 사례로는 최근 구글이 사람이 가능한 만큼의 기억 신호를 가져올 수도 있고 모든 정보가 포함된 메모리도 가진, LAM 위층(upper layer)에 CAM을 배치한 하이브리드 시스템을 구축한 것을 들 수 있다. 이 시스템은 왜곡되지 않은 정답(answer)을 줄 수 있는 것으로 알려져 있다.[27]

둘째, 아이들이 사람 수준의 지능으로 가는 핵심 열쇠가 될 수 있다. 아이들 수준의 지능에서 시작해서 신뢰할만하고, 재귀적이며(reflexive), 견고한 확장방법으로 어른 수준의 지능을 발전시킬 수 있을 것이다. 이렇게 하려면 처음 지능을 만들 때는 언어가 없는 단계에서 시작해야 한다. 그러고 나서 사람이 태어나 자라가면서 어떻게 배우는지를 이해해서 학습할 수 있게 되면, 진정한 범용인공지능(AGI)으로 나아갈 수 있을 것으로 보인다. 아이들은 어느 정도 유기적으로 환경과 상호작용하면서 무작위 시도나 관찰 경험을 통해서 더 많이 배운다[비지도학습]. 또한 부모, 선생, 친구들로부터 배우기도 하며[지도학습], 어떤 인센티브에 따라 무엇인가를 배우기도 하고[강화학습], 경험한 것이나 배운 것을 유사한 다른 문제에도 변경해서 적용하면서[전이학습] 자란다. 그러므로 인공지능이 사람 같은 지능을 가지게 하려면 스스로 학습하고 세상에 대해서 이해할 수 있기 전까지 세상에 대한 충분한 배경지식을 지득해서 갓난아이처럼 '상

---

27 마틴 포드(2019), "게리 마커스 인터뷰, *AI 마인드*, 터닝포인트, 320.

식'을 가질 수 있게 만드는 것이 관건이 될 것이다.

셋째, 사람이 의사결정이나 계획 문제들을 해결하는 추상화 방법을 모방할 수 있어야 한다. 사람과 알고리즘 또는 로봇이 현실에서 잘 상호작용하기 위한 유일한 방법은 여러 추상화 방법을 이용하는 것이다. 사람은 계획을 정확한 순서에 따라 행동하는 방식으로 짜지 않는다. 오히려 거미들이 거미줄을 치는 방식에 가깝게 행동한다. 즉, 먼저 최종적인 '추상적 목표'를 정하고 나서 세부계획을 정한다. 행동은 이런 추상화 각 단계에 계층적으로 조직되어 있다. 이와 같은 사람의 추상화 방법과 계층적인 행동들을 제대로 모방할 수 있다면 기계들은 독자적인 행동체계를 만들고 복잡한 문제들을 장기적으로도 잘 해결할 수 있게 될 것이다. 그러나 한계는 어떻게 인공지능이 이와 같은 추상화를 할 수 있게 만들 수 있는지, 그리고 인공지능이 어떻게 이런 높은 수준의 행동들을 구상할 수 있을지 아직 모른다는 것이다. 즉, 아직 이런 시스템을 만들고 사용하는 방법을 모른다.

넷째, 인과관계를 사고할 수 있는 능력이 있어야 한다. 인과적 추론으로 딥러닝이 가지는 이론적 한계들을 돌파할 수 있어야 한다.[28] 사람이 인과관계를 추론하는 모델을 가지고 있는 것처럼, 인공지능도 데이터에 의해서만이 아니라 인과관계를 처리하고 활용할 수 있어야 한다. 그러려면 인공지능에 인과모델을 만들 수 있게 템플릿이

---

28 마틴 포드(2019), "주데아 펄 인터뷰," *AI 마인드*, 터닝포인트, 542-543.

나 구조를 구축할 수 있어야 한다. 심지어 인공지능이 인과관계를 만들고 수정하고 때로는 교란시킬 수 있어야 한다. 이런 교란을 '살짝 조작(playful manipulation)'이라 하는데, 아이들이나 과학자들은 이 방법으로 인지구조를 학습한다. 상반되는 인과관계 이론들은 행동방식에 큰 차이를 만들기 때문에 살짝 조작은 시행착오를 통해서 한 가설에서 다른 가설로 전환할 수 있게 한다. 그리고 이렇게 배운 것을 저장할 수 있어야 다시 사용하고 테스트해서 바꿀 수 있다. 인코딩해서 저장할 능력이 없으면 살짝 조작으로 배운 가설들을 활용하거나 바꾸지 못할 것이므로, 알고리즘은 이 형식을 관리하고 수용할 수 있게 만들어져야 한다.

그런데 현재 사용되고 있는 강화학습은 시행착오를 통해서 학습하지만 인과관계를 파악하는 데 여전히 한계가 있다. 강화학습도 이전에 보았던 동작만 배울 수 있고, 보지 못한 행동들을 추론할 수 없기 때문이다. AGI를 실현하려면 인공지능이 인과관계를 추론할 능력을 가져야만 한다. 그러나 이 능력조차도 필요조건일뿐 충분조건이 되지는 못한다. 왜냐하면 인과관계로 사물 인식이나 언어 이해와 관련된 모든 문제를 풀 수는 없기 때문이다. 그럼에도 불구하고 인과관계 문제를 해결해야만 거기서 많은 것들을 배워서 다른 한계들을 해결하는 데로 나아갈 수 있으므로, 인과관계 추론 능력이 인공지능에 먼저 생겨야 한다.

다섯째, 언어를 이해하고 추론하는 역량이 획기적으로 향상되어야 한다. 언어에 대한 이해력을 가지려면 '다중연쇄추론'을 하고, 사람이 상상하는 것처럼 '사후가정 사고'를 할 수 있어야 한다. 그런데 사람은 '자신이 이해하지 못한다'는 것을 알 수 있으나 인공지능은 아직 모른다. 한 문장에서 단어를 보고 답을 추측하는 것은 스스로 이해한 모델을 누군가에게 전달하고 증명할 만큼 이해하는 것과는 다른 문제이다. 2011년 IBM 왓슨은 "퀴즈 쇼, 제퍼디!"에서 언어를 이해하고 추론하는 대신 제한된 데이터인 위키피디아 제목을 검색하여 답변해서 우승을 했다. 왓슨이 그 쇼에서 했던 답변 중 95%가 위키피디아 제목이었기에 가능했던 일이다. 또한 '주어진 문제가 매우 한정된 범위에 국한되어 있었고, 항상 대답만 하면 되는 상황이어서 그럴 수 있었다'는 것도 밝혀졌다.[29] 그러나 AGI는 지각, 통제, 이해가 가능해야 하는데, 딥러닝은 지각과 통제 부분에서의 발전일 뿐, 여전히 '이해' 부분이 미흡한 상태이므로 AGI로 발전하기 위해서는 이를 해결할 수 있어야 한다. 또한 사후가정 사고의 전제가 되는 독자적인 내부적 특징과 구조를 파악해서 기계에 같은 능력을 심는 것도 핵심요건이다. 만일 이렇게 할 수 있어 인공지능이 언어의 함축적 의미를 이해하게 되면, 온라인상의 많은 문서들을 읽어 이해한 다음, 대화하고 설명하는 모델을 구축해서 사람에게 요약해 줄 수 있을 것이다. 또한 궁극적으로 인공지능이 사람처럼 상상하고, 행동에도 책임지게 될 것이다.

---

29 마틴 포드(2019), "게리 마커스(Gary Marcus) 인터뷰," *AI 마인드*, 터닝포인트, 325.

여섯째, 레이블된 데이터에 의존하는 지도학습을 넘어서, 시뮬레이션 등의 강화학습과 소량의 데이터만으로도 기존 학습 지식을 응용하는 전이학습을 보다 잘 할 수 있어야 한다. 현재 강화학습은 시뮬레이션으로 만들어진 데이터에 여러 가지 방법으로 레이블링을 하는 방식을 사용한다. 예컨대, 바둑의 대국을 시뮬레이션 하고 나서 이로부터 훈련 데이터를 만들고, 전통적인 방법으로 각 수에 레이블을 붙이는 것이다. 이런 방식으로 학습한 알파고-제로는 사람과의 대국 없이도 알파고-리를 100:0으로 이길 수 있었다. 시뮬레이션 방식은 바둑보다 덜 복잡한 수학의 '수 이론 공리' 증명이나, 운전세계를 나타내는 정확한 시뮬데이터를 만들기 충분한 데이터가 생성된 자율주행차의 운행이나, 의학에서 임상실험 기간을 획기적으로 단축하는 데도 사용할 수 있다. 그러나 여전히 사람과 같은 모델기반 강화학습은 아직 구체적으로 어떻게 구현하고, 작동할 수 있는지 모르는 상태이다.

전이학습은 한 영역에서 다른 영역으로 정보를 일반화할 수 있어서 적은 데이터로부터도 학습이 가능하게 한다. 예컨대 고양이 관련 데이터가 부족할 때 이미 풍부하게 확보한 개 관련 데이터를 활용해서 고양이 인식 모델을 만드는 방식으로 그렇게 할 수 있다. 이것이 가능한 이유는 신경망이 가진 계층구조(hierarchical structure)때문이다. 즉, 범용적으로 쓸 수 있는 기초지식을 담은 층(layer)과 아주 세부적인 내용을 담는 층이 신경망 내에 동시에 존재하므로 특정 계층에만 일부 조정을 가하면 기존 목적 외에 다른 영역에도 이미 학습된 내용을 활용하는 것이 가능하게 된다.

심층신경망(DNN)은 한 개의 거대한 네트워크(망)가 아니라, 각각 패턴을 인식할 수 있는 여러 개 모듈들을 쌓아서 작동하는 모델이므로 이런 전이학습을 위한 기본적인 구조를 갖추고 있다. 이 신경망에서 각 모듈은 순차적으로(sequentially) 패턴을 인식하고 약간의 변동성도 받아들일 수 있다. 또한 각 모듈은 독자적으로 자기조직화(self-organizing) 계층구조로 이루어져 있고, 이 모듈들로 형성된 시스템도 독자적 계층구조를 가지고 있다. 그러므로 사람처럼 훨씬 적은 데이터로부터도 학습할 수 있는 특성을 가진다. 구글은 이미 이러한 신경망들을 응용해서 이메일에 3가지 답장을 제안해 주는 지메일(G-mail)의 '스마트 리플라이(Smart Reply),' 자연어로 질문하면 0.5초 안에 10만 권의 책을 읽어 6억 개 문장에서 가장 좋은 해답을 찾을 수 있는 '토크투북스(Talk to Books: http://books.google.com/talktobooks/)' 서비스를 하고 있다. 이 신경망들의 특징은 키워드가 아니라 의미적(semantic) 이해를 바탕으로 해답을 찾는 것이다. 즉, 이 신경망들은 사람이 자연어를 구사하는 방법을 모방해서 이렇게 한다.[30]

일곱째, 인공지능 시스템도 사람처럼 다양한 환경에서 상호협력하여 문제를 해결하는 방식을 터득할 수 있도록 하여야 하고, '감성지능(emotional intelligence)'도 가질 수 있어야 한다. 사람이 사회적 동

---

30 마틴 포드(2019), "레이 커즈와일 인터뷰," *AI 마인드*, 터닝포인트, 292.

물로 사회적 상호작용을 통해서 지능을 개선하는 것처럼, AGI도 좋은 팀플레이어로 사람과 공동작업을 하면서 사람인지 아닌지 모르는 상황에 있을 정도가 되어야 한다.

이렇게 일상적으로 사람과 상호작용하면서 무언가를 만들기 위해서는 인공지능이 감성지능을 가지는 게 필수적이다. 기계가 감성지능을 가지게 되면 사람의 행동 변화를 이끌어내는 그 사람의 정신상태를 보다 정확하게 알 수 있게 될 것이다. 사람이 주변 사람의 정신상태를 파악하는 정보는 55%가 얼굴 표정과 몸짓, 38%가 목소리 톤에서 나오고, 어떤 문맥이나 단어를 선택하는지는 그 신호 중 7%에 불과한 것으로 알려져 있다.[31] 그러므로 목소리에 얼마나 많은 힘이 실렸는지, 얼마나 빨리 말하는지 등의 정보가 중요하다. 그런데 현재의 인공지능 연구는 아직 사람의 감정을 알 수 있는 반응 중 오직 7%인 텍스트나 트윗 메시지 분석에 머무르고 있는 반면, 93%에 해당하는 비언어적 의사소통에는 거의 손을 대지 못하고 있다. 그러나 기계가 정신상태에 대한 진정한 정보를 가진 비언어적 정보를 효과적으로 파악하는 감성지능을 가지게 되면, 맥락 속에서 사람의 생각·의도·신념·욕구 등을 추론·예측할 수 있고, 사람이 하는 일·하는 말·시간에 따른 행동패턴의 차이점을 보다 잘 이해할 수 있게 될 것이다. 이렇게 인공지능이 감성지능을 가지는 것은 협업과 사회공동

---

31 마틴 포드(2019), "라나 엘 칼리오우비(Rana El Kaliouby) 인터뷰, *AI 마인드*, 터닝포인트, 248-249.

체 안에서의 조화를 이루는 방법과 깊은 연관이 있으므로 AGI로 발전하는 데 대단히 중요하다.

4. AGI를 향한 도전의 현주소

이제 위에서 설명한 방향으로 진전하기 위해서 현재 어떤 시도들이 이어지고 있는지 살펴보자.

우선 사람의 지능이 어떻게 작동하는지에 대한 공학적 이해를 더욱 심화시켜서 신경과학과 인지과학의 아이디어들이 인공지능 기술에 접목될 수 있도록 '정신 역공학(reverse engineering of mind)'이 시도되고 있다. 정신은 어떤 생물학적 또는 문화적 진화, 학습, 발달과 같은 다양한 과정을 통해서 만들어지고, 문제를 해결하기 위해서 개발된 놀라운 것이다. 그런데 정신이 무엇이고, 어떻게 설계해야 하는지 알아내는 가장 좋은 방법은 과학을 공식으로 만드는 것이다. 신경과학과 인지과학은 두뇌와 정신의 기본원리를 이해하는 게 목표이므로, 이 학문들에서 자연지능을 공학적으로 이해하는 것은 인공지능에 유용한 아이디어의 디자인에 대단히 유익할 것이다.

궁극적으로 정신 역공학은 사람의 정신 속에서 지능이 작동하는 방법을 알아내려는 연구로, 공학기술적 도구를 사용해서 언어모델을 이해하여 구축하는 것이 목표이다. 이 분야에서의 연구는 먼저 현재까지의 두뇌에 대한 이해를 바탕으로 사람의 두뇌가 가진 초기 인지구조를 모방한 인공지능 시스템을 만들어, 이를 세상(환경)과 상호작용하는 발달과 학습 과정을 통해서 지속적으로 업그레이드시킨다. 이렇게 업그레이드된 두뇌의 인지 시스템을 베이지안 추론(Bayesian inference)[32]을 이용, 역공학적으로 분석해서 두뇌의 인지구조에 대한 가설을 검증한 후, 이를 토대로 시스템 수정을 반복하는 방식으로 연구가 진행된다.

이러한 방식의 인공지능 업그레이드 방법은 '인지주의 인공지능 (Cognitive AI)'이라 불리는데, 기존의 기호주의와 연결주의의 인공지능 방법론들을 결합한 방식이다. 이미 설명한 것처럼 이 방식은 반복적인 베이지안 추론을 통해서 선험적 지식과 경험적 지식을 결합하는 방법으로 기존의 두 방법론 – 기호주의와 연결주의 – 이 가진 단점들을 해결하기 위해서 추구되고 있다. 그러나 여전히 그 시도는 초보적인 수준에 있다.[33]

둘째, 딥러닝의 최신 프로젝트들 가운데 인공지능이 특정 영역이

---

32 베이지안 추론은 사전확률분포로부터 가설(이론)을 세운 뒤 실험을 통해서 데이터를 수집해서 경험적 확률분포를 추정하고, 이 두 확률분포를 결합하여 사후확률분포를 계산해서 가설을 검증하는 방식이다. 이렇게 수정된 사후확률분포는 가설 수정을 위해서 사용되고, 수정된 가설은 현상(데이터)을 보다 잘 설명하는 다음 단계의 사전확률분포로 사용된다. 이 과정을 반복해서 결국 최적상태에 도달한다.

33 인지주의 인공지능에 대한 보다 상세한 설명은 장병탁(2018), "인간지능과 기계지능-인지주의 인공지능," 한국정보과학회지, 17-26을 참조하라.

아니라 주어진 환경을 이해하는 방법, 자연어를 말하고 이해하는 방법, 기계번역(MT: machine translation)을 연구하는 프로젝트들이 진행되고 있다. MILA(Montreal Institute for Learning Algorithms: 몬트리올 학습알고리즘연구소), 딥마인드, 오픈 AI, UC 버클리(UC Berkley), 페이스북, 구글 브레인(Google Brain) 등에서 기계의 실제 사용언어들에 대한 이해도를 높이려는 여러 연구들이 진행 중인데, 이게 성공하면 언어의 일부만 주어져도 컴퓨터가 그 단어의 실제 의미를 이해하고 그에 대응해서 행동하게 될 것으로 기대하고 있다. 그런데 이렇게 되려면 인공지능을 주어진 환경에 풀어 놓아서 아이가 학습하는 것처럼 자율적으로 학습할 수 있게 하는 게 중요하고, 이렇게 하는 데는 커리큘럼학습[34]이 도움이 될 것으로 보고 있다.

이러한 연구들 가운데 최근 가장 각광을 받은 것은 2018년 가을 구글이 발표한 BERT(Bidirectional Encoder Representations from Transformers)라는 딥러닝 기반 자연어 처리(NLP) 모델이었다.[35] 이 모델은 RNN을 사용하지 않고 트랜스포머(transformer)라는 인코더-디코더 구조로 설계된 딥러닝 기반 자연어 처리 모델로 그때까지의 모든

---

34 동물 또는 사람을 교육할 때 흔히 쓰는 아이디어로 학습 데이터를 임의의 순서로 한 번에 제공하는 것이 아니라, 학습자가 이해하기 쉬운 순서로 제공하는 학습방법이다.

35 Devlin, J., M-W. Chang, K. Lee, K. Toutanova(2018), "BERT: Pre-training of Deep Bidirectional Transformers for Language Understanding," https://arxiv.org/abs/1810.04805.

기존 자연어 처리 모델들을 압도하는 성능을 가졌으며, '복잡한 형태의 지식에 대한 이해가 필요한 질의-응답(QA: Question Answering) 분야에서 사람을 최초로 뛰어넘었다'는 평가를 받았다. 2019년에는 구글 브레인과 CMU가 공동으로 BERT를 능가하는 자연어 처리 모델 '엑스엘넷(XLNet)'을 공개하였다.[36] 엑스엘넷은 20개 자연어 처리 작업의 18개 벤치마크 테스트에서 최고 성능을 내고, 텍스트 분류에서는 BERT보다 최대 16% 정도 오류를 줄이는 성과를 거두었다. 2020년에는 오픈 AI가 3,000억 개의 방대한 토큰(데이터 세트)[37]과 1,750억 개의 파라미터를 가진 딥러닝 기반 자연어 처리 인공지능 GPT-3(3세대-GPT: generative pre-trained transformer-3)를 발표해서 큰 주목을 받았다.[38] GPT-3는 지금까지의 기계번역 인공지능들과는 달리 상당히 광범위한 분야에 대한 질문에 응답할 수 있게 범용성을 확장하여 획기

36 Yang, Z., Z. Dai, Y. Yang et al.(2019), "XLNet: Generalized Autoregressive Pretraining for Language Understanding," https://arxiv.org/abs/1906.08237.

37 토큰은 인공지능이 학습할 수 있도록 '말뭉치(corpus)'의 작은 단위들로 되어 있다. 이렇게 단어, 구, 문장 단위로 말뭉치를 토큰으로 나누는 과정을 토큰화(tokenization)라고 한다.

38 Brown, T., B. Mann, N. Ryder et al.(2020), "Language Models are Few-Shot Learners," arXiv:2005.14165; Sagar, R.(2020), "Open AI Releases GPT-3, The Largest Model So Far," *Analytics India Magazine*; Shead, S.(2020.7.31), "Why Everyone is Talking about the A.I. Text Generator Released by an Elon Musk-backed Lab," *CNBC*; 류한석(2020), "범용 AI의 선두주자 GPT-3가 가져온 충격," *나라경제*, 359, 56-57. 여기서 주목할 만한 사실은 사람의 두뇌가 보유한 뉴런의 수가 1,000억 개 정도이고 시냅스의 수는 1조 개인데, GPT-3는 이 시냅스 수의 15% 정도 되는 파라미터들을 가졌다는 것이다.

적이라는 평가를 받았다. 하나의 문장이 아니라 대화에서 문맥을 파악해서 창의적인 응답을 할 수 있고, 사람이 쓴 기사로 착각할 정도의 기사도 쓸 수 있다. 또한 사람과 대화를 하는 경우 사람들의 어리석음과 사랑에 관해서 이야기할 수도 있고 거짓말도 할 수 있다. 이는 GPT-3가 상당히 많은 지식을 가지고 있어서 가능한 것으로 알려져 있다. 이러한 GPT-3의 광범위한 범용성과 AGI로의 발전 가능성 확장은 딥러닝이 다양한 한계에 직면하고 있으나 AGI로 진보를 지속하고 있는 증거로 평가할 수 있다.

그러나 여전히 알파제로나 GPT-3도 AGI에 도달하기에는 한참 못 미치는 단계에 있다고 할 수 있다. 이렇게 평가하는 이유는 아직도 알파제로로 소설을 쓸 수 없고, GPT-3로 체스를 둘 수 없으며, 이 인공지능들이 소설이나 체스가 왜 사람에게 중요한지를 지능적으로 추론할 수도 없기 때문이다. 또한 GPT-3도 기존 딥러닝 인공지능들처럼 학습된 지식을 다른 일을 위해서 응용해서 사용하는 전이학습 역량이나, 현실세계에 대한 상식도 여전히 없다. 예컨대 GPT-3도 '치즈를 냉장고 안에 넣으면 녹느냐?'는 질문에 '그렇다'고 답할 정도로 여전히 '엉뚱이(brittle)'이다.

셋째, 딥러닝 기반 인공지능의 설명가능성을 높이기 위한 연구도 꾸준히 진행되고 있다. 미국의 DARPA는 2018년부터 2021년 4월까지 "설명가능한 인공지능(XAI, Explainable Artificial Intelligence) 프로젝트"를 수행하고 있다. 이 프로젝트의 목적은 사용자가 인공지능의 구체적인 작동과정과 최종결과를 올바르게 이해할 수 있는 기술을 개발하는 것이다. 이 프로젝트는 2018년 종료된 1차 연구기간 동안 보다 효과적인 설명을 할 수 있는 기계학습 기술, 원칙과 전략, 사람-컴퓨터 간 인터페이스를 개발하여 이를 적용한 시스템들을 만들고, 이 시스템들이 기존의 시스템들에 비해서 사용자의 이해, 신뢰 및 과업성과를 얼마나 개선하는지 평가하는 방법을 개발했다. 현재는 이 평가방법을 토대로 이미 만들어진 시스템들에 대한 평가를 진행하는 중에 있다.[39]

또한 최근 인공지능 학계의 '어텐션 메커니즘(Attention Mechanism)'에 대한 연구들도 설명가능성을 높이는 데 상당히 의미 있는 결과를 내고 있다. RNN에 기반한 기계번역 모델에서는 인코더에 입력되는 문장 시퀀스(sequence)를 컨텍스트 벡터(context vector)라는 고정된 크기의 벡터로 압축하는데, 이때 이 벡터의 크기가 고정되어 있어서 입력 문장이 길면 정보가 손실되는 문제가 발생하였다. 이 정보의 손실은 긴 문장에 대한 번역의 품질을 떨어뜨리는 원인이 되었다. 이를 해결하기 위해서 디코더에서 출력 단어를 예측할 때마다 인코더에 입력된 문장을 다시 한번 참조하는데, 이때 모든 입력 문장을 동일한 비율로 참조하는 게 아니라, 예측 시점에 예측할 단어와 연관된 입력 단어 부분을 좀더 '주목(attention)'해서 참조하는데, 이게 어텐션 메커

---

39 Gunning, D. and D. Aha(2019), "DARPA's Explainable Artificial Intelligence(XAI) Program," *AI Magazine*, 40(2), http://doi.org/10.1609/aimag.v40i2.2850.

니즘이다.[40] 이렇게 하면 기계번역에서 원문 문장의 어느 부분이 번역된 문장의 해당 부분에 기여했는지를 확인할 수 있다.[41] 물론 이 방법은 이미지 분류에도 사용되어 이미지의 어떤 영역이 최종 분류결과에 기여했는지를 확인할 수 있다. 그러나 이런 성과들이 나타나고 있음에도 불구하고 설명가능성 문제는 AGI로 가는 길목에서 여전히 좀처럼 넘기 어려운 중요한 허들이 되고 있다.[42]

넷째, 최근에는 '스몰 데이터(small data)'를 토대로 추론을 하고, 스스로 학습하며 데이터를 쌓아가는 새로운 인공지능인 '자율성장 인공지능', '포스트 딥러닝' 등이 나타나고 있다. 2017년 저커버그, 제프 베이조스(Jeff Bezos), 마크 베니오프(Marc Benioff)가 투자한 스타트업 '바이캐리어스(Vicarious)'는 로봇들이 아주 적은 사례들만으로 CAPTCHAs(Completely Automated Public Turing-Tests to Tell Computers and Human Apart)[43]를 기존 심층신경망(DNN)들보다 매우 높은 확률로 통

---

40 유원준(2020), "16장 어텐션 메커니즘, 1절 어텐션 메커니즘," 딥러닝을 이용한 자연어 처리 입문, https://wikidocs.net/22893.

41 어텐션 메커니즘의 발전에 대한 설명은 Bahdanau, D., K. Cho and Y. Bengio(2015), "Neural Machine Translation by Joint Learning to Align and Translate," *Proceedings of 3rd International Conference on Learning Representations(ICLR)*, 1-15; Vaswani, A., N. Shazeer, N. Parmer et al.(2017), "Attention Is All You Need," *Proceedings of NIPS*, arXiv:1706.0376; Wu, L., Y. Xia, F. Tan et al.(2018), "Adversarial Neural Machine Translation," *Proceedings of Machine Learning Research*, 95, 534-549.

42 배재경(2020), "신경망 번역 모델의 진화과정," *AI Research*, https://tech.kakaoenterprise.com/45를 참조하라.

43 사람은 쉽게 식별할 수 있으나 컴퓨터는 어려운, 인터넷에서 사람과 컴퓨터를 식별

과할 수 있고, 데이터 효율성도 300배 이상 높은 시스템인 '재귀피질네트워크(RCN: recursive cortical network)'를 개발했다.[44] 이 신경망은 CAPTCHAs를 파스(parse)하기 위해서 글자당(per character) 5개의 훈련 예제만이 필요했고, 67%의 성공률로 CAPTCHAs를 통과했다. 만일 이를 기존 DNN을 통해서 하려고 했다면, 기존 CAPTCHAs 문자열(strings)보다 50,000배 이상 큰 훈련 데이터 세트가 필요했을 것으로 추정되었다. 그러므로 이 신경망의 등장은 보다 빠르고, 광범위하게 범용성을 가진 로봇이 세상을 사람같이 개념적으로 이해하는 방향으로 발전해 나갈 가능성을 한 단계 더 업그레이드한 것으로 볼 수 있다.

또한 구글의 지주회사 알파벳(Alphabet)의 "프로젝트 룬(Project Loon)"은 풍선을 이용한 험지 인터넷 연결 프로젝트인데 '가우스 프로세스(Gauss Process)'라는 기계학습 확률모델을 사용해서 2018년 케

하는 숫자와 문자들의 특이한 조합이나 이미지

44 Yirka, B.(2017.10.27), "Vicarious AI Team Reveals How It Defeated CAPTCHA," Computer Science, *Tech Xplore*, https://techxplore.com/news/2017-10-vicarious-ai-team-reaveals-defeated.html; George, D., W. Lehrach, K. Kansky et al.(2017), "A Generative Vision Model That Trains with High Data Efficiency and Breaks Text-based CAPTCHAs," Research Article, *Science*, 358(6368), https://science.sciencemag.org/content/358/6368/eaag2612; Vicarious(2017.10), "Common Sense, Cortex, and CAPTCHA," *Research Blog*, https://www.vicarious.com/posts/common-sense-cortex-and-captcha.

냐에서 풍선 인터넷 연결을 최초로 시현했다.[45] 이 프로젝트는 성층권을 떠도는 거대한 풍선들의 시스템으로 인터넷이 연결될 수 없었던 세계의 험지 또는 오지에 인터넷을 제공하는 프로젝트이며, 가우스 프로세스는 풍선들의 적절한 위치를 예측하는 데 필수불가결한 핵심기술이다. 룬의 작동원리는 높은 하늘의 중층적이고 매우 가변성이 높은 바람 아래서 풍선들의 정확한 행선지를 예측하고, 이에 따라 각 풍선이 올바른 방향에서 불어오는 바람의 층으로 움직이게 해서 하나의 거대한 인터넷망을 목적한 지역에 형성하는 것이다. 이때 풍선들은 과거의 비행 데이터를 분석할 뿐만 아니라 비행하는 동안 실시간으로 비행 데이터를 분석해서 이들에 따라서 예측을 조정하여 정확한 목적지에 인터넷을 연결할 수 있게 한다. 즉 '가우스 프로세스'는 이렇게 광범위한 불확실성을 처리할 수 있고, 데이터가 희소한(sparse) 상황에서 행동하면서 경험에서도 배울 수 있는 확률그래프 모델이다. 그러므로 기존의 DNN들과 달리 빅데이터를 요구하지 않는 것은 물론 추론과 학습을 위해서 필수적인 계산이 상대적으로 간단하고, 무엇인가 잘못되었을 경우에도 그 원인을 추적할 수 있다. 그러므로 이 기술이 기존 DNN의 블랙박스적 성격을 상당히 해소하는 역량도 가진 것을 의미한다.

다섯째, 인공지능 시스템이 상식을 가지는 문제에 대한 해결책도

---

45 BBC NEWS(2018.7.19), "Google's Loon Brings Internet-by-balloon to Kenya, Tech, *BBC*, https://bbc.com/news/technology-44886803.

다양하게 시도되고 있다. 이미 언급한 것처럼 상식이란 거의 모든 사람들이 공유하며, 토론할 필요없이 합리적으로 예상하는 어떤 것들(things)을 인식·이해·판단하는 기본적 능력이다. 또한 상식은 일상에서 직면하는 물체(object)와 행동(action)에 대해서 자연스럽게 소통하고, 예상하지 못했던 상황도 처리하며, 경험을 통해서 배워 나갈 수 있는 역량을 의미한다. 상식이 있어서 사람들은 명시적인 훈련을 하지 않아도, 데이터가 없어도 자연스럽게 할 수 있는 일들이 많다. 그러나 기계는 상식이 없어서 이런 일들이 어렵다. 심지어 지금도 첨단 인공지능 시스템들조차 광범위한 종류의 단순한 질문들에 적절하게 응답하는 것이 어렵다. 예컨대 "내가 양말을 서랍에 넣었다면 그 양말은 내일도 거기에 있을까?" 또는 "우유팩에 우유가 가득 차 있는지 어떻게 알 수 있어?" 등의 간단한 질문들에 적절하게 답할 수 없다.[46]

기계가 상식을 가지는 것이 어려운 문제를 해결하기 위해서 AI2(Allen Institute for AI: 알렌인공지능연구소)는 "기계 상식(MCS: Machine Common Sense) 프로그램"을 연구하고 있다. AI2는 이 프로그램을 통해서 '기계가 상식을 가졌다는 것이 무엇을 의미하는가?'를 정의하고자 시도하고 있다. 이 프로그램은 인지(cognition)의 핵심영역인 물체(objects: 직관물리학), 장소(places: 장소 내비게이션), 에이전트(agents: 의도

---

46 AI2의 CEO, 오렌 에치오니(Oren Etzioni) 인터뷰, Wilson, H., P. Daugherty and C. Davenport(2019), "The Future Will Be about Less Data Not More," *Harvard Business Review*, http://hbr.org/2019/01/the-future-will-be-about-less-data-not-more.

적 행위자들)의 영역을 포함한 광범위한 영역들을 모방하는 모델들을 만들어내는 것을 목표로 연구 중이다. 미국의 DARPA가 이를 포함한 AI 연구에 현재까지 20억 달러를 지원하고 있다.

여섯째, 팀워크, 협력, 협업은 사람이 지능을 발전시켜 나가는 방법인데 이러한 특성들을 가진 인공지능의 개발은 '분산인공지능(DAI: distributed AI)'이라 불리는 영역으로 발전해 나가고 있다. DAI는 학습, 추론, 계획에 널리 사용될 수 있는 범용성을 가지고 있다. 이런 시스템들은 광범위하게 분산되고 독립적인 '자율 학습처리 에이전트들(autonomous learning processing agents)'이 에이전트들간 상호작용과 심지어 비동기적(non-synchronized) 의사소통으로 결론이나 준균형(semi-equilibrium)에 도달한다. 그러므로 DAI는 신경망 작동을 위한 데이터의 양을 대폭 감소시킨다.

분산인공지능은 특정한 문제에 대해서 분산적으로(distributed) 해법(solution)을 모색하는 에이전트기반모델링(ABM: agent-based modeling), 멀티에이전트시스템(MAS), '떼지능(SI: swarm intelligence)'[47] 등의 양태

---

47 집단지능(지성)(collective intelligence) 또는 공생지능(symbiotic intelligence)이라고 불리기도 한다. 블룸(Bloom, 1995)이 제안한 용어로 다수의 에이전트들로 만들어진 자연적이거나 인공적인 시스템들이 분권화된 통제(decentralized control)와 자기조직화(self-organization)를 통해서 협력하는 방법으로 부분의 합이 전체와 일치하지 않는 '복잡적응시스템(complex adaptive system)'이다. [Bloom, H.(1995), *The Lucifer Principle: A Scientific Expedition into the Forces of History*, Atlantic Monthly Press, Grove Atlantic, NY, USA.] 세포자멸사(apoptosis), 병렬분산처리(parallel distributed processing), 그룹선택(group selection)등의 개념들과 미국 생물학자 윌리엄 윌러

로 발전하고 있다.[48] DAI들 가운데 현재 가장 주목을 받고 있는 방법은 에이전트기반모델링(ABS)이나 멀티에이전트시스템(MAS)을 MFG(Mean-Field Games)[49]나 그래프 모델들에 통합하는 방식의 접근법과 사람의 집단지능(지성)(collective intelligence)을 모사하기 위해서 '인공 떼지능(artificial swarm intelligence)'을 시현하고자 하는 시도들이라 할 수 있다.

기계학습(ML)에 ABS를 통합하는 접근법에서 ML은 ABS를 환경 (environment)과 보상생성자(reward generator)로 사용할 수 있고, ABS는 ML을 에이전트들의 내부 모델들을 정교화하는 데 사용할 수 있다. 예컨대, 신경망들이 ABM에 의해서 생성된 비선형 다변량 타임시리즈(non-linear multi-variate time-series)의 근사값 계산(computational approximation) 방법들로 사용되거나, 전체 ABM의 컴퓨터 에뮬레이터

(William Willer)가 만든 초개체(super-organization) - 개미, 꿀벌 등 큰 군집을 이루어 사회를 만드는 사회성 곤충의 군집 전체(개미떼, 벌떼 등)를 하나의 동물로 취급하는 시각 - 의 조합에 기반하고 있다.

48 Corea, F.(2019.3.21), "Distributed Artificial Intelligence: A Primer on MAS, ABM, and Swarm Intelligence," Part I, II, *Forbes*, https://www.forbes.com/sites/cognitiveworld/2019/03/21/distributed-artificial-intelligence-part-i-a-primer-on-mas-abm-and-swarm-intelligence/?sh=40335f9318a3; https://www.forbes.com/sites/cognitiveworld/2019/03/21/distributed-artificial -intelligence-part-ii-a-primer-on-mas-abm-and-swarm-intelligence/?sh=af6157e261f1.

49 MFG는 매우 큰 모집단에서 아주 작은 서로 상호작용을 하는 에이전트들이 전략적 의사결정을 통해서 경쟁하는 게임이다. 구체적인 설명은 *Wikipedia*의 "Mean-Field Game Theory," https://en.m.wikipedia.org/wiki/mean_field_game_theory를 참조하라.

- 컴퓨터 호환성을 보장하기 위한 장치 또는 소프트웨어 - 로 사용될 수도 있다.[50]

MFG(Mean-Field Games)와 MAS를 통합한 모델에서는 개별 에이전트들 사이의 상호작용뿐만 아니라 거대한 에이전트들로 구성된 그룹에서의 의사결정도 추적한다. 그리고 개별 에이전트가 그룹에 대응해서 어떻게 행동하는지 또는 한 그룹이 개별 에이전트의 행동에 어떻게 대응하는지에 대해서도 알 수 있다.[51] 그러므로 이렇게 MAS나 ABS를 MFG와 통합하게 되면 개별 에이전트들이 미리 결정된 규칙들과 제약조건 하에서 서로 상호작용해서 문제에 대한 충분히 좋은(good enough) 해법(solution)을 낼 수 있다. 그러나 아직도 ABM이나 MAS에 대한 연구는 학계 중심으로 이루어지고 있을 뿐, 산업계에서는 일부 기업들만 이에 관심을 기울이고 있어서 그 진전이 더디다.[52]

떼지능(SI)은 사람이 행하는 '군집화를 통한 자기조직화' 행태

---

50 이에 대한 상세한 설명은 Van Der Hoog, S.(2017), "Deep Learning in (and of) Agent-Based Models: A Prospectus," arXiv:1706.06302을 참조하라.

51 이에 대한 상세한 논의는 Mguni, D., J. Jennings, E. Munoz de Cote(2018), "Decentralized Learning in Systems with Many, Many Strategic Agents," arXiv:1803.05028v1; Yang, Y., R. Luo, M. Li et al.(2018), "Mean Field Multi-Agent Reinforcement Learning," arXiv:1802.05438을 참조하라.

52 MAS나 ABM을 주로 연구하는 회사들로는 마그네타 테크놀로지스(Magenta Technologies), 프롤러닷 아이오(Prowler.io), 액셀러레이티드 다이내믹스(Accelerated Dynamics), 찰스리버 어낼리틱스(Charles River Analytics), 쿼럼 AI(Quorum AI), 애니로직(AnyLogic), 스마트UQ(SmartUQ) 등이 대표적이다.

를 가장 적절하게 모사할 수 있는 기술로 간주되고 있다. 오래전부터 에이전트들의 '떼'를 보고 개념화된 많은 SI 알고리즘들이 발전되어 왔다. 1989년 '확률적 확산 탐색(Stochastic Diffusion Search)'이 개발된 이후, '개미 서식처 알고리즘(Ant Colony Algorithm: 1991)' '분자 떼 최적화(Particle Swarm Optimization: 1995)' '박테리아 채집 최적화(Bacterial Foraging Optimization: 2002)' '인공 물고기 떼 최적화(Artificial Fish Swarm Optimization: 2002)' '인공 벌 서식처(Artificial Bee Colony: 2005)' '반딧불 알고리즘(Firefly Algorithm: 2008, 2009)' 등이 지속적으로 개발되었다.

이 분야 선두기업은 '유내너머스 AI(Unanimous AI)'인데 사람의 집단지능(collective intelligence)이 '인공 떼지능(artificial swarm intelligence)'의 첫발이 되리라고 보고 SI를 연구하고 있다. 이 회사는 SI 시스템을 '뇌들의 뇌(a brain of brains)'로 생각하고 있다. 한 떼의 여러 부분무리들(sub-populations)이 각각 경쟁을 통해서 독자적인 선택을 하되, "떼" 전체의 컨센서스(consensus)는 다수결이나 만장일치에 의해서가 아니라 여러 부분무리들이 제안한 대안들의 거부권을 모두 이겨낸 경우에만 이루어진다. SI에서는 이렇게 부분무리들이 제안한 대안들의 거부 메커니즘이 시스템에서 최적적이지 못한(sub-optimal) 의사결정을 걸러내는 기제로 작용한다. 그러므로 떼지능(SI) 시스템은 매우 유연하면서도 동시에 강하다. 설령 떼의 일부 부분무리들에서 오작동이 발생하더라도 개체 또는 떼는 계속 작동하는 것이 가능하다. 이는 SI가 완전히 분권화되어(decentralized) 있을 뿐만 아니라 비지도학습을 하고, 에이전트가 자연이든 인공이든 관계없이 다 잘 작동할 수 있다는

것을 의미한다.[53]

5. AGI 실현시기 예측과 근거

지금까지 AGI를 향한 혁신과 기술진보의 추세를 살펴보았다. 요약하면 혁신과 진보의 추세는 경이적이지만 AGI가 실현되기 위한 기술적 진전은 여전히 목표에 비해서 꽤 먼 지점에 머물고 있다. 그렇다면 "언제 AGI가 실현될 것인가?"에 대하여 전문가들은 현재 어떤 컨센서스를 이루고 있을까? AGI 또는 초지능의 출현시기(특이점)에 관한

---

53 현재 SI를 통한 지능의 개선에 매진하고 있는 회사들은 세 부류로 나눌 수 있다. 그 첫째는 "'여러 마음'이 '개별(individual) 마음(클라우드의 지혜)'보다 높은 예측 정확도를 실현하는 방식이라는 생각을 가진 기업들로, 본문에서 언급한 유내너머스 AI를 비롯해서 아구르(Augur), 에스티마이즈(Estimize), 알마니스(Almanis), 에이스 컨센서스(Ace Consensus), 프레미스(Premise), 스트리비즈(Streebees), 크라우드메드(CrowdMed), 컨버전트 AI(Convergent AI), 그노시스(Gnosis), 신디케이터(Cindicator), 스톡스(Stox) 등이 대표적이다. 둘째로는 토너먼트 방식에 의해서 크라우드 소싱 지능(crowd sourced intelligence)을 추구하는 뉴머라이(Numerai)와 콴토피안(Quantopian)을 들 수 있다. 이 기업들은 데이터 과학자들이 최상의 AI 모델을 가동해서 최상의 예측을 하면 회사가 일정한 상금을 지급하는 방식으로 진전을 추구하고 있다. 셋째로는 SI를 로봇의 에이전트로 응용을 시도하고 있는 회사들인데, 떼 로봇(swarm robots)을 만드는 도봇(Dobots), 해상용 떼 로봇(marine swarm robots)을 제작하는 하이드로마(Hydroma), 비행 로봇(aerial robots)을 만드는 센시언 로바틱스(Sentien Robotics), 자율주행차와 UAVs(드론)를 제작하는 써드스페이스 오토스(Third Space Autos)와 스왐 테크놀로지스(Swarm Technologies)를 들 수 있다.

주요 설문조사(survey)는 2009년부터 전문가들을 대상으로 이루어져 왔다.[54] 2019년까지 네 번 진행된 설문조사에서 총 995명의 전문가들이 이에 대해서 응답을 했다. 이제 이 설문조사 결과들을 보다 구체적으로 살펴보기로 하자.[55]

2009년 진행된 설문조사에는 〈AGI-09 컨퍼런스〉에 참가한 21명의 전문가들이 참여했다. 이들에게는 '튜링 테스트를 통과한 인공지능, 초등학교 3학년 수준의 인공지능, 노벨상을 받을 가치가 있는 혁신적 인공지능, 그리고 초지능에 언제 도달할 것인지?'가 질문되었다. 설문조사 결과는 아래의 〈표 3-1〉과 같다.

이 설문조사 결과는 설문에 응한 대부분의 전문가들이 2050-2060년까지 AGI나 초지능이 출현할 것으로 예상한 것으로 해석할 수 있다. 다만 거의 절반에 가까운(42.8%) 전문가들이 초지능은 금세

---

54 민스키는 이미 1970년 "3-8년이 지나면 우리는 평균적인 인간의 범용적인 지능을 가진 기계를 가지게 될 것이다. 내가 지금 말하는 기계는 셰익스피어의 작품을 읽고, 차에 윤활기유를 바르고, 사무실에서 잡담, 농담, 싸움을 하는 그런 기계이다. 이 기계는 몇 달 후에는 천재수준의 지능을 가질 것이고, 다시 그 이후 몇 달이 지나면 그 지능이 계산불가능한 것이 될 것이다"라고 라이프(Life)에 인터뷰했다. 이 예언은 여전히 실현 불가능한 상태에 있으나 전문가들은 이번에는 다를 것이라는 기대를 담은 예견을 하고 있다. Heaven, W.(2020), Artificial General Intelligence: Are We Close, and Does It Even Make Sense to Try?" *MIT Technology Review*, https://www.technologyreview.com/2020/10/15/1010461/artificial-general-intelligence-robots-ai-agi-deepmind-google-openai/.

55 AI Multiple(2021), "995 Experts Opinion: AGI/Singularity by 2060[2021 Update]," https://research.aimultiple.com/artificial-general-intelligence-singularity-timing/

[표 3- 1] 2009 AGI-09 전문가 설문조사 결과

	2010	2020	2030	2040	2050	2060	2070	2080	2090	Later or Never
튜링 테스트 통과	4	5	2	4	0	1	0	1	0	4
초등 3학년 수준	3	5	3	2	1	1	0	0	0	3
노벨상 수준 가치	0	7	2	1	2	2	0	1	0	5
초지능	0	5	3	3	0	0	0	0	0	9

기 이내에 출현하지 못하거나 결코 실현될 수 없을 것이라고 응답한 것이 눈에 띈다. 그러나 2009년은 AGI 실현에 대한 기대를 고조시킨 딥러닝이 성과를 내기 이전이었고, 'AI의 겨울' 이후 인공지능 기술에 대한 회의론이 여전히 상당했음을 고려할 때, 이 컨퍼런스에 참석한 전문가들 가운데 3/4 이상에 해당하는 사람들이 AGI가 금세기 중반 이내로 실현될 것이라는 예상을 하고 있었다는 것은 주목할 만하다.

다음 설문조사는 2012-2013년도에 유럽인지시스템학회(European Association for Cognitive Systems) 회장 빈센트 뮬러(Vincent Müller)와 옥스퍼드 대학교(Oxford University)의 닉 보스트롬(Nick Bostrom)이 주도했는데, AI 연구자 550명에게 "언제 AGI(High-Level Machine Intelligence)가 출현할 것인가?"라는 질문을 하였다. 이 질문에 대해서 전체 조사대상자의 10%는 2022년까지, 50%는 2040-2050년까지 그리고 90%는 2075년까지는 출현할 것이라고 답하였다. 응답자들은 또한 AGI가

출현한 이후 30년 이내에 초지능이 도래하는 특이점이 발생할 것으로 예상하였으며, 이들 가운데 1/3은 이러한 발전이 인류에게 '아주 나쁘거나(very bad), 나쁜(bad)' 일이 될 것이라고 봤다.[56]

이어진 설문조사는 2017년에 이루어졌는데, 2015년 〈NIPS(Neural Information Processing Systems: 신경정보처리시스템, 현재는 NeurIPS) 컨퍼런스〉와 〈ICML(International Conference on Machine Learning: 머신러닝국제학술회의)〉에서 논문을 발표한 전문가 352명이 대상이었다. 이 설문조사에 참여한 전문가들은 향후 10년간 사람들의 여러 활동분야들에서 인공지능이 사람을 능가할 것으로 예상했다. 예컨대, 응답자들은 2024년까지는 언어 번역, 2026년까지는 고등학교 작문, 2027년까지는 트럭운전, 2031년까지는 소매판매, 2049년까지는 베스트셀러 저술, 2053년까지는 외과의사의 업무 영역에서 인공지능이 사람을 추월할 것으로 예상했다. 또한 그들은 45년 후(2060년대 초)에는 사람의 모든 업무들(tasks)에서 인공지능이 사람을 능가하고, 120년 후(2130년대 말)에는 사람의 모든 일자리들(jobs)이 자동화될 가능성이 50%라고 전망했다. 이 설문조사에서는 또한 아시아 지역 전문가들은 30년 후(2040년대 말)에 AGI가 출현할 것이라고 예견한 반면, 북아메리카 지역 전문가들은 이에 비해 상대적으로 먼 미래라 할 수 있

---

56 Müller, V. and N. Bostrom(2014), "Future Progress in Artificial Intelligence: A Survey of Expert Opinion," *Fundamental Issues of Artificial Intelligence*(ed. by V. Müller), Springer, Berlin, Germany.

는 74년 후(2090년대 초)에나 가능할 것이라고 봤다.[57]

가장 최근인 2019년 설문조사는 인공지능 연구 및 컨설팅 회사인 에머리(Emerj)가 32명의 AI 분야 박사 연구자들을 대상으로 수행하였다. 이 설문조사에서 응답자의 45%가 2060년 이내에 AGI가 출현할 것이라는 응답을 했으며, 34%는 그 이후에 나타날 것이라고 답했다. 초지능이나 특이점은 결코 발생하지 않을 것이라는 응답은 21%였다.[58]

한편 학계의 전문가들보다 기업에서 연구와 개발을 담당하는 고위 전문가들은 훨씬 낙관적이었다. 이미 앞에서 말했던 것처럼 구글의 엔지니어링 책임자(engineering director)이자 미래학의 구루라 할 수 있는 커즈와일은 2029년 AGI가 출현하고, 2045년에는 특이점이 발생할 것이라고 예견한 바 있고, 테슬라와 뉴럴링크(Neural Link)의 CEO인 천재적 혁신가 머스크도 2020년 '5년 이내에 초인 인공지능이 출현할 것'이라 예견하여 큰 논쟁을 불러일으켰다. 이외에도 앞에서 언급한 분산인공지능 연구 개발의 선두주자 유내너머스 AI의 CEO이자 수석과학자(Chief Scientist)인 루이스 로젠버그(Louis Rosenberg)는 1990년대 초 특이점이 2050년에 발생한다고 예견했는데, 2019년 그 시기

57 Grace, K., J. Salvatier, A. Dafoe, B. Zhang, and O. Evans(2018), "When Will AI Exceed Human Performance? Evidence from AI Experts," arXiv:1705.08807v3(cs.AI)

58 Azulay, D.(2019), "When Will We Reach the Singularity? - A Timeline Consensus from AI Researchers," *Emerj*, https://emerj.com/ai-future-outlook/when-will-we-reach-the-singularity-a-timeline-consensus-from-ai-researchers/

를 2030년으로 앞당겼다.[59] 또한 AI 연구 개발의 선구적 역할을 해 온 MIT AI연구실(MIT AI Lab) 소장을 역임한 패트릭 윈스턴(Patrick Winston) MIT 교수는 2040년, 스위스의 AI 연구소 IDSIA 소장이자 AI 기업 네상스(NNAISENSE)의 공동창업자이며 "AI의 아버지"로 불리는 유르겐 슈미트후버(Jürgen Schumidhuber)는 2050년 이전에 특이점이 발생할 것으로 예견하고 있다.[60]

요약하자면, AGI 실현시기에 대한 이 분야 관련 전문가들과 석학들의 대체적인 예측은 AGI가 2030년부터 2060년 사이에 출현할 것이며, 2060년 전후 특이점에도 도달한다는 것이다.

이렇게 대부분의 전문가들이 AGI의 출현을 거의 불가피할 것으로 보는 이유는 무엇일까? 사람의 지능은 지금도 기계의 능력과 합쳐지지 않으면 거의 고정되어 있다. 머스크의 뉴럴링크가 사람의 지능과 기계의 능력을 합치려는 시도를 하고 있으나, 이 새로운 사람인 트랜스휴먼(trans-human)의 등장은 아직 매우 요원한 상태이다.[61]

---

59 Galeon, D.(2020), "Separating Science Fact From Science Hype: How Far off Is the Singularity?" *Futurism*, https://futurism.com/separating-science-fact-science-hype-how-far-off-singularity; Roseneberg, L.(2018), "New Hope for Humans in an A.I. World," *TEDx Talks*(vod).

60 Creighton, J.(2020), "The "Father of Artificial Intelligence" Says Singularity Is 30 Years Away: All Evidence Points to the Fact That the Singularity Is Coming (regardless of which futurist you believe)," *Futurism*. https://futurism.com/father-artificial-intelligence-singularity-decades-away.

61 '과학 기술을 사용해서 사람의 정신적, 육체적 능력을 향상시킬 수 있다'는 아이디어

이에 비해 기계지능(machine intelligence)은 알고리즘, 컴퓨터의 처리능력(processing power) 그리고 메모리에 따라 결정된다. 컴퓨터의 처리능력과 메모리는 지금까지 무어의 법칙이 작동하여 지수적 성장(exponential growth)을 하고 있다. 알고리즘도 지금까지 메모리와 처리능력을 효과적으로 사용하는 데 성공적인 수준으로 진보해 왔다. 이렇게 사람의 지능은 사실상 고정된 상태인데 기계지능은 비약적인 성장을 지속할 경우, 기계지능의 향상에 어떤 심각한 한계가 발생하지 않는 한, 기계가 사람을 추월하는 것은 단지 시간의 문제라고 생각하는 것은 지극히 합리적일 수 있다. 더구나 지금까지 기계지능의 향상을 제약하는 어떤 한계도 나타나지 않았다. 기계지능의 성장 특성을 나타내는 지수적 성장은 컴퓨터가 지금 당장은 걸음마도 못하는 아이 같아 보여도, 조만간 아주 영리하면서도 매우 빠르게 달리거나 날아가는 존재로 변화할 수 있음을 의미한다.

예컨대, 사람 두뇌의 '초당 계산(cacl/sec: calculation per second)'으로 측정한 역량(capacity)은 액체 온스(fluid ounces)로 측정한 미국 미시건호(Lake Michigan)의 용적과 거의 같은 것으로 알려져 있다. 그런데 만일 컴퓨터의 계산역량이 매 18개월마다 2배가 되는 경우, 아주 오랫동안 그 계산역량은 거의 눈으로 볼 수 있을 정도의 향상이 없다가

를 통틀어서 '트랜스휴머니즘(trans-humanism)'이라 한다. 트랜스휴먼은 현생 인류인 호모 사피엔스를 근본적으로 넘어서서 현재 사람의 기준으로 더 이상 사람이라고 부르기 어려운 '포스트휴먼(post-human)'이 되어가는 과정에 있는 존재를 의미한다.

어느 시점에 갑자기 최대역량에 도달하는 일이 벌어질 것이다. 즉, 컴퓨터의 계산능력이 처음 생긴 시기를 1940년 컴퓨터가 출현한 시점으로 보고 이 당시의 초당 계산능력을 1 cacl/sec이라 하면, 이 계산능력이 미시건호 밑바닥에 물이 고인 것을 사람이 처음으로 볼 수 있을 정도까지 향상되는 기간은 그로부터 72년이 걸린다. 이게 2012년인데, 이 시기의 컴퓨터 계산역량은 5.63×10^{14} cacl/sec이다. 그러나 이로부터 불과 13년이 지난 2025년이면 컴퓨터의 계산역량은 사람 두뇌의 최대 역량인 2.88×10^{17} cacl/sec에 도달한다. 전혀 보이지 않던 상태는 72년을 지속한 반면, 눈에 그 존재가 보이기 시작한 후에는 불과 13년 만에 사람 역량의 최대치에 도달하는 것이다. 이는 결국 현재의 인공지능이 다양한 한계와 문제점들에 직면하여 있고 미성숙 상태에 있을지라도, 일단 여러 부문에서 사람을 능가하는 역량을 보이기 시작한 후에는 사람 수준의 AGI나 이를 능가하는 수준의 초지능으로 예상하기 어려운 속도로 진보할 것이라는 추론이 합리적임을 의미하는 것이기도 하다.

또한 전통적인 컴퓨터가 가진 계산능력의 지수적 성장에 대한 근거로 주장되어 온 무어의 법칙이 향후 10년간 상당한 한계에 도달할 것이라는 데 전문가들이 동의하고 있으나, 차세대 컴퓨팅을 담당할 '양자컴퓨팅(quantum computing)'이 빠르게 이 한계를 극복하는 게임 체인저로 등장할 것으로 예상되고 있다. 전통적인 컴퓨터가 한 시점에 한 상태만 계산할 수 있는 데 반해, 양자 컴퓨터는 동시에 여러 상태들(different states)을 평가하는 방식으로 계산을 한다. 그러므로 이런 양자컴퓨팅의 우월한 특성이 신경망을 훈련하는 데 효율적으로 사용될 수 있고, 이를 기반으로 하는 다양한 상업적으로 응용되는 AI 아키텍처들에 널리 이용될 것이므로, 결국 안정적인 양자컴퓨터에서 가동되는 AI 알고리즘들이 특이점을 실현하는 데로 나아갈 것으로 전문가들은 예상하고 있다.

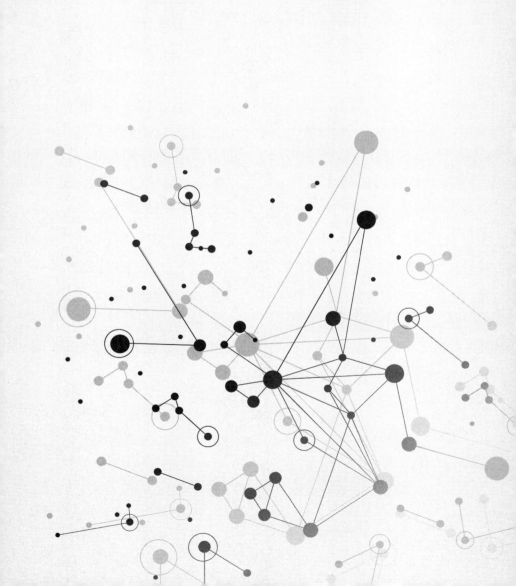

제4장

인공지능은 일자리와 경제에
어떤 영향을 미칠까?

사람의 삶은 물질적인 니즈(needs)를 충족시키기 위한 경제활동에 의해서 본질적으로 좌우된다. 한 사람의 행복과 불행은 자신의 니즈를 충족시킬 만한 물적토대를 구축하는 것이 가능한가 여부에 크게 좌우된다. 그러므로 사람들은 어떻게 물적토대의 구축을 위해서 필요한 자원을 확보할것인가에 관심을 집중한다. 이러니 사람들에게 '어떻게 돈을 벌 수 있는지?'가 당연히 가장 중요한 관심사이다. 사람들이 소득을 얻기 위해서 하는 활동이 '일'이며, 일을 할 수 있는 자리(position)가 '일자리(job or occupation)'이다. 그래서 사람들은 자신이 하는 '일과 일자리가 있느냐?', '그 일과 일자리가 무엇이냐?', 그리고 '기술혁신, 재해, 질병, 사고, 전쟁 등 다양한 환경변화가 자신의 일과 일자리에 어떤 영향을 미칠 것이냐?'에 대해서 지대한 관심을 가지고 산다.

지금까지 우리는 인공지능의 발전사와 기술 그리고 향후 AGI가 출현할 가능성에 대해서 알아봤다. 그렇다면 인공지능의 이러한 발전이 우리의 삶에 어떤 영향을 미칠 것인가? 이게 우리가 주목하게 되는 핵심 질문이 된다.

　사람의 삶은 물질적인 니즈(needs)를 충족시키기 위한 경제활동에 의해서 본질적으로 좌우된다. 한 사람의 행복과 불행은 자신의 니즈를 충족시킬 만한 물적토대를 구축하는 것이 가능한가 여부에 크게 좌우된다. 그러므로 사람들은 어떻게 물적토대의 구축을 위해서 필요한 자원을 확보할것인가에 관심을 집중한다. 이러니 사람들에게 '어떻게 돈을 벌 수 있는지?'가 당연히 가장 중요한 관심사이다. 사람들이 소득을 얻기 위해서 하는 활동이 '일'이며, 일을 할 수 있는 자리(position)가 '일자리(job or occupation)'이다. 그래서 사람들은 자신이 하는 '일과 일자리가 있느냐?', '그 일과 일자리가 무엇이냐?', 그리고 '기술혁신, 재해, 질병, 사고, 전쟁 등 다양한 환경변화가 자신의 일과 일자리에 어떤 영향을 미칠 것이냐?'에 대해서 지대한 관심을 가지고 산다.

앞에서의 설명으로 볼 때, 인공지능의 발전은 지금까지 어떤 기계나 신기술이 발명된 것과는 다른 차원의 격변을 초래할 수도 있음을 알 수 있다. 당연히 이런 인공지능의 비약적인 발전과 진화가 우리의 삶에서 핵심적인 이해관계가 걸려 있는 일과 일자리, 그리고 생산성과 경제성장에 미치는 영향을 파악하는 것은 우리의 삶과 미래를 결정할 핵심 정보이므로 모든 사람들의 관심을 끌 수밖에 없다. 그러므로 여기서는 이런 우리의 초미의 관심사들에 대한 전문가들의 식견과 분석 그리고 예견들을 광범위하게 정리해서 우리가 이런 전환점에서 어떤 방향으로 움직여 나갈지를 결정하는 데 도움이 되게 하려 한다.

1. 인공지능의 삶에의 침투 정도

먼저 살펴볼 것은 우리의 삶에 실질적으로 인공지능이 어느 정도나 스며들어 있는지에 관해서이다. 인공지능 기술진보에 대해서는 이미 앞에서 상세하게 설명하였으므로 여기서는 1996년부터 2016년 사이 인공지능과 다른 여러 첨단기술들(예컨대, 로봇, 센서, 이 기술들의 연결기술들)의 확산(deployment)에 초점을 맞추어서 설명하고자 한다.

체계적인 기술통계는 아닐지라도 확산의 정도와 속도를 가늠할 수 있는 다양한 일화들(anecdotal evidences)을 살펴보자. 우선, AI 관련 학계의 논문들이 1996년 이래 20년 동안 9배 증가했는데, 이는 같은 기간 동안 컴퓨터 사이언스 분야 논문들이 6배 증가한 것에 비해서도 월등하게 높은 증가이다. 또한 스탠퍼드, UC 버클리, 일리노이, 조지아텍 등 대학교들에서의 AI와 ML 과목 등록학생 수도 1996년 이후 최고 11배까지 증가했다. 더구나 AI가 필수적으로 요구되는 일자리의 비중도 2013년에 비해서 2016년에는 5배가 증가했고, 이 추세가 캐나다와 영국에서는 더 빠르며, 특히 ML과 딥러닝 기술 보유자에 대한 수요가 매우 높았다.[1]

기존 기업, 벤처캐피털과 스타트업의 AI-관련 투자도 모두 증가했다. 2016년 기존기업들의 전 세계 AI-관련 프로젝트 투자가 180-270억 달러에 달했고, 인수(acquisition) 형태의 추가 AI-관련 투자도 있었다.[2] 2007년부터 2016년까지 GAFA(Google, Amazon, Facebook, Apple)가 인공지능과 AI-관련 혁신 스타트업 수백 개를 인수했고,[3] MGI(2017)는 이 기업들을 포함한 기존 기업들의 2016년 AI-관련 M&A 투자만 20

---

1 AI Index(2017.11), https://aiindex.org/2017-report.pdf.

2 MGI(McKinsey Global Institute, 2017), "A Future That Works: Automation, Employment, and Productivity," https://www.mckinsey.com/~/media/McKinsey/Global%20Themes/Digital%20Disruption/Harnessing%20automation%20for%20a%20future%20that%20works/MGI-A-future-that-works_Fullreport.ashx.

3 The Capitol Forum(2017.1.20), "Tech Platforms Weekly: A Closer Look at Amazon's Conduct in the Book Market; More Claims of Search Bias; Facebook, Apple, and Net Neutrality Updates; The Myspace Myth," http://thecapitolforum.cmail2.com/t/ViewEmail/j/91CFEB1924D56C52/45A74A929A973E10E663AB054A538FBA.

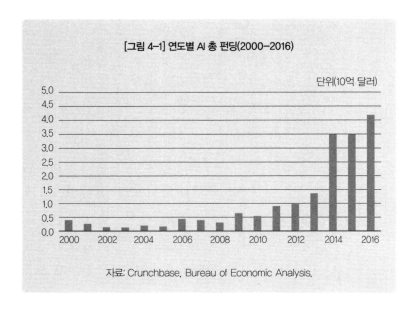

[그림 4-1] 연도별 AI 총 펀딩(2000-2016)

단위(10억 달러)

자료: Crunchbase, Bureau of Economic Analysis.

억-30억 달러에 달할 것으로 추산했다. 벤처캐피털들의 펀딩(funding) 도 2012년부터 증가하기 시작해서 2014년 이후 가파른 상승세를 보였다[그림 4-1].[4] 또한 MGI(2017)는 2013년부터 2016년까지 벤처캐피털들의 AI-스타트업 투자만 40%까지 증가한 것으로 추산했는데 이는 앞의 추세를 확인하는 증거로 볼 수 있다.

특히 로봇의 도입은 최근 급격히 가속화되었다. 국제로봇연맹(IFR:

4   Himel S., and R. Seamans(2017), "Artificial Intelligence, Incentives to Innovate, and Competition Policy," *Antitrust Chronicle*, 1(3), https://www. competitionpolicyinternational.com/wp-content/upload/2017/12/CPI-Himel-Seamans.pdf.

International Federation of Robotics)의 국가별, 산업별 로봇 출하(shipment) 통계는 2004년부터 2009년 사이 로봇 출하량은 6만-11만 단위 정도로 거의 일정하게 유지되었는데, 2010년부터 2016년 사이에 급격하게 증가해서 2016년에는 40만 단위 이상이 출하되었음을 보여주고 있다. 이에 따르면 같은 기간 로봇 출하량이 전 세계적으로는 약 150%, 미국에서는 100% 증가되었다.

이렇게 빠르게 로봇 출하량이 증가한 이유는 로봇가격이 대폭 떨어지고, 로봇의 기능성과 편의성이 빠르게 향상되고, 이용을 위한 인터페이스가 편리해진 데다, 로봇통합업체(RI: Robot Integrators)[5]들이 많아지고, 로봇 사용에 필요한 노동자들의 숙련도도 향상되었기 때문이다. 미국의 경우 로봇가격은 1990년부터 2005년 사이에 50-80% 하락한 것으로 추정되고 있으며,[6] RI 들의 수는 고용, 판매에서 로봇 공급자들을 2:1로 앞설 만큼 크게 늘어났다.[7] RI에 대한 인증서를 발급하는 로봇산업협회(RIA: Robot Industry Association)에 따르면 RIA의 회원가입 수가 지난 10년간 300% 이상 증가한 것으로 나타났다.[8]

미국의 경우 이렇게 빠르게 증가한 로봇이 어디에 배치되었는

---

5 제조업자들을 위한 로봇 자동화 솔루션을 설계하고 구축하는 데 전문성을 가진 기업들

6 Greatz, G. and G. Michaels(2015), "Robots at Work," *CES Discussion Paper*, 1335.

7 Green Leigh N. and B. Kraft(2017), "Emerging Robotic Regions in the United States: Insights for Regional Economic Evolution," *Regional Studies*, 1-13.

8 Furman J. and R. Seamans(2018), "AI and the Economy," *NBER WP*, 24689.

지를 산업별로 구분해 보면 2016년 출하량의 거의 절반이 자동차산업에 배치된 것으로 나타났다. 그런데 이러한 추세는 지난 20여년간 거의 일정하였다. 자동차산업의 로봇 총수는 미국 전체 로봇 수의 약 39%에 달하는 것으로 추정되었다.[9] 2016년에 자동차산업으로의 로봇 출하는 2004년 수준보다 거의 90% 이상 증가했다. 미국에서두 번째로 로봇 배치가 큰 산업은 소비자가전(consumer electronics)산업인데 2016년 전체 로봇 출하량의 20%가 이 산업에 배치되었다. 이산업은 로봇배치가 가장 빠르게 증가하는 산업이며 이 산업으로의2016년 출하량은 2004년 수준보다 거의 400% 증가했다.

2016년 미국 대통령 경제자문회의(CEA: Council of Economic Advisors)가작성한 '*2016 대통령경제보고서*(*The 2016 Economic Report of the President*)'는 2012년 노동자 1만 명당 로봇 대수가 자동차산업의 경우 1,091개인 반면, 다른 산업들의 평균은 1만 명당 76개인 것으로 보고했다.[10] 또한 이 보고서는 비교 대상인 일본의 자동차산업은 2012년 노동자1만 명당 로봇 수가 1,563개, 독일은 1,133개로 나타나 로봇 사용에서미국 자동차산업이 상당히 뒤처지는 것을 보여주었다. 이 보고서는AI와 로봇 기술 채택의 급격한 증가추세가 미국 특허상표국(USPTO:

9　Acemoglu D. and P. Restrepo(2017), "Robots and Jobs: Evidence from US Labor Markets," *NBER WP*, 23585.

10　Council of Economic Advisors(CEA, 2016), *The 2016 Economic Report of the President*, White House, USA.

US Patent and Trademark Office)이 부여한 로봇산업 특허건수와 전체 특허에서 차지하는 비중이 2010년 이래 극적으로 증가한 것으로도 나타남을 보여주고 있다. 이에 따르면 특허신청서 '요약(abstract)'에 "인공지능"이란 용어가 들어간 특허 신청건수가 2002-2015 평균 신청건수 대비 2016-2017년에는 거의 두 배가 된 것으로 나타났다.

지금까지 설명한 사례들을 토대로 생각해 보면 인공지능을 비롯한 첨단기술들의 도입과 자동화의 가속화 그리고 이에 따른 기업, 가계, 산업에의 영향이 가속적으로 증폭되고 있음을 짐작할 수 있다. 그렇다면 이런 자동화 또는 인공지능 또는 로봇 기술 채택의 가속은 우리의 삶에 어떤 영향을 미치고 있을까?

2. 인공지능이 일과 일자리에 미치는 영향

사람들이 지금 하고 있는 대부분의 일(work, task)과 일자리(job, occupation)의 양태가 보편화되기 시작한 것은 산업혁명으로부터 이다. 산업혁명 이전 사람들은 주로 농업 등 1차산업에 종사하고 있었고, 기계의 사용은 아주 제한적이었다. 이 상황이 증기기관의 발명으로 시작된 '산업 1.0'에 의해서 산업 노동자와 사무직 노동자들을 근간으로 한 일과 일자리의 대변혁으로 이어졌다. 이 시기에 생산에서 사람들을 돕는 기계들이 개발되기 시작해서 생산역량과 생산성의

혁혁한 증가를 이끌어냈다.[11]

20세기 초에는 전기의 발명으로 '산업 2.0'이 시작되었다. 전기의 사용은 기계의 작동을 위한 동력에 대한 접근성을 보다 편리하게 해서, 이동이 보다 자유로운 기계를 디자인하고 만들어 궁극적으로 자동조립라인(assembly line)을 통한 '대량생산'이 보편적인 생산양식이 되게 했다.[12] 그러나 여전히 효율성, 생산성 그리고 품질 향상을 위해서 사람이 기계들을 프로그램하고 제어하는 주체였다. 물론 이 시기부터 일정한 범위에서 기술이 사람이 하는 일의 일부를 대체하기 시작했다.

20세기 중반 컴퓨터가 발명되고, 20세기 말부터 인터넷을 포함한 ICT 기술의 혁신이 이루어져서, 이에 기반한 '산업 3.0'이 그 이후 50여년간 지속되었다. '산업 3.0'은 생산함수에 극적인 변화를 초래했는데, 일자리에 필요한 노동과 기술의 구조가 근본적으로 변화하였다. 이에 따라 기존 일자리들이 많이 사라졌지만, 더 많은 새로운 일

---

11 '산업 1.0'의 생산성 향상 효과에 대한 구체적 실증분석은 Crafts, N.(2004), "Steam as a General Purpose Technology: A Growth Accounting Perspective," *The Economic Journal*, 114, 338-351.을 참조하라.

12 전기화(electrification)의 제조업 생산성에 관한 효과에 대해서는 Rosenberg, N.(1983), "The Effects of Energy Supply Characteristics on Technology and Economic Growth," *Energy, Productivity, and Economic Growth*, (ed. by Schurr, Sonenblum, and Wood), Oelgeschlager, Gunn, and Hain, Cambridge, MA USA; Schurr, S.(1983), "Energy Efficiency and Economic Efficiency," *Energy, Productivity, and Economic Growth*, (ed. by Schurr, Sonenblum, and Wood), Oelgeschlager, Gunn, and Hain, Cambridge, MA USA를 참조하라.

과 일자리들이 창출되었다. 이 시기에 컴퓨터 하드웨어와 소프트웨어들은 더욱더 자동화되고 강력해졌다. 그렇지만 이 시기에도 여전히 소프트웨어는 사람이 설계하고, 프로그램하고, 제어하고, 응용하였다. 즉, 기계가 사람의 일을 상당히 많이 대신하기 시작했으나, 여전히 사람이 일하는 데 사용하는 도구(tools)였다. 이 기술들 또한 생산성과 경제성장에 큰 긍정적인 영향을 미쳤다.[13]

과연 지금까지 세 차례에 걸친 산업혁명은 오늘날 우리가 직면한 인공지능을 필두로 한 4차 산업혁명에서 발생할 경제적, 사회적 변화의 예측에 유효한 경험이 될 것인가? 결론부터 말하자면 '그렇지 못할 가능성이 높다'는 것이다. 이렇게 생각하는 이유는 이미 앞 장들에서 살펴본 것처럼 현재 진행되고 있는 인공지능 중심 기술혁신이 생산활동뿐만 아니라 사회생활에서도 사람과 기계의 역할을 근본적으로 변화시킬 가능성이 있기 때문이다. 인공지능 기술은 기계에 '지능'을 부여함으로써, 과거와는 달리 지금까지는 기계가 대신할

---

13 Brynjolfsson, E., D. Rock and C. Syverson(2017), "Artificial Intelligence and Modern Productivity Paradox: A Clash of Expectations and Statistics," *NBER WP*, 24001. 이외에도 IT의 광범위한 생산성 향상 효과를 상세하게 분석한 연구들로는 Oliner, S., D. Sichel and K. Stiroh(2007) "Explaining a Productive Decade," *Brookings Papers on Economic Activity*, 1, 81-137; Jorgenson, D., M. Ho and K. Stiroh(2008), "A Retrospective Look at the U.S. Productivity Growth Resurgence," *Journal of Economic Perspectives*, 22(1), 3-24가 있다. 또한 Bloom, N., R. Sadun and J. Van Reenen(2012), "Americans Do I.T. Better: US Multinationals and the Productivity Miracle," *American Economic Review*, 102(1), 167-201은 미국과 영국 기업들의 생산성 차이의 일부가 IT 경영 우위에 의해서 설명된다는 걸 보여주고 있다.

수 없었던 의사결정과 선택을 포함한 사람의 정신 또는 두뇌가 하는 일을 기계가 더 잘할 수 있는 데까지 발전하고 있다. 궁극적으로는 인공지능이 사람의 지능과 동일하거나 이를 능가하는 AGI나 초지능으로 발전할 것이라는 데 이의를 제기하는 전문가들이 지금은 거의 없다. 전문가들은 지금이 증기기관에 의해서 시작되었던 '산업 1.0'이 초래한 아주 근본적인 전환(shift)의 초기단계와 유사한 상태여서, 이 혁신과 혁명이 최종적으로 어떤 모습일지 예측하는 것이 사실상 불가능하다고 이야기하고 있다.[14]

그럴지라도 현 단계에서 예측가능한 영역에서 경제분석을 통해 향후 다가올 인공지능이 우리의 일과 일자리에 초래할 영향과 그 파급효과들을 파악하는 것이 중요하다. 왜냐하면 보다 신속하고 정확하게 파급효과를 파악할 수 있으면, 많은 부분에서 부작용을 줄이면서 그 긍정적인 편익을 극대화하는 것이 가능할 것이기 때문이다. 이런 생각에 기반해서 많은 분석기관들과 경제학자들이 인공지능 기술을 포함한 최근의 기술진보가 일과 일자리에 초래할 파급효과들에 대한 전망과 예상들을 상당히 많이 발표하여 왔다.

이것들을 상세히 설명하기 전에 우리가 여기서 먼저 확실히 해야 할 것은 경제학의 인공지능에 대한 정의가 이미 앞 장들에서 논의한 인공지능에 대한 정의와 차이가 있다는 점이다. 경제학자들

---

14 Brynjolfsson, E. and A. McAFee(2014), *The Second Machine Age: Work, Progress, and Prosperity in a Time of Brilliant Technologies*, Norton & Company, NY USA.

은 경제분석 모델들에서 인공지능을 '자동화(automation)', '디지털화(digitalization)', '컴퓨터화(computerization)', '로보틱스(robotics)'와 동일시하는 경향이 있다.[15] 이는 한편으로는 '경제분석 모델들에 인공지능을 어떻게 반영할 것인가?' 하는 것과 관련되어 있고, 다른 한편으로는 실증적 경제분석이 통계적 데이터에 입각해서 이루어지는 데 따

---

15 경제분석 모델들에서 사용하는 인공지능의 정의는, Nordhaus(2015), Sachs et al.(2015), Acemoglu and Restropo(2017)를 시발점으로 해서 보편적으로 이런 관점을 가지고 있다. [Nordhaus, W. (2015), "Are We Approaching an Economic Singularity? Information Technology and the Future of Economic Growth," *NBER WP*, 21547; Sachs, J., S. Benzell and G. LaGarda(2015), "Robots: Curse or Blessing? A Basic Framework," *NBER WP*, 21091.] 물론 더 나아가서 노동의 보완재[Bessen(2018)]로 또는 제3의 생산요소로 인공지능 기술을 고려하기도 하고[DeCanio(2016)], 소비 의 사결정 에이전트로 고려한 모델[Kavuri and McKibbin(2017)]도 나와 있다[Bessen, J.(2018), "AI and Jobs: the Role of Demand," *NBER WP*, 24235; DeCanio, S.(2016), "Robots and Humans - Complements or Substitutes?" *Journal of Macroeconomics*, 49, 280-291; Kavuri, A. and W. McKibbin(2017), "Technology and Leisure: Macroeconomic Implications," *CAMA Working Paper*, 43.]. 이에 비해서 공학자들은 인공지능을 자동화나 로봇 이상의 어떤 것으로 본다. 그래서 공학자들은 인공지능을 '성공적으로 수행하기 위해서는 사람의 지능이 반드시 요구되는 일을 컴퓨터가 수행할 수 있게 하는, 상호작용하며(interactive), 자율적이고(autonomous), 스스로 학습할 수 있는(self-learning) 에이전트로 정의한다.[Taddeo, M. and L. Floridi(2018), "How Can AI Be a Force for Good: An Ethical Framework Will Help Harness the Potential of AI While Keeping Humans in Control," *Science*, 361, 751-752.] 그들은 자동화는 '사람의 최소한 보조(assistance)로 수행되는 과정이나 절차(process or procedure)'로 보며[Groover, M.(2014), *Fundamentals of Modern Manufacturing: Materials, Processes, and Systems*, 4th Ed, John Wiley & Sons, Hoboken, NJ USA.], 로봇은 '일 또는 일련의 작업들을 하도록 프로그램된 기계'로, 인공지능이 필요없는 경우가 많고, 사람이 지도하거나(supervise), 유지하는 기계'로 본다.[Lu, Y. and Y. Zhou(2019), "A Short Review on Economics of Artificial Intelligence," *CMA Working Paper*, 54, 2-3.]

른 불가피성에 기인한 것으로 보인다. 그러므로 경제분석에서의 인공지능에 대한 지금까지의 정의는 대개 기술 또는 기술혁신의 파급효과 또는 충격에 대한 경제분석과 같은 맥락을 가지고 있다. 물론 여기에 정리된 경제분석들도 이런 정의에 입각한 것들이다.

경제학의 인공지능 영향 분석은 크게 두 가지로 대별된다. 하나는 맥킨지(MGI: 맥킨지글로벌연구소), 액센츄어(Accenture), 보스턴 컨설팅(BCG: Boston Consulting Group) 등 세계적인 컨설팅 회사들의 분석과 예측으로, 인공지능 발전이 우리의 생활수준과 경제성장을 획기적으로 향상시킬 잠재력을 가지고 있고, 고용에도 긍정적인 영향을 줄 것이라고 주장한다. 그러므로 이 분석들은 이 기술의 발전을 산업, 기업, 투자자, 소비자가 '축복'으로 생각하고 적극적으로 수용해야만 그 혜택과 편익을 보다 많이 누릴 수 있다고 주장한다.[16] 다른 하나는 주로 학계의 경제학자들이 하는 분석으로 인공지능의 발전이 세상과 사람들의 삶에 긍정적인 영향을 줄 수 있으나, 사람의 일과 일자리에 대한 파괴와 전환(destruction and change)으로, 일과 삶에서 불확실성이 증폭되고, 이에 따라 극심한 소득 불평등이 발생하는 등 부정적인 영향이 심각할 가능성에 대비해야 한다고 경고한다.

먼저 인공지능 발전이 일과 일자리에 미치는 긍정적인 영향을 미

---

16 MGI(2018), "Note from the AI Frontier: Modeling the Impact of AI on the World Economy," *Discussion Paper: MGI*(2017); Accenture(2016), "How AI Boosts Industry Profits and Innovation," *Accenture AI Research*, Accenture; BCG(2015), "Industry 4.0: The Future of Productivity and Growth in Manufacturing Industries," BCG.

칠 것이라는 주장을 살펴보자. 향후 10년 동안 미국경제에서 자동화 또는 인공지능의 일과 일자리에 대한 영향을 분석한 MGI 보고서들은 일자리 감소와 창출 요인들을 추출한 다음, 이에 따른 일자리의 증감을 조망했다.[17]

우선 일자리를 감소시킬 요인들을 알아보자. 첫째는 '자동화'로 사람이 하는 '일(work)' 또는 업무(task)가 대체될 가능성이다. 앞으로 10년 동안 미국경제를 '일자리(job)'가 아니라 '일(업무)'로 분석하면, 전체 일의 50% 정도를 자동화할 수 있는 것으로 나타났다. 그런데 일과 일자리(직업)를 연계시켜 보면, 그 일자리를 구성하는 업무의 90%를 대체할 수 있는 일자리들은 10%뿐이고, 다른 60%의 일자리는 그 업무 중 1/3 정도만 대체할 수 있는 것으로 나타났다. 여기서 자동화 비율 1/3은 노동력을 전적으로 기계가 대체하는 게 아니라 보완하는 것에 가까워서, 일자리가 감소하기보다는 일자리 전환(job change)[18]이 대규모로 발생할 것으로 나타났다. 그러나 과거 3명이 하던 일이 2명이 할 수 있는 일로 축소된다면 일자리 감소가 불가피할 수도 있다.

---

17 여기 소개되는 내용은 MGI(2018, 2017)에 입각하고 있다. 보다 자세한 분석내용을 알고자 하는 독자들은 이 보고서들을 참조하기 바란다. MGI의 보고서들을 중심으로 정리한 이유는 이 보고서들이 가장 최근의 업데이트된 정보들을 포함하고 있기 때문이다.

18 '일자리 전환'이란 기존 일자리의 일(업무)들이 자동화됨에 따라서, 해당 일자리의 업무가 재조직 또는 통폐합되어 일자리는 존치되나 업무의 구성이 바뀌는 상태를 의미한다. 이 경우 노동자들은 새 일자리에서 일을 하기 위해서 재훈련이나 재교육이 불가피할 수 있다.

다만 자동화로 인한 일의 통폐합 과정에서 업무의 세분화가 수익성에 도움이 되면, 기업은 업무 수를 늘릴 것이므로 일자리가 감소하지 않을 수도 있다. 그러나 이 경우 이 일자리들에 임금하락 압력이 나타날 수 있다.

둘째, 혁신기술의 개발·배치비용이 일자리 감소가 어느 산업이나 부문에 집중될지를 결정하는 요인이 될 것이다. 개발비용은 신기술이나 신제품이 소비자들의 합리적 소비에 부합해서 기업의 이윤 극대화에 기여할 수 있는 경우에만 개발되게 만든다. 예컨대, 전기차는 100년도 더 전에 개발되었으나, 출시는 몇 년 전에야 이루어졌는데, 이는 구매·충전비용이 합리적 소비와 부합하기 시작한 게 최근이었기 때문이다. 같은 맥락에서 인공지능 기술 관련 직업들을 살펴보면, 회계사 업무(일)는 대부분 데이터 수집과 분석이므로 인지적 작업에 속해서 자동화가 쉽고, 정원사 업무는 비구조화된 환경 – 각각의 환경에 적합한 기계와 기구의 사용이 필수적 – 에 예상치 못한 장애와 변수가 있어서 자동화가 어렵다. 당연히 개발비용 측면에서 보면 정원사 업무보다 회계사 업무가 자동화 가능성이 높다. 다른 하나는 배치비용이다. 인지적 업무의 대체는 소프트웨어나 컴퓨팅 플랫폼을 사용하므로 한계비용이 "0"에 가까워 배치비용이 거의 없다. 반면 물리적 작업의 대체는 기계를 새로 만들어서 배치해야 하므로 한계비용 절감이 어렵다. 즉, 배치비용 측면에서도 회계사 업무가 자동화될 가능성이 높다. 이 기준을 따르면 회계사가 정원사보다 일자리 감소 확률이 상대적으로 훨씬 높다는 것을 알 수 있다.

셋째, 노동수요 측면에서 상대적으로 고임금인 일자리 또는 직업군이 자동화의 표적이 될 가능성이 높다. 2017년 기준 미국의 시간당 임금은 회계사 30달러, 정원사 8달러이다. 기업이 자동화로 절약할 수 있는 임금이 정원사보다 회계사가 3.5배 이상 높으므로, 회계사 업무 자동화 인센티브가 훨씬 더 높다. 그러나 현실에서 일자리와 임금 간 관계는 이보다 상당히 복잡하다. 일반적으로 인공지능 기술은 고급·중급·저급 기술 여부와 상관없이 데이터 수집과 분석, 고도로 모듈화된 환경에서 물리적 업무들에 대한 자동화 가능성을 높인다. 이에 반해 의사결정, 사람 관리, 예기치 못한 일이 발생하는 모듈화되지 않은 업무는 자동화 가능성이 낮다. 결국 이러한 특성은 자동화 여부가 임금수준이 아니라 업무형태에 따라 결정되고, 일자리 감소가 사람들의 기술수준에 따라서만 결정되지 않을 것임을 의미하기도 한다.

넷째, 자동화가 삶의 질, 효율성, 안전성 등에서 사람의 능력으로는 실현할 수 없는 더 나은 성과나 결과를 가져오게 되면, 기계가 사람의 일을 대체하는 것은 불가피하게 된다. 예컨대, 사람보다 훨씬 안전하게, 실수를 덜하면서 운전할 수 있는 자율주행차가 나오고, 24시간 내내 피로를 느끼지 않으면서 의사보다 훨씬 정교하게 실수없이 수술을 할 수 있는 로봇이 나오면, 자동차 운전과 수술에서 사람의 업무를 인공지능과 로봇이 대신하는 것은 불가피하게 된다. 이렇게 기계를 통한 자동화가 사람의 한계를 넘어서는 경우, 그 사업은 반드시 사업화되어 사람의 노동을 대체할 수밖에 없다.

다섯째, 혁신기술의 사회적인 수용가능성이 일자리 감소에 영향을 미친다. 한 사회의 특정한 기술이나 제도에 대한 수용가능성은 그 사회가 가진 사회적 상황과 그에 따른 맥락(context)에 의해서 달라진다. 예컨대, 비행기는 비행시간의 7%만 조종사가 조종하나, 조종실이 분리되어 있어 승객들이 조종 여부를 확인할 수 없으므로, 조종시간 비율을 1%로 줄여도 아무런 문제도 나타나지 않는다. 그러나 자율주행차는 운전석에 아무도 없는 것을 탑승자가 직접 보기때문에 이를 받아들이는 데 문제가 발생할 수 있다. MIT에서 행한 사회적 수용가능성에 관한 연구는 연령, 사회적 상황, 국가에 따라 사회적 수용가능성에 차이가 있다는 것을 발견했다.[19] 예컨대, 진단결과 통보를 '의사가 하느냐, 컴퓨터가 하느냐'에 따라 차이가 났고, 일본사람들은 다른 나라 사람들보다 기계에 대한 수용가능성이 높았다. 이는 결국 한 사회의 특정 기술에 대한 수용가능성이 기술의 도입 여부와 속도에 영향을 미쳐서 일자리 증감에 파급효과를 가질 것임을 시사한다.

이러한 요인들을 고려한 시뮬레이션 결과 현재의 자동화 추세가 지속되면, 2030년까지 세계적으로 약 4억 개 일자리가 사라질 것으로 예상되고 있다. 이 숫자는 2017년 현재 전 세계 노동력의 15%에 해당한다. 이와 같은 지금의 기술혁명에 따른 일자리 감소는 노동시장 역학구조상 개발도상국보다 선진국에서 더 클 것으로 예상되었

---

19 마틴 포드(2019), "제임스 매니카(James Manyika) 인터뷰," *AI 마인드*, 터닝포인트, 147.

다. 특히 이 추정은 "현재 입증된 기술"에 대한 정의를 전제했으므로, 기술변화가 빠를수록 이 정의가 급격히 변해서, 방금 설명한 시나리오보다 더 급격하고 광범위한 일자리 감소도 배제할 수 없다.

다음으로 일자리를 만들 것으로 예상되는 요인들을 살펴보자. 첫째, 지속적으로 세계인구가 많아지고 현재의 번영이 지속되어 이에 따른 수요의 증가가 일자리를 창출할 가능성이다. 앞으로 20년 동안 세계는 과거보다 더 많은 인구가 번영을 구가함에 따라, 보다 많은 사람들이 보다 많은 소비를 하게 될 것으로 예측되고 있다. 2017년 세계 인구 73억 명 중 시간당 임금이 32달러 이상인 사람이 8억 명, 8달러 이상인 사람이 20억 명이고, 8달러 미만인 임금을 받는 사람들은 45억 명이다. 2040년이 되면 전 세계 인구는 90억 명이 될 것으로 예상되고 있다. 그런데 이 시기가 되면 시간당 임금이 32달러 이상인 사람의 수는 17억 명으로 2017년의 2배를 넘어서고, 8달러 이상인 사람 수도 42억명으로 역시 2배를 훨씬 넘어서며, 8달러 미만인 사람 수는 31억 명으로 축소될 것으로 예상되고 있다. 인구가 20여 년 동안 거의 20억 명 가깝게 늘어나는데, 시간당 임금이 8달러 미만인 사람들의 수는 지금의 2/3 수준으로 줄어드는 반면, 8달러 이상이나 32달러 이상인 사람들의 수는 2배를 훨씬 상회하는 수준으로 증가할 전망이다.[20] 이러한 인구증가와 소득수준 향상 추세는 일자리와 직업

---

20 한스 로슬링(Hans Roslin, 2019)외, 팩트풀니스(Factfulness), 김영사. 이 통계는 책의 맨 마지막 표지 내면의 〈지역별·소득별 인구분포〉라는 표제 하에 알기 쉬운 그래프들

의 증가로 이어질 특정 업무(work)의 신규수요를 창출할 것이다. 그러나 이로 인한 고임금 일자리의 증가 여부는 불확실하다.

둘째, 세계적인 당면과제인 기후변화에 대응하고 인공지능 기술을 포함한 기술혁신에 적응하기 위해서 기존 인프라를 대체하는 수요가 또 다른 중요한 일자리 창출 요인이 될 수 있다. 기후변화는 현재 전 세계가 직면한 가장 큰 도전이다. 이에 대응하기 위한 투자와 에너지 및 자원 관련 혁신, 제도 및 물적 인프라의 획기적 변화는 지금과는 전혀 다른 업무나 일자리들을 창출할 가능성이 매우 높다. 또한 인공지능 기술을 포함한 4차 산업혁명의 광범위하고도 신속한 진행으로 기존 시스템 인프라들을 이에 대응하여 변화를 수용할 수 있는 인프라들로 교체하는 것도 불가피한 상황이므로, 이 또한 지금까지 존재하지 않던 직업과 일자리들을 다양하게 많이 만들어낼 수 있는 가능성을 포함하고 있다.

셋째, 이런 변화로 인해서 이전에는 없던 직업과 일자리들이 더 많이 나타나는 것도 일자리를 창출하는 중요한 요인이 될 것이다. 예컨대, 가상공간으로 시장거래가 확대되면서 배달 서비스의 다양화와 확대가 이루어지고, 이에 따라서 새로운 일자리가 대대적으로 늘어난 것이나, 과거에는 취미나 오락들로 간주되던 프로게이머, 유튜버 등이 직업이 된 것 등을 지금도 볼 수 있다. 노동 통계에서 "기타"

로 나와 있다.

로 분류되는 일자리 범주에 이런 '예전에 없던 일자리들'이 반영되고, 이 직업군이 앞에서의 여러 큰 변화요인들로 인해서 빠르게 증가할 것으로 예상된다. 미국의 경우 지난 10년간 최소 8-9%의 직업들이 과거에 없던 직업들이었다. 이 추세가 현재의 다양한 4차 산업혁명 관련 기술혁신들로 더욱 확대될 가능성이 높다.

넷째, 기하급수적 경제성장(progressive growth) 가능성이 또 다른 요인이다. 이미 우리가 과거의 산업혁명들에서 경험했던 것처럼 4차 산업혁명도 인류에 기하급수적 경제성장의 결실을 맺게 할 것으로 예상된다. 현재 진행되고 있는 인공지능 발전의 초·중반기까지는 인공지능의 활용과 적응을 위한 투자의 획기적 확대로 인해서 노동수요가 크게 증가할 가능성이 있다. 이 단계를 넘어서면 이 선투자(upfront investment)가 발생시키는 지수적 성장(exponential growth)으로 인해서 소득수준의 획기적 도약과 이에 따른 소비수요의 대대적인 확대가 발생할 수 있다. 당연히 이에 부응하기 위한 상품과 서비스의 생산을 위해서 노동수요가 증가할 것이다.

이 과정에서 일자리 전환과 기술적 불일치(technological disparity)도 일자리 증감에 영향을 미칠 것이다. 그러나 100년 이상 노동력 구성에서 고정적으로 큰 비중을 차지해 온 계산원(casher), 트럭운전사, 간호사, 교사, 의사, 사무원 등 전통적인 직업군들은 향후 20년간 일자리가 일부 감소할 수는 있어도 급격하게 감소할 것으로 보이지 않는다. 왜냐하면 앞의 회계사와 정원사 비교 사례처럼 여러 감소요인들 - 업무의 모듈화 정도, 상대임금, 개발·배치비용 등 - 의 관점에서 볼 때, 이 직업군들에서는 자동화 채택의 이점이 상당히 작아서 일자리의 전환은 이루어져도 일자리의 급격한 감소로 이어질 가능성은 낮을 것으로 예상된다.

둘째, 일자리의 업무들이 변화할 경우, 일자리 전환자들은 기술적 불일치의 해소를 위해서 기존보다 고급기술이나 저급기술에 적응해야 하는 도전과 임금의 하방압력(downward pressure)에 직면하게 될 것이다. 이는 자동화가 진전될수록 노동자들이 지속적인 재교육 위험에 직면하며, 탈숙련화된(deskilling) 일자리(직업)로 인해서 임금하락 압력에 더 크게 노출되고, 직업간 임금체계의 불확실성이 증폭될 수 있음을 의미한다. 예컨대, 고임금 직업인 회계사나 모듈화된 환경의 물리적 작업 등은 자동화에 따라서 임금이 급격히 하락하고, 보육 등 저임금 직업들이 증가하면서 임금체계가 사회적으로 중요한 이슈가 될 수 있다. 다만 기계의 노동에 대한 대체가능성은 60% 직업에서 1/3에 해당하는 일에 국한될 것이므로 이 효과가 예상보다 제한적일 수도 있다.

자동화가 미치는 또 다른 영향은 '자동화가 노동에 보완재가 될 것이냐 아니면 대체재가 될 것이냐'에 의해서 결정될 것이다. 노동에 보완적일 경우 임금에 주는 영향은 다양한 양상으로 나타날 수도 있다. 고숙련 노동자의 일을 기계가 보다 잘 보완하면 높은 부가가치가 창출될 것이므로, 생산성도 증가하고 임금도 오르게 될 것이다. 그러나 업무의 30%만 대체하더라도, 기계가 거의 모든 부가가치를 생산할 경우, 남은 업무는 전문성이 낮은 일들이 될 것이므로, 해당 일자리는 전문직에서 범용 일용직으로 변화할 것이다. 이 경우 전환된 일자리가 유지되더라도 그 임금은 대단히 낮아질 수 있다. 이런 일들은 이미 런던의 택시회사들이 GPS시스템을 도입했을 때, 콜센터에서 스크립트를 매뉴얼화해서 모듈화했을 때, 판매 후 서비스(after-sales service)를 고객응대와 기술서비스 작업으로 나누고 이를 각각 모듈화했을 때, 택시운전사, 콜센터 및 서비스 직원들에게 즉각 나타났다. 이는 일자리가 유지되더라도 일자리가 전환되어 높은 임금을 받을 수 있는 일자리들이 감소할 것임을 시사한다.

위의 모든 내용들을 고려한 MGI의 분석 결과는 앞으로 20여 년 동안 자동화 또는 인공지능으로 인한 일자리 감소가 극단적인 방식으로 진행되지만 않는다면, 미국의 경우 노동자는 누구나 일자리를 가질 수 있을 것이지만, 일과 일자리의 구성은 상당히 바뀔 것으로 예상했다.[MGI(2017)] 특히 디지털 또는 인지(digital or cognitive) 기술을 보유한 노동자들과 자동화가 어려운 전문성을 가진 노동자들의 수요는 증가하고 임금이 상승할 것으로 전망되는데, 2030년까지 이들의 총 노동력에서 차지하는 비중이 현재의 40% 내외에서 50% 이상으로 높아질 것으로 봤다. 이에 반해서 반복작업(repetitive works) 노동자들의 일자리 수요는 줄고 임금은 감소할 것으로 전망되었다. 2030년에는 반복작업 비중이 현재의 40%에서 30%로 낮아지고, 총임금 수입에서 그 임금수입이 차지하는 비중은 33%에서 20%로 더 크게 떨어질 것으로 예상되었다.[MGI(2018)]

반면 경제학자들의 인공지능에 대한 이론적·실증적 분석들은 지난 수십 년간 이어져온 경제성장론의 '정형화된 사실들(stylized facts)'에 대한 관심에 입각해서 진행되어 왔다. 정형화된 사실 가운데 하나는 '자동화가 노동을 대체해서 일자리를 감소시킬 것이라는 예상과 달리, 지난 20여 년간 일자리가 증가되었다'는 것이고, 다른 하나는 남성 노동력의 경제활동참가율(labor force participation rate)이 지속적인 감소추세를 보이고 있다'는 점이다. 미국 대통령 경제자문회의(CEA)가 발간한 *2016 대통령경제보고서*는 1950년대 98%에 달했던 이 참가율이 2016년에는 89%로 하락했다고 발표했다. 이 경제활동참가율 감소는 고졸 이하 노동자들에게 집중되었는데, 이는 기술변화에 대응하기 위한 신기술 습득에 곤란을 겪거나 전직(일자리 전환)에 어려움을 겪는 계층이 바로 이 계층이라는 것을 의미한다. 실제로 미국에서는 노동시장에서의 이동(transition)과 지리적 이동성(mobility)이 장기적으로 감소하는 추세인 것으로 밝혀져 이런 추론에 힘을 더하고 있다.[21] 특히 경제학자들이 염려하는 가능성은 인공지능의 채택이 너무나 빠르게 진행되어서 인구의 매우 큰 구성부분이 일을 할 수 없는 기간이 길어지는 것이다.[22] 이런 대규모 인구의 장기간 실업 상태는 사실상 심각한 사회적 갈등과 이해세력간, 국가간 충돌을 발생

---

21 Molloy, R., C. Smith, and A. Wozniak(2014), "Declining Migration within the US: the Role of the Labor Market," *NBER WP*, 20065.

22 Goolsbee, A.(2017), "Public Policy in an AI Economy," *The Economics of Artificial Intelligence: An Agenda*, (Agrawal, Gans and Goldfarb eds.), University of Chicago Press, Chicago, IL USA, 309-316.

시킬 위험을 크게 높일 수 있기 때문이다.

이제 경제학자들의 연구결과들을 이론적인 분석부터 살펴보기로 하자. 2015년 제프리 삭스(Jeffrey Sachs)를 비롯한 경제학자들은 자동화나 로봇이 노동을 대체할 때, 저축률이 충분히 낮으면, 로봇의 생산성이 증가하고, 전통 기술과 인공지능 기술로 생산되는 제품들간 대체가능성이 높을수록, 젊은 노동자들과 미래 세대가 타격을 입을 것으로 예상했다.[23] 기술의 노동 대체 수준이 높아질수록 노동수요가 지속적으로 감소할 것이므로, 같은 세대 내에서는 기성 세대보다 새로 일자리를 가져야 하는 젊은 세대의 일과 일자리가 점점 더 축소되고, 세대간에는 현 세대보다 미래 세대가 일과 일자리에서 타격을 크게 입는 것을 의미한다. 이러한 연구결과는 자동화가 결국 일자리를 증가시켰다는 정형화된 사실과는 차이가 나는 결과라 할 수 있다. 다만 이 결과는 기술혁신이 새로운 일자리를 창출하는 점을 고려하지 않았기에 나타난 것으로 볼 수 있다.

2016년에는 에모스와 올슨(Hémos and Olsen, 2016)이 노동을 저숙련(low-skill)과 고숙련(high-skill) 노동으로 구분한 분석에서[24] 경제성장 초기단계에는 값싼 저숙련 노동력이 존재해서 인공지능의 사용이나 자동화 인센티브가 없으나, 경제성장에 따라 점차 임금이 상승하면

---

23 Sachs, J., S. Benzell and G. LaGarda(2015).

24 Hémos, D. and M. Olsen(2016), "The Rise of the Machines: Automation, Horizontal Innovation and Income Inequality," *IESE Business School WP*, WP-1110-E.

인공지능의 채택이나 자동화가 진전되어 저숙련 노동의 임금과 분배비중(share) 감소 현상이 발생한다는 것을 보였다. 장기적으로는 저숙련 노동의 임금도 상승하지만 그 상승 폭은 고숙련 노동보다 아주 낮은 수준으로 귀결된다는 것도 밝혔다. 또한 중숙련(middle-skill) 노동을 분류에 포함하면, 저숙련 노동의 임금상승은 어려워지는 것으로 나타났다. 이 결과는 사실상 저숙련 일과 일자리가 사라지게 되며, 설사 저숙련 일과 일자리가 남아있더라도 그 임금이 아주 낮은 수준에서 고착될 가능성을 시사한다.

2017년 에이서모글루와 레스트로포(Acemoglu and Restrepo, 2017)는 노동과 자본이 완전대체재가 되는 기술들에 의해서 자동화되는 일(업무, task)들이 있고, 그 대체 정도가 노동과 자본의 상대가격에 의해서 결정되며, 생산성이 증가할 때 노동이 비교우위를 가지는 새로운 일들이 만들어질 수 있을 경우, 노동에 대한 자본의 상대가격(r/w)이 상당히 낮으면, 장기적으로 '인공지능 세상(AI world)'으로 나아갈 것임을 예측하고 있다. 이 균형은 인공지능이 저숙련 노동자들을 거의 퇴출시키는(squeeze out) 반면, 고숙련 노동자들에게 유리한 새로운 일들을 창출하기 때문에 안정적이다. 결국 이는 장기적으로 인공지능 세상과 인공지능을 부분 사용하는 세상 모두에서 저숙련 일과 일자리가 거의 사라지고 그 임금은 낮아질 것을 의미한다. 반면 새로운 고숙련 일과 일자리들이 창출되고 이 일자리들의 임금은 더욱 높아져서 임금격차는 더욱 확대될 것을 시사하고 있다.

한편 경제학자들의 실증분석은 인공지능을 로봇 또는 자동화의

일환으로 보고 행해졌다. 그라츠와 마이클스(Graetz and Michaels, 2015)
는 1993년부터 2007년에 걸친 17개국 산업 패널데이터로 산업용 로
봇의 경제적 영향에 대한 평가를 처음으로 시도했다. 결과는 '로봇들
에 저숙련 또는 중숙련 노동자들이 영향을 받을 수도 있다'는 일부
증거들이 존재하나, 전체 고용에 대한 영향은 의미 있는 크기로 나타
나지 않는다는 것이었다. 이는 자동화가 적어도 2010년 이전까지 선
진국의 전체 일자리에 미치는 영향이 중립적이었음을 시사하고 앞
의 연구들과 달리 자동화가 국민경제 전체의 일자리를 증가시키는
경향이 있다는 것을 확인시켜 주었다.

또한 2017년 다우트를 비롯한 학자들의 연구(Dauth et al. 2017)는 독
일이 미국보다 더 많은 로봇을 사용함에도 총고용에서 제조업 고용
이 차지하는 비중이 미국(2014년 기준 9%)보다 월등히 높고(2014년
기준 25%), 1990년대 이래 제조업 고용이 미국보다 덜 극적으로(less
dramatically) 감소했음을 보여줬다.[25] 특히 그들은 독일에서 산업용 로
봇을 하나 더 사용하면 제조업 일자리 2개가 사라지는 반면, 서비스
산업에서 제조업의 일자리 감소를 능가하는 새 일자리들이 생겨서
전체적으로는 일자리가 증가한 것을 보였다. 이는 결국 로봇의 사용
이 제조업의 일과 일자리를 대체하지만, 대량 일자리 감소의 핵심 원
인이 아닐 수 있으며, 국민경제 전체의 전반적인 일자리 감소 요인으

---

25 Dauth, W., S. Findeisen, J. Südekum, and N. Wößner (2017), "German Robots -The Impact of Industrial Robots on Workers," *IAB discussion paper.*

로 작용하는 것이 아님을 의미한다. 이는 '생산성 향상의 이익은 개별산업에서는 일자리를 감소시키나, 국민경제 차원에서는 일자리를 증가시킨다'는 '정형화된 사실(stylized fact)'과 일치하는 결과이다.

같은 맥락의 실증적 연구결과로는 오터와 살로몬스(Autor and Salomons, 2017)의 연구가 있다. 이 연구는 부문별(sectoral) 고용은 생산성이 증가하면 줄어드는 경향을 보이지만, 일반적으로 국가 전체의 고용은 총생산성(aggregate productivity)이 증가하면 늘어나는 경향이 있음을 보였다.[26] 또한 오터를 비롯한 연구자들(Autor et al., 2017) 은 '수퍼스타 기업(superstar firm) 모델'을 사용해서 GDP에서 노동분배비중(labor share)이 하락하는 이유를 설명하였다.[27] 이에 따르면 지배적인 수퍼스타 기업들이 세계화로 '승자독식적(winner-takes-all)' 혜택을 보고, 기술변화가 이 기업들의 산업 내 비중을 더욱 크게 만들어 산업집중을 강화하는 경향을 보인다는 것이다. 그리고 경제 내 수퍼스타 기업들이 존재하는 산업들의 비중이 증가할수록 인공지능 등 노동을 대체하는 자동화 기술들이 더 많이 사용되어, 전통적인 저숙련, 중숙련 일자리들이 더 큰 비율로 사라지게 되고, 이에 따라서 이 일자리들에 대한 노동분배비중이 더욱 감소한다는 것이다. 그런데 기술변화

---

26 Autor, D. and A. Salomons(2017), "Robocalypse Now-Does Productivity Growth Threaten Employment?" *MIT Working Paper*.

27 Autor, D., D. Dorn, L. Katz, C. Patterson and J. Reenen(2017), "The Fall of the Labor Share and the Rise of Superstar Firms," *NBER WP*, 23396.

로 인한 노동분배비중의 감소는 1970년대 이래 지속적으로 확인되어 온 경제현상으로 새로운 일이 아니지만,[28] 이 연구는 이 경향이 인공지능을 포함한 자동화로 인해서 증폭될 수 있음을 시사하고 있다.

컴퓨터화의 일자리 대체에 관한 연구의 권위자들이라 할 수 있는 프레이와 오스본(Frey and Osborne, 2017)은 어떤 기존 일자리들이 인공지능에 의해서 더 많이 대체될 것인가에 초점을 맞춘 분석했다. 이 분석을 통해서 전문가 패널이 직업들(occupations)의 자동화 민감도 평가지수를 만들어 평가한 결과, 미국 고용의 47%가 자동화로 대체될 위험이 있고, 특히 자동화가 서비스 직업군의 고용비중을 실질적으로 감소시킬 것이라고 예상했다.[29] 이는 '자동화 또는 인공지능 기술 발달이 실업을 초래한다'는 과거 연구 결과들의 연장선상에 있다.[30]

그러나 OECD의 안츠 등 연구자들(Arntz et al., 2016)은 개인별 데이터를 토대로 한 분석에서 모든 OECD 국가에서 일자리의 9%만이 자

---

28 이 연구 이전 1970년대 이래 노동분배비중 감소에 관한 주요 연구들로는 Karabarbounis, L. and B. Neiman(2014), "The Global Decline of the Labor Share," *Quarterly Journal of Economics*, 129(1), 61-103; Elsby, M., B. Hobjin and A. Sahin(2013), "The Decline of the U.S. Labor Share," *Brookings Papers on Economic Activity*, 1-42가 있다. 상세한 설명은 이 연구들을 참조하라.

29 Frey C. and M. Osborne(2017), "The Future of Employment: How Susceptible Are Jobs to Computerization?" *Technological Forecasting and Social Change*, 114, 254-280.

30 대표적으로 Ford, M.(2015), *The Rise of the Robots*, Basic Books, NY USA; Ford, M(2009), *The Lights in the Tunnel: Automation, Accelerating Technology and the Economy of the Future*, CreateSpace Independent Publishing Platform, CA USA; Brynjolfsson and McAfee(2014)가 있다.

동화 위험이 큰 것으로 밝히고 있다.[31] 이 연구 결과는 MGI(2017)가 미국의 경우 약 60%에 해당하는 일자리(직업)들에서 1/3의 업무(일)만 자동화될 것이고 기업들의 자동화 채택이 반드시 노동 대체 동기에 의한 것이 아니라는 점을 보여준 것과 일맥상통한다.[32] 또한 이 연구는 고졸 이하 학력자 일자리가 대학 이상 학력자 일자리보다 훨씬 더 큰 자동화 위험에 처할 것임을 밝히고 있다. 예컨대, 대체위험도가 중졸 이하는 44%, 고졸 19%, 상고졸 8%, 전문대졸 6%, 대졸 1%, 대학원졸은 0%로 예상하고 있다. 그런데 이는 미국의 *2016 대통령경제보고서*가 자동화 확률이 시간당 20달러 이하 일자리들은 83%, 시간당 40달러 이상 일자리들은 4%에 불과할 것이라고 한 예측과 정도의 차이는 있지만 그 방향에서 일맥상통한다.

에이서모글루와 레스트로포(2017)는 그라츠와 마이클스(2015)가 사용한 데이터로 산업용 로봇의 고용과 임금에 관한 효과를 실증분석해서, 로봇 사용이 증가할수록 고용과 임금이 감소하고, 로봇이 발전하지 않았던 1970년대부터 1990년까지 고용과 임금 추세가 1990년대 로봇 등장 이후의 추세와 관계가 없다는 것을 밝혔다.[33] 이는 로

---

31 Arntz, M., T. Gregory and U. Zierahn(2016) "The Risk of Automation for Jobs in OECD Countries: A Comparative Analysis," *OECD Social, Employment and Migration Working Papers*, 189.

32 이 연구에서 응답자들 중 1/5만이 AI 채택을 노동 대체를 통한 임금절감을 위해서라고 했고, 다른 4/5는 자본 효율성 개선이나 기존제품의 성능향상을 위해서라고 했다.

33 Acemoglu, D. and P. Restrepo(2017).

봇이 노동을 대체하는 효과가 있음을 입증한 것이다. 특히 이들은 지역노동시장(local labor market)에서 로봇 사용이 통근지역(commuting zones) 내 일자리 감소와 임금하락에 큰 영향을 미치는 것을 보였는데, 1,000명당 로봇 하나 추가 시, 인구당 고용비율이 0.18-0.34% 포인트 감소하고, 임금은 0.25-0.5% 포인트 하락했다.

타이어스와 저우(Tyers and Zhou, 2017)는 미국 데이터로 저숙련 노동을 대체하는 기술변화가 인구와 숙련도 구성 변화, 저숙련 임금의 하방경직성과 함께 작용해서 엄청나게 높은(extraordinarily high) 수준으로 실업을 증가시킬 잠재력을 가질 것으로 보았다.[34] 이 실업가능성을 해소하려면 1990년대 이래 증가 속도의 2배 이상 되는 생산성 증가가 필요할 것으로 예상되는데, 그러한 성장이 인공지능 기술 채택으로 가능하지 않을 것으로 봤다. 또한 이들(Zhou and Tyers, 2017)은 중국 데이터로 기술혁신과 물리적 자본스톡 증가가 보편적으로 생산성을 증가시키나, 이 효과가 구조적 변화(structural change)와 편향적 기술변화(biased technical change)로 상쇄됨을 밝혔다.[35] 특히 편향적 기술변화의 영향이 지배적이어서 향후 인공지능을 포함한 신기술이 이를 강화하면 경제의 총체적인 성과조차 노동자 대체(worker

---

34 Tyers R. and Y. Zhou(2017), "Automation and Inequality with Taxes and Transfers," *CAMA Working Papers*, 2017-16.

35 Zhou, Y. and R. Tyers(2017), "Automation and Inequality in China," *CAMA Working Papers*, 2017-59.

displacement)로 손상되었다. 이는 중국의 실업률을 20-55% 사이 어떤 지점으로 상승시키고, 저숙련 노동의 임금을 떨어뜨릴 것으로 예상되었다. 이 연구들은 공통적으로 선진국인 미국이나 개발도상국인 중국 모두 인공지능 기술에 의한 저숙련 노동 대체로 심각한 실업이 발생할 가능성이 있음을 시사했다.

아기온, 베르고, 브룬델과 그리피스(Aghion, Bergeaud, Brundell and Griffith, 2017)는 영국의 고용주-노동자 데이터로 혁신성과 평균 임금 소득과의 관계를 연구해서, 저숙련 노동자들이 R&D 집약적인 기업에서 일하는 것이 그렇지 않은 기업에서 일하는 것보다 더 유리하다는 결과를 도출했다.[36] 이는 보다 혁신적인 기업일수록 고숙련 직업(high occupation) 노동자들이 난이도 높은 업무에 확실하게 집중할 수 있도록, 우수한(high ability) 저숙련 직업(low occupation) 노동자들의 잔여업무에 대한 확실한 처리가 중요하기 때문에 발생하였다. 즉, 인공지능 사용이 저숙련 노동자들과 고숙련 노동자들 사이의 보완관계를 강화시켜서, 저숙련 노동자들의 협상력을 강화시킴으로써 나타나는 현상인 것이다. 그러므로 결국 이런 기업들에서 일하는 저숙련 노동자들이 보다 높은 임금을 받을 수 있게 된다.

브린졸프슨, 미첼과 록(Brynjolfsson, Mitchell and Rock, 2018)은 대부

---

36 Aghion, P., A. Bergeaud, R. Blundell and R. Griffith(2019), "The Innovation Premium to Soft Skills in Low-Skilled Occupations," *CEP Discussion Paper 1665*, Center for Economic Performance, London School of Economics and Political Science(LSE).

분의 직업들에 기계학습이 자동화할 수 있는 업무들이 있고, 그 직업들 가운데 아주 일부만이 완전 자동화가 가능할 것이라고 예견했다.[37] 이는 일자리가 사라지기보다는 업무의 내용이 달라져서, 일자리의 재설계와 노동자들의 재훈련, 재교육이 중요하게 될 것임을 시사한다. 또한 인공지능 도입으로 기업의 중간관리(middle-range monitoring) 업무가 사라져, 기업구조가 보다 수평적이고(flatter) 분권적인(decentralized) 양태로 전환될 것이며,[38] 혁신과정의 조직화에도 영향을 미칠 것으로 예견되고 있다.[39] 이는 결국 계층구조(hierarchical structure)를 가진 전통적인 기업조직의 와해를 의미해서 지금까지 존재하던 중간관리 사무직 일자리들이 저숙련 직업화해서 일자리의 양극화가 심화될 것임을 시사한다.

지금까지 설명한 경제학자들의 이론적·실증적 분석들이 밝혀낸 자동화 또는 인공지능 기술도입이 우리의 일과 일자리에 미치는 영향은 크게 여섯 가지로 요약할 수 있다.

---

37 Brynjolfsson. E., T. Mitchell and D. Rock(2018), "What Can Machines Learn and What Does It Mean for Occupations and the Economy?" Papers and Proceedings, *American Economic Review*, 108: 43-47.

38 Bloom, N., L. Garicano, R. Sadun and J. Van Reenen(2014), "The Distinct Effects of Information Technology and Communication Technology on Firm Organization," *Management Science*, 60(12), 2859-2885.

39 Cockburn, I., R. Henderson, and S. Stern(2017), "The Impact of Artificial Intelligence on Innovation," *The Economics of Artificial Intelligence: An Agenda*, (Agrawal, Gans and Goldfarb eds.), University of Chicago Press, Chicago, IL USA, 115-146.

우선 자동화의 진전이나 인공지능 기술 도입과 집약도 강화가 특정 산업들의 일과 일자리의 감소를 초래하나, 생산성 증가에 따른 다른 부문(특히 서비스 부문) 일자리 창출로 이 감소수준을 상쇄하거나 능가해서, 전체 국민경제의 일과 일자리가 줄어들지 않는 상황을 만들어내고 있다. 이는 지금까지의 기술혁신이나 산업혁명이 일과 일자리에 미치는 영향과 관련된 '정형화된 사실'과 상당 부분 일치하는 결과로 적어도 향후 십 내지 이십 년간 인공지능 기술이 주도하는 4차 산업혁명은 변화하는 사회·경제환경과 상호작용해서 정도의 차이는 있을지 모르나 사라지는 일자리 수보다 더 많은 일자리들을 창출할 것임을 시사하고 있다.

둘째, 자동화의 진전 또는 인공지능 기술의 채택으로 사람의 일과 일자리가 대체될 가능성이 높고, 특히 저숙련이나 모듈화된 일과 일자리가 대폭 감소하게 될 것이라는 점이다. 기존 저임금, 저학력자 일자리일수록 자동화에 의한 대체 가능성이 큰 것으로 나타났고, 이 경향은 선진국이나 개발도상국을 불문하고 보편적일 것으로 예상되고 있다. 특히 선진국들에서는 이 기술 변화가 인구 및 노동 숙련도의 구성 변화, 저숙련 임금의 하방경직성과 함께 같은 방향으로 충격을 가하면 더 많은 저숙련 일자리의 감소가 발생할 가능성이 높음을 시사하고 있다.

셋째, 저숙련 노동자들의 많은 일자리들이 신기술 도입이나 자동화로 완전히 사라지기보다는 대부분 그 업무의 내용이 변환되어 존속하는 '일자리 전환'이 변화의 중심이 될 것이라는 점이다. 따라서 노동자들이 새로운 업무적응을 위한 기술습득을 위해서 재교육과 재훈련에 반복적으로 직면하는 위험이 발생할 가능성이 높고, 이는 기술습득을 위한 재교육과 재훈련 적응이 어려운 장노년층의 구직과 취업에 심각한 문제를 발생시킬 것으로 보인다. 그리고 자동화에 의한 업무의 대체가 부가가치를 창출하는 핵심업무에서 이루어지면, 전환된 일자리들은 일용직 일자리들로 변화해서 임금의 심각한 하방압력에 직면하게 될 것이다. 따라서 이 또한 소득 양극화와 노동분배비중의 하락으로 이어질 잠재성이 크다.

넷째, 자동화가 보다 진전된 또는 인공지능-집약적(AI-intensive) 기업들일수록, 더 높은 임금에 고숙련 노동자들을 더 많이 고용할 것이며, 보다 많은 저숙련 노동자들의 일을 외주하게 될 것이라는 점이다. 그리고 이런 기업들에서 직접 고용한 저숙련 노동자들은 저·고숙련 노동자 간 보완관계 강화로 그 협상력이 증가함으로써 보다 높은 임금을 받게 될 것으로 예상되고 있다. 이는 저숙련 직업에 종사하는 노동자들의 전문성 차이에 대한 더욱 정밀한 선별과정이 기업의 수익성에 직접적인 영향을 미치고 이 과정의 최적운영을 위한 전략적 경쟁이 기업간 경쟁의 핵심이 될 수 있음을 의미한다.

다섯째, 저숙련과 고숙련 노동 사이의 임금격차가 더욱 커져서 소득 양극화가 더욱 확대될 것이고, 아울러 GDP에서 차지하는 노동분배비중도 줄어들 것이라는 점이다. 그런데 소득의 양극화와 노동분배비중의 감소추세는 최근 인공지능 기술을 포함한 첨단기술의 도입으로 새로 나타난 현상이 아니라 자동화가 강화되면서 지속되어 온 추세이다.[40] 다만 이러한 추세가 더욱 강화되는 현상이 나타나서 궁극적으로 대부분의 사람들이 프롤레타리아로 전락하는 현상으로 현재의 기술 변화가 소득분배를 악화시키게 될 것인가가 핵심 관심사이다.

여섯째, 향후 발생할 자동화는 주로 사람의 근육을 대체하는 것이 아니라 사람의 두뇌를 대체하는 역할을 할 가능성이 높으므로, 기존 서비스산업의 일자리들이 대량 대체의 위험에 직면하게 될 것이라는 점이다. 이는 노동을 수요하는 기업의 입장에서 자동화 투자를 통한 대체로 보다 높은 비용절감이 가능해지기 때문이다. 이에 따라 상대적으로 지금까지 고임금 일자리에 속했던 회계, 법률, 의료 등 산업에서 일자리 또는 일의 대체가 대대적으로 진행될 가능성을 배제할 수 없는 상황이 초래될 수 있다.

3. 인공지능이 생산성과 경제성장에 미치는 영향

많은 전문가들은 인공지능과 로봇, 센서 등 다른 첨단기술들이 궁극

---

40 미국, 중국, 일본, 독일 등 경제대국들의 총산출량(aggregate output) 중 노동분배비중이 감소하고 있는 추세에 대한 자세한 논의는 Karabarbounis, L. and B. Neiman(2014)의 [그림 2]를 참조하라.

적으로 생산성 증가를 이끌어낼 많은 후속 혁신을 창출할 '범용기술 (GPT: general purpose technology)'이라고 믿고 있다.[41] 인공지능 도입의 긍정적 효과에 대한 기대는 컨설팅 기업들과 그 연구기관들의 전망에서 보다 보편적이다. BCG(2015)는 독일에서 인공지능에 기반한 '산업 4.0(Industry 4.0)'이 2015년부터 10년간 6%의 고용 증가를 이룩할 것이라고 했고, 액센츄어(Accenture, 2016)도 12개 선진국 경제에서 자동화(인공지능)가 2035년까지 40%까지 (노동)생산성을 향상시킬 잠재력을 가지고 있다고 전망하였다. MGI(2018)은 2030년까지 다섯 가지 유형(category)의 인공지능 기술들[42] 가운데 적어도 한 가지 이상을 채택하는 기업들이 70%에 달하고, 대기업 가운데 절반 이상이 다섯 가지 유형 모두를 채택할 수 있다고 예상했다. 이렇게 될 경우 인공지능 기술 채택에 따른 명시적, 암묵적 비용 전부를 제외하고서도 13조 달러(trillion dollars)의 부가가치가 신규로 창출되고, 전 세계 GDP가 매년 1.2% 포인트 더 성장하게 될 것으로 추정했다. 이는 인공지능 기술을 먼저 채택한 선발국가는 2030년까지 현재에 비해서 20-25%의 추가적인 경제적 편익을 획득할 수 있고, 선발기업들은 수익을 2배로 확대할 수 있음을 의미한다. 그런데 이런 생산성 향상과 경제성

---

41 Cockburn, I., R. Henderson and S. Stern(2017).

42 컴퓨터 비전(computer vision), 자연어 처리(natural language processing), 인공지능 비서(virtual assistant), 로봇에 의한 공정 자동화(robotic process automation), 첨단 기계 학습(advanced machine learning)

장에 대한 기여가 앞으로 5년 이내에 비해 2030년에는 세 배 이상 높아지는 기하급수적 성장이 발생할 것으로 전망하고 있다.

그런데 이러한 전망들은 경제학의 '솔로우의 역설(Solow paradox)' 이라고 부르는 기술진보와 관련된 생산성의 역설이 지속된 현상과는 상당한 괴리를 가지고 있다. 솔로우의 역설은 1987년 MIT의 노벨 경제학상 수상자 로버트 솔로우(Robert Solow) 교수가 1970-1980년대 정보기술의 급속한 발전이 이루어졌음에도, 이 기간에 미국의 생산성 증가율이나 생산성은 감소하는 현상이 발생했음을 지적한 것이다.[43] 예컨대, 퍼맨(Furman, 2017)은 36-37개 선진국들에서 1996-2006 기간 연평균 경제성장률이 2.7%였는데 2006-2016 기간에는 1.0%로 대폭 감소했음을 실증적으로 보였다.[44]

지난 2010년대는 '일반적으로 일자리 증가는 기대를 훨씬 넘어선 반면, GDP 성장은 기대에 훨씬 못 미쳤다'는 것이 경제성장론의 '정형화된 사실(stylized facts)'의 하나이다. 이는 자동화가 노동을 상당히 크게 대체할 것이라는 예상과 정반대 현상이 발생하고 솔로우의 역

---

43 "You can see the computer age everywhere but in the productivity statistics." Solow, R.(1987.7.12), "We'd Better Watch Out," *The New York Times Book Review*, 36.

44 Furman, J.(2017), "Is This Time Different? The Opportunities and Challenges of Artificial Intelligence," *Remarks at AI Now: The Social and Economic Implications of Artificial Intelligence Technologies in the Near Term*, NYU, https://obamawhitehouse.archives.gov/sites/default/files/page/files/20160707_cea_ai_furman.Pdf.

설은 지속되었음을 시사한다. 로버트 고든(Gordon, 2014)은 설사 컴퓨팅 파워가 지수적으로 향상되는 무어의 법칙(Moore's Law)이 현실화되었을지라도, 그와 유사한 생산성 향상은 지금까지 볼 수 없었고, 인공지능 기술을 필두로 한 향후 기술혁신도 산업 2.0의 전기에 필적할 만한 경제성장이나 생산성 향상을 가져올 수는 없을 것이라고 예견했다.[45] 블룸을 비롯한 연구자들(Bloom et al., 2017)도 점점 더 많은 영역에서 아이디어들을 발견하기 어려워져서 추가적인 생산성 향상에 더 많은 요소투입이 요구됨으로 해서 향후 획기적 생산성 향상이 어려운 상황이 추세화 될 것으로 예상했다.[46]

그러나 이러한 현실과 믿음의 괴리에 대해서 인공지능 발달의 영향을 아주 초창기부터 연구해 온 브린졸프슨 교수와 그 동료 연구자들은 2017년 현재의 생산성 증가율 감소는 주로 인공지능(자동화)에 대한 선투자(upfront investments)에 따른 시차(time lag)때문이므로, 솔로우의 역설은 착시 현상이라고 주장하고 있다.[47] 이들은 이렇게 주장하는 이유로 역사상 신기술이 10년 이상 생산성 증가를 가속(acceleration)시키기 전에, 25년에 걸친 느린 생산성 증가가 선행되었

---

45 Gordon, R.(2014), "The Demise of US Economic Growth: Restatement, Rebuttal, and Reflections," *NBER WP*, 19895.

46 Bloom, N., C. Jones, J. Van Reenen and M. Webb(2017), "Are Ideas Getting Harder to Find?" *NBER WP*, 23782.

47 Brynjolfsson, E., D. Rock and C. Syverson(2017).

다는 것을 들고 있다. 예컨대, 전기와 이에 따른 신기술의 발명과 확산은 1890년부터 1940년까지 50년이 걸렸고, ICT 기술도 성과가 현실화되는 데 1970년부터 2016년까지 46년의 시간이 필요했다는 것이다. 그러므로 인공지능 기술 채택으로 인한 가속적인 생산성 증가와 지수적 경제성장도 이들과 유사한 궤적을 따라서 가까운 미래에 가시화될 것이라는 것이다.

경제학자들은 '인공지능이 초래할 생산성 증가가 지난 수십 년간의 생산성 하락 추세에 어떤 영향을 줄 것인가?'와 '이 영향이 경제성장과 소득분배에 어떤 파급효과를 초래할 것인가?'에 연구를 집중하여 왔다. 이는 바로 전에 살펴본 것처럼 일과 일자리는 줄어드는 데 인공지능 기술의 진보가 임금과 소득 격차를 강화하는 반면, 획기적인 생산성과 성장에의 기여가 없다면, 결국 이러한 기술혁신이 사람들의 삶과 복지에 오히려 심각한 문제점을 노정할 것이라는 판단에 근거하고 있다.

노벨 경제학상 수상자인 노드하우스(Nordhaus, 2015) 교수는 신기술 또는 인공지능 기술에 의한 가속 경제성장(accelerating economic growth)이 가능할지를 검토했다.[48] 그는 경제의 수요와 공급 측면에서의 대체탄력성(elasticity of substitution)을 요인별로 점검해서 현재까지의 진전 상태로 볼 때 향후 수십 년 또는 금세기 내에 '경제적 특이점

---

48 Nordhaus, W.(2015).

(economic singularity)'이 발생하는 것은 어려울 것이라는 결론에 도달했다. 다만 그의 분석은 컴퓨터 연산능력과 인공지능의 급격한 진보가 일정한 경계선에 도달하면 경제성장이 가속화될 것이라는 점을 처음으로 명백히 한 경제학의 연구라는 점에서 의의가 있다.

그라츠와 마이클스(Greatz and Michaels, 2015)는 인공지능 기술 또는 산업용 로봇이 ICT 기술 등 다른 신기술들과는 다르게 생산성과 경제성장에 기여할 것으로 전망했다. 그들은 1993-2007년 데이터를 사용한 실증분석으로 로봇의 사용 증가가 선진 17개국의 연평균 경제성장률을 0.37% 포인트까지 높이고, 총요소생산성도 증가시켰음을 밝혔다. 그런데 이 경제성장률은 영국에서 증기기관이 성장에 미친 효과와 같은 규모이며, 이 시기 경제성장률의 1/10에 해당할 정도이다. 이 연구와 같은 맥락에서 EU(European Union)의 2016년 '로봇이 역내 고용에 미치는 충격에 관한 분석 보고서'도 EU의 3,000개 제조업체를 대상으로 한 조사에서 산업로봇이 노동 생산성을 상당히 높게 (significantly high) 향상시켰다는 결과를 보고했다.[49]

베센(Bessen, 2018)은 인공지능 기계가 노동 생산성을 증가시키는 노동증강적(labor-augmenting) 생산요소의 역할을 하는 것으로 간주한 분석에서, 이 신기술이 비제조업(non-manufacturing industries)같은 충족되지 않은 수요(unmet demand)가 상당히 크게 존재하는 시장에서 생산

---

49 Jäger, A., C. Moll and C. Lerch(2016), *Analysis of the Impact of Robotic Systems on Employment in the European Union-Update*, Publication Office of the European Union.

성을 개선할 수 있음을 보였다. 또한 이런 경우 고용도 이 산업들에서 증가될 가능성이 당연히 높아진다. 유사한 맥락에서 어그러왈, 맥헤일과 외틀(Agrawal, McHale and Oettl, 2018)은 혁신기반 성장모델에서 인공지능을 고려해서 인공지능이 과학적 발견 과정을 개선하는데 사람 연구자들을 도와서 예측의 정확도와 발견율(discovery rate)을 높임으로써 성장을 가속할 수 있다는 것을 보여주기도 했다.[50]

그러나 이들과는 다르게 '여전히 솔로우의 역설이 극복되지 못한 채 정형화된 사실로 남아 있다'는 분석들도 계속 이어져왔다. 2014년 에이서모글루를 비롯한 연구자들은 미국의 주요 생산성 이득(gain)이 IT-생산(production) 부문에 집중되고, IT-이용(using) 부문에서는 상대적으로 작았다는 것을 밝혀냈다.[51] 즉, IT-이용 부문의 생산성 이득은 예상된 IT-유발비용 감소 결과 발생한 산출물 증가 때문이 아니라 IT-이용에 따른 급격한 고용 감소와 이에 따른 산출량 감소의 산물이었다는 것이다. 이는 IT 기술 진보가 솔로우의 역설을 극복했다고 보기 어렵다는 것으로 해석되었다.

---

50 Agrawal, A., J. McHale and A. Oettl(2018), "Finding Needles in Haystacks: Artificial Intelligence and Recombinant Growth," *The Economics of Artificial Intelligence: An Agenda*, (Agrawal, Gans, and Goldfarb eds.), University of Chicago Press, Chicago, IL USA, 149-174.

51 Acemoglu, D., D. Autor, D. Dorn, G. Hansen and B. Price(2014), "Return of Solow Paradox? IT, Productivity, and Employment in US Manufacturing," *American Economic Review*, 104(5), 394-399.

애기온, 존스와 존스(Aghion, Jones and Jones, 2018)는 인공지능 기술을 지난 200년간 진행된 장기 자동화 과정의 다음 번 단계로 보고, 이의 진전으로 많은 업무들에 자동화가 이루어지면, 자본 생산성이 증가하고 자본분배비중이 커질 것으로 예상했다.[52] 그런데 자동화의 진전은 자본축적으로 이어져서 자동화 제품들(automated goods)의 가격을 급격히 하락시키고, 이 제품들에 대한 수요가 비탄력적일 경우, 가격하락 폭에 비해 수요량 증가의 폭이 적어서 이 제품들에 대한 지출(=가격×수량)비중을 하락하게 만들게 된다. 이것이 경제성장률의 정체요인으로 작용하고 있어 솔로우의 역설이 현실이 되고 있다는 것이다.

맥키빈과 트리그스(McKibbin and Triggs, 2019)는 CGE(computable general equilibrium)모델에 입각한 일반균형 분석에서 인공지능 기술 채택으로 세계적인 생산성 붐(boom)이 발생하더라도, 이자율이 급격하게 상승해서 그 효과가 제약될 수 있음을 보여줬다.[53] 이들은 선도자 우위(first-mover advantage)가 최대생산성곡선(productivity frontier)에 근접한 경제에 돌아갈 것이므로 전 세계 국민경제간 인공지능 기술 수용 경쟁이 보편화 될 것으로도 예견했다.

---

52 Aghion, P., B. Jones and C. Jones(2018), "Artificial Intelligence and Economic Growth," *The Economics of Artificial Intelligence: An Agenda*, (Agrawal, Gans, and Goldfarb eds.), University of Chicago Press, Chicago, IL USA, 237-282.

53 McKibbin, W. and A. Triggs(2019), "Stagnation vs Singularity: The Global Implications of Alternative Productivity Growth Scenarios," *CAMA Working Paper*, 2019-26.

4. 인공지능이 소득분배와 무역에 미치는 영향

그렇다면 인공지능 기술이 대내외적 소득분배에 미치는 영향은 어떻게 나타날 것인가? 세계은행(World Bank, 2016, 2017), UNCTAD(2017) 그리고 챈디와 사이델(Chandy and Seidel, 2017)의 실증연구들은 전세계적으로는 불평등이 작지만 감소했으나, 2008년 세계경제위기 시의 아주 미세한 감소를 예외로 하면, 1990년대 이래 한 국가 또는 국민경제의 대내적인 소득분배는 급격하게 악화되고 있는 것으로 보고하고 있다.[54] 이는 한 측면에서는 세계화에 따른 급격한 기술변화가 개발도상국들에게 이익이 되어 선진국과 개발도상국 간 소득격차(income gap)를 좁혔음을 의미한다. 그러나 다른 측면에서는 선진국 기업들의 국내에서의 자동화 확대와 입지적 비교우위에 따른 해외 이전으로 국내 일자리 상황이 악화되어 노동분배비중과 소득분배가 점점 악화되었음을 의미하기도 한다.

---

54 World Bank(2016), *World Development Report 2016: Digital Dividends*; World Bank(2017), *Trouble in the Making? The Future of Manufacturing-led Development*, https://openknowledge.worldbank.org/handle/10986/27946; UNCTAD(2017), *Trade and Development Report 2017-Beyond Austerity: Towards a New Global Deal*; Chandy, L. and B. Seidel(2017), "How Much Do We Really Know about Inequality within Countries around the World? Adjusting Gini Coefficients for Missing Top Incomes," Brookings Institute. http://www.brookings.edu/opinions/how-much-do-we-really-know-about-inequality-within-countries-around-the-world/.

그러나 세계적인 차원에서 개발도상국에 유리했던 이런 산업화와 세계화는 이미 정점에 도달하였고, 개발도상국들의 성장속도도 감소세에 접어들었다는 연구결과들이 있다.[55] 이런 상황에서 자동화의 진전과 인공지능 기술의 발전으로 개발도상국의 선진국 따라잡기(catch-up)가 더욱 어렵게 될 것이라는 전망도 있다.[56] 인공지능 기술이 소비자에게 근접한 경공업 입지의 이점을 값싼 노동력에 근접하는 이점보다 크게 만들기 때문에 그렇다는 것이다.

　　또한 대내적으로도 인공지능 기술은 불평등을 심화시킬 것으로 예상되고 있다.[57] 인공지능 기술이 노동보다 자본의 비교우위를 부양하고(boosting), 상대적으로 중·저숙련 노동 비중을 감소시키면서, 노동관련 제도(institution)들의 약화 및 조세기반(tax base) 축소와 맞물리면 정부의 재분배 역량 약화가 불가피하기 때문이다. 더구나 개발도상경제이든 선진경제이든 공히 로봇의 도입이나 자동화의 진전은 저숙련 노동을 급격히 감소시키는 편향적 기술변화로 생산성을 증가시키나, 로봇의 노동 대체에 따른 소득분배에의 악영향과 과거에

55　Baldwin, R.(2016), *The Great Convergence: Information Technology and the New Globalization*, Harvard University Press, Cambridge, MA USA.

56　Norton, A.(2017a), "Automation Will End the Dream of Rapid Economic Growth for Poorer Countries," *The Guardian*, http://www.theguardian.com/sustainable -business/2016/sep/20/robots-automation-end-rapid-economic-growth-poorer- countries-africa-asia.

57　Norton, A.(2017b), "Automation and Inequality: The Changing World of Work in the Global South," *Issue Paper*, http://pubs.iied.org/pdfs/11506IIED.pdf.

비해 소득집중을 둔화시키지 못하는 구조로의 이행 때문에 더욱 큰 소득격차를 초래할 수 있다.[58] 그런데 이러한 신기술 채택으로 인한 고·저숙련 노동자들 사이 격차의 증폭은 역사적으로 보면 새로운 현상이 아니라 기술진보 초기단계에 발생하는 보편적인 현상이었다.[59]

경제학자들의 연구결과들을 요약하자면 인공지능 기술로 유발되는 생산성 증가가 소득 불평등을 심화시키는 대내외적 고용과 무역구조의 재편(trade restructuring)을 유발할 것이라는 점이다. 자동화는 명백하게 저숙련 노동을 대체하고, 고숙련 노동에 대한 수요를 증가시킬 것이다. 그러므로 최소한 단기적으로 자동화는 소득 불평등을 심화시키는 방향으로 작용할 것이다. 이는 나아가서 노동의 숙련도 강화와 직접적으로 관련된 교육이 소득분배에 더 큰 영향력을 가지게 될 것임을 시사한다. 이는 부유한 가계는 상대적으로 우월한 품질의 교육기회를 제공해서 미래 노동시장에서 자녀들의 경쟁력을 강화할 수 있다는 것을 의미하고, 결국 교육기회의 불평등이 세대별 소득 불평등도를 더욱 강화하는 요인이 될 것임을 예고한다.

한편 국가간 또는 국민경제간 소득 불평등과 직접적으로 관련된 국가간 교역과 투자에 관한 자동화 또는 인공지능 기술의 영향

---

58 Zhou, Y. and R. Tyers(2017), Tyers, R. and Y. Zhou(2017).

59 Tirole, J.(2017), *Economics for the Common Good*, Princeton University Press, Princeton, NJ USA; Ackerman, A., I. Gaarder and M. Mogstad(2015), "The Skill Complementarity of Broadband Internet," *The Quarterly Journal of Economics*, 130(4), 1781-1824.

분석은 주로 교역패턴과 기업의 해외이전(off-shoring)과 국내복귀(reshoring) 관련 이슈에 집중되고 있다. 이는 각국 정부들이 해외투자의 국내유치나 해외로 이전했던 자국 기업들의 국내복귀를 통해서 일자리를 늘리려는 정책들이 어떤 실질적인 효과를 가지는지를 분석하는 것이 오늘날 초미의 관심사가 되고 있기 때문이다.

우선 4차 산업혁명은 생산측면에서 선진국과 개발도상국 간 생산비용 격차를 축소하기 때문에 기업들이 노동비용 절감을 위해서 개발도상국으로 이전하는 인센티브를 약화시킬 것으로 보인다. 이는 이미 해외로 이전한 기업들의 국내복귀에도 긍정적인 영향을 줄 것으로 예상된다. 특히 4차 산업혁명은 주문생산(customized production)을 증가시키고, 역내 소비자(local consumer)에게 더 잘 부응하는 것을 가능하게 하는 방향으로 진전되고 있으므로 이런 영향은 강화될 것이다.

반면 기업의 해외이전에 이러한 생산비용 차원에서의 자동화 또는 인공지능 기술 채택의 영향은 제한적일 수 있다. 먼저 해외이전은 생산비용 측면에서의 우위만이 아니라 외국시장 진입 또는 소비자 근접 입지의 이익들도 고려해서 결정된다. 당연히 해당상품이 국내에서 소비되지 않고 현재 입지한 지역 또는 국가에 수출을 해야 하는 경우 이는 국내복귀에 유리하게 작용하지 않을 것이다. 둘째, 어떤 산업들은 그 생산단계의 자동화에 기술적인 애로(bottlenecks)가 있어서 이로 인한 생산비 절감이 국내로 복귀할 정도가 되지 못할 수도 있다. 셋째, 협력업체들(suppliers)이 현재 입지한 국가 또는 지역에 위치하고 있다면 이 또한 국내복귀 가능성을 제약한다. 많은 협력업체들이 원청업체들이 입지하는 곳에 있고 이들은 신속한 이전이 상대적으로 어렵다. 자동화가 이 공급사슬(supply chain)을 강화하게 되면 기업들의 국내복귀에 제약요인으로 작용할 수 있다.[60]

특히 기업들의 국내복귀가 가져올 결과도 기대만큼 긍정적이지 못한 것으로 밝혀지고 있다. 선진국의 경우 기업들이 국내로 복귀한다고 해도 새로운 제조공장들이 사람보다 로봇에게 더 많은 일자리를 제공할 것으로 예상되기 때문이다. 또한 자동화 기술의 채택으로 인한 비용의 보다 큰 감소는 기업들이 해외이전에 앞서 자동화를 완성할 수 있게 할 것이다. 따라서 국내복귀 기업들이 고용에 긍정적 영향을 미치는 것을 보장하기 어렵다. 다만 자동화된 공장들이 고숙련 노동자들을 반드시 써야 하는 경우 다소라도 일자리에 긍정적 영향을 미칠 것으로 보인다.

---

60 '공급사슬의 존재 자체가 기업들의 국내복귀를 어렵게 한다'는 설명은 Dachs, B., M. Borowiecki, S. Kinkel and T. Schmall(2012), "The Offshoring of Production Activities in European Manufacturing," *MPRA Working Papers*, '자동화로 인한 공급사슬 강화가 국내복귀를 제약할 수 있다'는 설명은 Brennan, L., K. Ferdows, J. Godsell, et al.(2015), "Manufacturing in the World: Where Next?" *International Journal of Operations & Production Management*, 36(9), 1253-1274; Stentolft, J., J Olharger, J. Heikkila and L. Thomas(2016), "Manufacturing Backshoring: A Systematic Literature Review," *Operations Management Research*, 9(3-4), 53-61; Delis, A., N. Driffield and Y. Temouri(2017), "The Global Recession and the Shift to Re-shoring: Myth or Reality?" *Journal of Business Research*, http://dx.doi.org/10.1016/j.jbusres.2017.09.054를 참조하라.

물론 개발도상국들은 선진국들의 로봇 사용 증가로 인해서 노동비용상 비교우위를 잠식당할 것이다. 로봇의 사용 증가는 기존설비를 가진 나라들에 비교우위로 작용할 것이고, 자동화가 실질적인 영향을 미칠 일자리들 – 저숙련 노동 – 은 선진국들에서는 이미 사라지고 그 대부분이 개발도상국에 있기 때문이다. 따라서 자동화의 진전은 제조업에서 걸음마를 하는 나라들이나, 이미 '미성숙한 탈산업화(premature deindustrialization)'를 경험하는 개발도상국들에서는 그 부정적 파급효과가 더욱 클 것으로 예상된다.[61] 앞에서 언급한 것처럼 로봇 사용의 강화가 국가간 핵심 경쟁요인으로 등장하면, 자동화가 고용과 임금에 미치는 영향이 개발도상국에서도 선진국과 유사하게 나타날 것이고 대체되는 노동력의 비중이 상대적으로 훨씬 커서 더욱 큰 빈곤화로 이어질 가능성이 있다.

---

61 World Bank(2017), UNCTAD(2017).

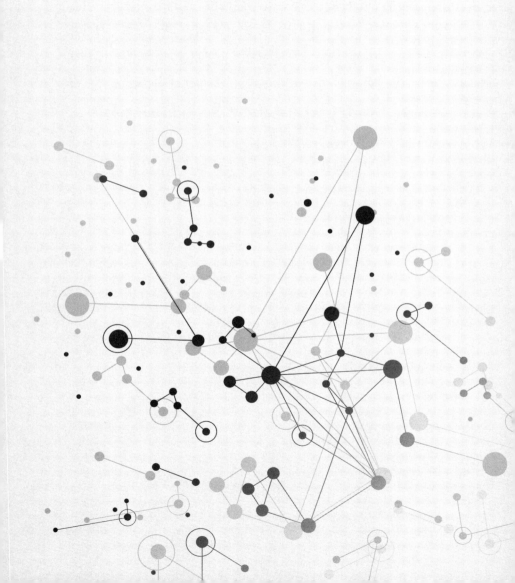

제5장

인공지능이 시장과 정부에 초래할 파장과 대응책은?

앞 장에서 이야기한 사람들의 일과 일자리와 관련된 인센티브와 생산성과 경제성장에 대한 깊은 관심은 국민경제와 직접적으로 연결되어 있다. 그런데 국민경제를 좌우하는 핵심요인들은 크게 시장과 정부로 구분할 수 있다. 시장에서 개인은 소비자로서 상품과 서비스를 구매하고, 노동력을 제공하는 노동의 공급자가 된다. 따라서 '주어진 물리적 환경에서 우리가 어떤 물질적 만족을 구가할 것인지'와 '노동의 공급으로 얼마나 많은 소득을 획득할 수 있을지'가 일차적으로 시장에서 결정된다. 그러므로 '기술혁신이나 경제환경의 급격한 변동 등으로 시장에 큰 충격이 가해지면, 이것이 우리의 이해관계에 어떤 파급효과를 초래할 것인지'에 대해서 사람들은 모두 민감하다.

앞 장에서 이야기한 사람들의 일과 일자리와 관련된 인센티브와 생산성과 경제성장에 대한 깊은 관심은 국민경제와 직접적으로 연결되어 있다. 그런데 국민경제를 좌우하는 핵심요인들은 크게 시장과 정부로 구분할 수 있다. 시장에서 개인은 소비자로서 상품과 서비스를 구매하고, 노동력을 제공하는 노동의 공급자가 된다. 따라서 '주어진 물리적 환경에서 우리가 어떤 물질적 만족을 구가할 것인지'와 '노동의 공급으로 얼마나 많은 소득을 획득할 수 있을지'가 일차적으로 시장에서 결정된다. 그러므로 '기술혁신이나 경제환경의 급격한 변동 등으로 시장에 큰 충격이 가해지면, 이것이 우리의 이해관계에 어떤 파급효과를 초래할 것인지'에 대해서 사람들은 모두 민감하다.

또한 시장에서의 거래와 교환이 우리에게 최대 만족과 편익을 제공하기 위해서는 시장의 원활한 작동을 위한 사회적 평화(social peace)와 공정한 시장거래 질서의 유지가 필수적인데, 이 기능을 정부가 한다. 또한 정부는 시장의 정상적인 작동 결과로 발생할 수 있는 소득불평등 문제에 대한 보정을 위해서도 기능한다. 그러므로 '정부가 이런 일을 하는 데 유능한가 그렇지 못한가'가 우리에게 대단히 큰 관심사이다. 정부는 개입 여부와 정도를 조정해서 시장과 민간의 활동이 최적적으로 이루어지도록 하는 것이 본연의 핵심기능이다. 그래서 기술 및 환경 변화가 정부의 기능에 가하는 충격과 이러한 변화들에 대한 정부의 대응 역량에 사람들은 주목할 수밖에 없다.

1. 디지털 경제의 주요 특징들

인공지능 기술 채택과 디지털화의 강화는 먼저 시장에서 게임체인저 역할을 할 것으로 예견되고 있다.[1] 이는 일정 유형의 비용들을 감소시키고 경제활동과 관련된 비용구조들을 변화시켜서 시장에 상당한(significant) 충격을 가하게 될 것이다. 또한 이는 시장에서의 경쟁구조에도 대대적인(massive) 충격을 가할 것이다. 경쟁촉진과 산업집중 심화 요인이 동시에 작용할 것이다. 이에 따라서 소비자 잉여에도 긍정적이거나 부정적인 효과가 발생할 것이다. 이미 산업집중의 심화는 거의 모든 나라에서 디지털화가 진행되면서 보편적인 현상이 되어 있는데, 이 경향이 더욱 심화되고, 여러 복합적인 요인들이 동시다

---

1 Ezrachi, A. and M. Stuke(2016), "Virtual Competition," *Journal of European Competition Law & Practice*, 7(9), 585-586.

발적으로 작용해서 이에 적절히 대응하는 것이 더욱 어려워질 것으로 예상되고 있다.

그러면 이제 인공지능의 시장에 대한 충격을 이해하기 위해서 우선 구체적으로 디지털 경제의 주요한 특징들부터 알아보도록 하자.

디지털화와 알고리즘들의 광범위한 사용은 세 가지 주요한 특징을 가지고 있다. 첫째, 디지털 기술의 이용과 인터넷은 진입장벽을 낮추는 역할을 하고 있다. 이는 기업의 탐색(search) · 복제(replication) · 운송(transportation) · 추적(tracking) · 입증(verification) 비용 등을 획기적으로 낮춘다.[2] 그래서 기업은 저렴한 비용으로 신속하게 규모를 확장하고, 잠재적 소비자 관련 정보를 수집할 수 있게 되고, 이에 따라 새로운 제품과 아이디어를 도입할 능력을 향상시켜서 기업과 소비자에게 이익을 가져온다. 그러므로 이는 전통시장(brick-and-mortar market)과 상당히 차이가 난다. 전통시장에서는 높은 시장점유율은 경쟁의 약화와 연결되는 것이 보편적이었다. 그러나 이런 차이에도 불구하고 디지털화와 최근 기술혁신이 시장구조 자체를 보다 경쟁적인 구조로 전환시키는 역할을 하지는 못했다. 단지 과거보다 진입이 보다 용이해졌을 뿐이다. 이러한 상태가 조성된 이유 중 하나는 최근 기업들의 AI 알고리즘에 대한 광범위한 사용이 범용 디지털 기술보다 특정성(specificity)과 관련된 경우가 많기 때문이기도 하다.

---

2   Goldfarb, A. and C. Tucker(2019), "Digital Economics," *Journal of Economic Literature*, 57(1), 3-43.

둘째, 디지털화로 비즈니스 모델들이 급격하게 플랫폼화하고 있다. 플랫폼 모델의 핵심 특징은 양면시장(double-sided market)적 성격을 가지고 있다는 것이고, 기업의 성장이 전적으로 수요측면에서의 규모의 경제라 할 수 있는 직·간접 네트워크효과에 달려 있다는 점이다. 직접 네트워크효과(direct network effects)는 한 소비자가 사용하는 플랫폼을 사용하는 다른 소비자들의 수가 많아질수록 그 소비자의 가치가 커진다는 것을 의미한다. 여기서는 한 소비자의 이익이 다른 소비자들에 대한 접근(access)에 의해서 좌우됨으로 페이스북, 유튜브(Youtube), 트위터(Twitter), 링크드인(LinkedIn), 카카오, 라인 등 인기 있는 플랫폼들에게 이는 대단히 핵심적인 특징이다. 이런 시장에서는 누구도 플랫폼의 첫 가입자가 되거나 유일한 이용자이기를 바라지 않는다. 결국 이와 같은 특징은 소비자가 한 플랫폼에서 다른 플랫폼으로 이동하는 전환비용(switching costs)을 크게 높인다. 그러므로 직접 네트워크효과는 진입장벽으로 작용할 가능성이 크다. 간접 네트워크효과(indirect network effects)는 플랫폼의 다른 측면에 소비자들의 수가 증가해서 그 플랫폼에 가입한 소비자의 가치가 증가하는 효과를 의미한다. 이 효과는 통상적으로 '양면시장효과(double-sided market effect)'라고 불리기도 한다. 예컨대, 페이스북이나 유튜브 등 SNS 플랫폼들은 소비자에게는 무료 서비스를 제공하면서, 광고를 팔아서 그 수익성을 확보한다. 이렇게 두 측면을 연결해서 수익성을 확보하는 시장을 양면시장이라고 하며, 이때 광고에서 확보한 수익을 가입자 SNS 서비스에 교차보조하는 방식을 사용해서 플랫폼은 이익을 확보하고 소비자(가입자)들은 무료 서비스를 이용하게 된다.[3] 가격이 공짜일 때, 소비자는 가장 많이 소비하게 되고, 그러면 이 수요 측면에서 확보된 규모의 경제(직접 네트워크효과)는 다른 측면 시장 (광고시장)에서 보다 값비싸게 과금을 할 수 있는 수단으로 이용되는 것이다. 이런 양면시장에서는 가격만을 경쟁의 지표로 사용할 경우 경쟁제한성에 대한 충분한 검토가 어렵다.

셋째, 빅데이터 세트가 경쟁에 심각한 영향을 미칠 수 있다. 이미 제2장과 제3장에서 살펴본 것처럼 최첨단 알고리즘인 딥러닝조차 빅데이터가 없으면 무용지물이다. 빅데이터가 AI 알고리즘의 초기훈련과 미세조정(fine tuning)을 위해서 필수적이기 때문이다. 그러므로 빅데이터는 AI 시스템을 만들고 이용하기를 원하는 기업이나 이용자들에게는 핵심 필수투입요소(essential input)이다. 그러므로 시장에 어떤 기업이 진입하기를 원할 때, 기존 기업에 비해서 빅데이터를 사용 또는 구입하기 위한 비용이 지나치게 높고, 시간이 너무 오래 걸리고, 복제가 너무 어려운 경우, 심각한 진입장벽으로 작용하게 된다.

이러한 문제점으로 인해서 데이터 이동성(data portability)의 보장이 경쟁촉진을 위한 핵심 이슈가 된다. 데이터 이동성이란 소비자들이 한 서비스 플랫폼에서 다른 플랫폼으로 이동하는 것을 자유롭게 하

---

3   Rochet J.-C. and J. Tirole(2003), "Platform Competition in Two Sided Markets," *Journal of the European Economic Association*, 1(4), 990-1029; _____(2006), "Two Sided Markets: A Progress Report," *RAND Journal of Economics*, 37(3), 645-667.

는 것을 의미하는데, 과거 통신에서의 전화번호 이동성이 이와 유사한 사례이다. 이미 페이스북 같은 SNS 플랫폼 이용자가 창조한 디지털 커넥션 모두를 다른 경쟁 플랫폼으로 자유롭게 이동하는 것을 보장하는 사회적그래프 이동성(social graphs portability)에 대한 제안이 이루어지기도 했다.[4] 시장에서 데이터 이동성은 소비자들이 자신의 데이터를 자유롭게 한 기업에서 다른 기업으로 이동하는 것을 보장하므로 기존 기업들간 경쟁을 증가시킨다. 그러나 데이터 이동성만으로 기존 기업에 대한 신규 진입기업들(스타트업들)의 경쟁을 촉진하기는 어렵다. 왜냐하면 데이터 이동성만으로는 진입기업들이 필수적인 빅데이터에 접근하기 어렵기 때문이다. 이런 경우 경쟁을 촉진하기 위해서는 다수의 이용자들이 그 데이터들을 스타트업들에 보유하도록 유발하는 전략이 추가로 필요하다.

그렇다면 디지털화와 AI를 비롯한 알고리즘 채택의 증가가 초래하는 효율성과 경쟁촉진은 어떤 양태로 전개될까?

---

4   Zingales, L. and G. Rolnick(2017.6.30), "A Way to Own Your Social-Media Data," op-ed, *The New York Times*.

2. 인공지능화로 인한 시장 효율성 증가와 경쟁촉진 효과

시장은 수요와 공급 다시 말해서 소비자와 공급자로 구성되어 있으므로 알고리즘 사용의 효율성이 어떤 방향에서 발생할 것인지를 수요·공급 측면으로 구분해서 설명하는 것이 체계적인 이해를 위해서 도움이 될 것으로 생각된다.

2.1 수요측면에서의 효율성 증진 효과

먼저 수요측면에서 알고리즘은 정보를 체계적으로 정리하고, 이용할 수 있게 만들어, 소비자들의 의사결정을 돕는 역할을 해서 효율성을 증진시킨다.

우선 AI 장착 검색엔진들은 탐색비용과 거래비용 그리고 정보의 비대칭성을 감소시키는 품질, 소비자 선호 등 비가격(non-price) 경쟁 요인들에 대한 정보를 제공한다. 그런데 이 탐색비용 감소의 이익이 자동적으로 소비자 이익으로 귀결되지는 않는다. 왜냐하면 탐색비용은 내생변수이므로, 기업이 경쟁압력을 회피하기 위해서 이에 개입할 수 있기 때문이다. 더구나 소비자들이 정보과다(information overload) 상태에 있다면 소비자들은 이를 처리할 능력이 제한적이므로 당연히 그 혜택을 받기 어렵다.[5] 그러나 알고리즘들이 소비자의 정보처리를 책임지게 되면 정보과다의 문제는 극복될 수 있다. '알고리즘 소비자(algorithmic consumer)'는 알고리즘에 구매결정을 맡겨서 소비 의사결정 과정이 소비자로부터 알고리즘으로 넘어가게 만든다.[6] 이렇게 되면 알고리즘이 소비자의 행동편향(behavioral bias)과 인지적 한계(cognitive limits)를 극복하여 보다 합리적인 선택을 하고, 공급자들의 조작적인 마케팅 기법들에 대항하는 역량을 갖출 수 있게 해줄 수 있다.

둘째, 이론적으로 보면 검색엔진들이 정보의 양을 증가시킬 뿐만 아니라, 검색결과를 중요도별로 분류해서 제시하므로 정보의 품질을 향상시켜 소비자에게 가치를 제공할 수 있다. 다만 지금까지 경제학의 연구들은 검색엔진들의 성과(performance)에 대한 실증적 증거가 부족하고, 긍정적인 증거와 부정적인 증거가 섞여 있다. 예컨대, 검색엔진이 '그 서버에 로그(logs)를 얼마나 오래 유지하느냐'는 예측 정확도에 어떤 의미 있는 효과도 없는 것으로 나타났고,[7] 아마존의 데이터를 사용한 연구에서는 소매 제품판매에 관한 예측이 한 제품의 오랜 기간에 걸친 데이터로는 개선된 반면, 보다 여러 종류의 제품

5   Goldfarb, A. and C. Tucker(2019).

6   Gal, M. and N. Elkin-Koren(2017), "Algorithmic Consumers," *Harvard Journal of Law and Technology*, 30(2), 309-352.

7   Chiou, L. and C. Tucker(2017), "Search Engines and Data Retention: Implications for Privacy and Antitrust," *NBER WP*, 23815.

데이터로는 개선되지 않는 것으로 나타났다.[8]

셋째, 저비용 추적기술들은 '맞춤쇼핑추천(PSR: personalized shopping recommendation)'을 가능하게 한다. 당연히 PSR은 사람들의 선호에 더 가까운 제품을 추천할 것이므로 소비자 후생이 증가한다.[9] 그런데 PSR을 하는 엔진들은 "이 제품을 산 사람들이 또한 샀다"면서 해당 제품에 여러 연관제품들을 더 얹어서 광고한다. 이는 소비자들의 충동구매 가능성을 높인다. 이로 인해 소비자 후생은 상당 부분 감소될 수 있다. 인기도 정보(popularity information)는 전형적으로 자체강화적 (self-enforcing) 특성을 가지고 있고,[10] 수퍼스타 효과(superstar effect)[11]를 강화해서 다양성을 감소시킬 수 있다. 다만 틈새제품(niche product)의

8   Bajari, P., V. Chernozhukov, A. Hortaçsu and J. Suzuki(2018), "The Impact of Big Data on Firm Performance: An Empirical Investigation," *NBER WP*, 24334.

9   Brynjolfsson, E., Y. Hu and M. Smith(2003), "Consumer Surplus in the Digital Economy: Estimating the Value of Increased Product Variety at Online Booksellers," *Management Science*, 49(11), 1580-1596.

10 Salganik, M., P. Dodds and D. Watts(2006.2.10), "Experimental Study of Inequality and Unpredictability in an Artificial Cultural Market," *Science*, 311, 854-856; Cai, H., Y. Chen and H. Fang(2009), "Observational Learning: Evidence from a Randomized Natural Field Experiment," *American Economic Review*, 99(3), 864-882; Zhang, J.(2010), The Sound of Silence: Observational Learning from the U.S. Kidney Market," *Marketing Science*, 29(2), 315-335; Chen, Y., Q. Wang and J. Xie(2011), "Online Social Interactions: A Natural Experiment on Word of Mouth versus Observational Learning," *Journal of Marketing Research*, 48, 238-254.

11 Rosen, S.(1981). "The Economics of Superstars," *American Economic Review*, 71(5), 845-858.

경우 인기도가 품질을 선호하는 지표로 간주되어 인기도 정보가 소비자의 후생을 증진시키는 경향이 있다.[12]

넷째, 알고리즘들이 소비자들에게 간접적으로 가치를 제공할 수도 있다. 알고리즘들이 정보에 대한 소비자의 접근성(accessibility)을 높여서 기업들의 경쟁압력을 가중시킴으로써 가격뿐만 아니라 품질로도 경쟁하도록 조장한다. 또한 반트러스트 또는 경쟁 당국들이 알고리즘을 공급자간 협력과 담합을 통한 가격책정을 규명하는 색출수단(detection tool)으로 사용해서 기업들의 경쟁 회피와 독점화 노력을 무력화시킬 수도 있다.[13] 그 한 방안으로 데이터 기반 접근법들 중 선별기법(screening methods)을 빅데이터 세트에서 입찰이상(bidding anomalies)과 의심스러운 입찰패턴을 색출하는 데 사용할 것을 권고하고 있다.[14] 또한 기계학습(ML) 알고리즘들이 공개입찰(public tender)에서 담합의 한 지표(an indicator of collusion)로 응용되어 감춰진 관계(hidden relations)를 규명하는 데 사용될 수도 있다.

---

12 Tucker, C. and J. Zhang(2011), "How Does Popularity Information Affect Choices? A Field Experiment," *Management Science*, 57(5), 828-842.

13 OECD(2017), "Algorithms and Collusion: Competition Policy in the Digital Age," http://www.oecd.org/competition/algorithms-collusion-competition-policy-in-the-digital-age.htm.

14 OECD(2017); Akhgar, B., P. Bayerl and F. Sampson(2016), *Open Source Intelligence Investigation: From Strategy to Implementation*, Springer International Publishing.

2.2 공급측면에서의 효율성 증진 효과

게다가 알고리즘은 생산비용을 절감하고, 기존 제품의 품질을 개선하며, 즉각적인 '시행과 피드백(trials and feedback)' 방식의 사업전략을 사용할 수 있게 하여, 자원 이용을 최적화해서 공급측면에서의 효율성을 증가시킨다. 2017년 *이코노미스트(Economist)*는 "고객이 앱으로 보험금을 청구한 후 3초 만에 보험금을 받았다"고 보도했다.[15] 이 3초 동안 알고리즘은 그 청구내용을 18개 사기방지(anti-fraud) 알고리즘을 가동하여 검토해서(review), 보험금 지급을 승인하고, 은행에 지급지시를 보내는 동시에 보험계약자에게 지급통보를 했다.

알고리즘은 동태적인 가격책정(dynamic pricing)을 통해서도 공급측면에서의 효율성을 증진시키고 있다. 동태적인 가격책정은 가격이 즉각적으로 조정되는(instantaneously adjusted) 것을 허용하는 것은 물론, 스톡의 이용가능성, 설비용량의 한계, 경쟁자의 가격 또는 수요 변동요인 등 다양한 변수들을 고려해서 가격을 최적화할 수 있게 한다.

---

15 "Late last year a customer called Brandon claimed for a stolen coat. He answered a few questions on the app and recorded a report on his iPhone. Three seconds later his claim was paid-a world record," says Lemonade. "In those three seconds A.I. Jim, the firm's claims bot, reviewed the claim, cross-checked it with the policy, ran 18 anti-fraud algorithms, approved it, sent payment instructions to the bank and informed Brandon." Economist(2017.3.9), "A New York Startup Shakes up the Insurance Business," *Economist*, https://www.economist.com/finance-and-economics/2017/03/09/a-new-york-startup-shakes-up-the-insurance-business.

이는 시장이 초과수요와 초과공급을 방지하면서 계속 균형상태를 유지할 수 있게 만든다. 그러므로 동태적 가격책정 전략은 이를 사용하는 기업과 사용하지 않는 기업들 사이의 경쟁력에 큰 영향을 미친다. 그렇지만 알고리즘을 사용하지 않는 기업들과 수시로 가격이 변동하는 상황에서 의사결정을 해야 하는 소비자들에게 이는 대단히 불리한 환경의 전개이다. 다만 소비자들 가운데 '알고리즘 소비자'들은 이에 상대적으로 적은 영향을 받을 것이다.

또한 알고리즘은 기업들이 끊임없이 혁신압력에 직면하게 하는 선순환 메커니즘(virtuous mechanism)을 격발해서 동태적 효율성을 촉진시킬 수 있다.[16] 예컨대, 알고리즘이 새로운 서비스(offering) 개발에 사용되어 시장진입을 촉진시킨 게 그 한 사례이다.[17] 이에 더해서 알고리즘을 이용한 추적기술들(tracking technologies)은 기업들이 표적광고(target ads)를 통해서 광고의 유효성을 높일 수 있게 한다.[18] 보다 정

---

16 Cockburn, I., R. Henderson and S. Stern,(2018); OECD(2015), *Data-Driven Innovation: Big Data for Growth and Well-Being*, OECD Publishing, Paris, France, http://dx.doi.org/10.1787/9789264229358-en.

17 OECD (2016a), "Competition and Innovation in Land Transport," https://one.oecd.org/document/DAF/COMP/WP2(2016)6/en/pdf; OECD (2016b), "Protecting and Promoting Competition in Response to 'Disruptive' Innovations in Legal Services," https://one.oecd.org/document/DAF/COMP/WP2(2016)1/en/pdf; OECD (2016c), "Refining Regulation to Enable Major Innovations in Financial Markets," https://one.oecd.org/document/DAF/COMP/WP2(2015)9/en/pdf.

18 Goldfarb, A. and C. Tucker(2019); Goldfarb, A.(2014), "What Is Different about Online Advertising?" *Review of Industrial Organization*, 44(2), 115-129.

확한 표적광고는 광고주들 사이의 경쟁을 격화시킬 수 있다.[19] 그러나 표적광고가 너무 지나치게 되면, 독과점 미디어 기업들이 판매해온 미디어 이용자의 '주목(attention)'을 구매하는 광고주들간 경쟁은 약화될 수도 있다.[20] 그러므로 광고 부문에서 전반적인 효율성이 어떤 양태를 띨지는 아직 불명확하다. 다만 현재의 추세는 기존의 일반 미디어 광고들은 점점 그 비중이 축소되고 있고, 표적광고가 그 비중을 급격히 높이고 있는 것만은 분명하며 이는 전통적 광고시장의 정체 내지 축소를 초래하고 있다.

19 Athey, S., E. Calvano and J. Gans(2018), "The Impact of Consumer Multi-homing on Advertising Markets and Media Competition," *Management Science*, 64(4), 1574-1590.

20 표적광고는 시청자 일반을 대상으로 한 것이 아니라 개인 또는 그룹별로 맞춤형으로 제공되어야 하므로, 이런 광고를 하는 기업들이 매스미디어로부터 불특정한 고객들의 주목을 얻기 위한 광고를 사는 데 적극적이지 않아서 발생하는 현상이다. 구체적인 내용은 Levin, J. and P. Milgrom(2010), "Online Advertising: Heterogeneity and Conflation in Market Design," *American Economic Review*, 100(2), 603-607을 참조하라.

3. 인공지능화로 인한 시장실패 확대와
소비자 후생 악화

대조적으로 대규모 AI 기술의 채택 등 첨단기술의 사용 증가는 시장실패를 초래하고, 소비자 후생을 악화시킬 수도 있다. 이 최신기술들은 전형적으로 고정비용이 상대적으로 커서 광범위한 영역에서 상당히 큰 규모의 경제가 발생한다. 이미 이 공급측면에서의 규모의 경제는 많은 경우 앞에서 살펴본 수요측면에서의 강력한 네트워크 외부성(network externality) 및 큰 전환비용들과 결합되어 있다.[21] 이러한 경우 데이터 이동성(data portability)이 허용되어도 소비자들을 신규 진입기업들의 플랫폼으로 유도하는 것이 대단히 어렵다. 당연히 데이터 이동성만으로 이런 시장에서 경쟁을 촉진하는 것은 어렵다. 이런 요인들의 상호작용은 결국 시장력(market power) 강화와 승자독식 (winner-takes-all) 시장구조로 귀결된다.[22] 그러므로 AI 기술의 채택이 많아질수록 각 산업의 집중도가 높아지는 과정이 가속화될 가능성

---

21 Varian, H.(2018), "Artificial Intelligence, Economics, and Industrial Organization," *The Economics of Artificial Intelligence: An Agenda*, (Agrawal, Gans, and Goldfarb eds.), University of Chicago Press, Chicago, IL USA, 399-419.

22 Cremer, J., Y-A. de Montjoye and H. Schweitzer(2019), *Competition Policy for the Digital Era, Final Report for the European Commission*, Directorate-General for Competition.

이 높다.[23] 이런 시장에서 소비자에게 높은 가격이 책정되지 않았다고 해서 소비자에게 손해(harm)나 다른 위험이 발생하지 않을 것이라고 생각하는 것은 어리석다. 이제 이런 시장에서 어떤 문제가 발생할지를 알아보도록 하자.

먼저 살펴볼 것은 기업의 가격책정 의사결정이 AI 기반 알고리즘에 더욱더 많이 위임되고 있다는 점이다.[24] 알고리즘이 책정한 가격은 구매시점(timing), 기업의 남은 시설용량(capacity), 소비자의 모든 과거 구매내역 등 많은 관련 변수들에 의해서 결정된다. 이렇게 보다 많은 데이터의 보다 광범위한 이용과 보다 고도화된 추정방법의 사용은 기업이 가격을 보다 정교하게 조준해서(targeting) 정하고, 시장을 보다 더 세분할 수 있게(segment) 한다.[25] 이러한 변화는 가격차별의 범위를 극적으로 확장한다. 지금까지 1차가격차별(the first-degree price discrimination)은 이론적 가능성에 지나지 않았으나, 이제 점점 더 현실이 되는 상황에 접근해 가고 있다. 다시 말해서 알고리즘에 기반한

---

23 Bloom, N., L. Garicano, R. Sadun and J. Van Reenen(2014), "The Distinct Effects of Information Technology and Communication Technology on Firm Organization," *Management Science*, 60(12), 2859-2885.

24 Chen, L., A. Mislove and C. Wilson(2016), "An Empirical Analysis of Algorithmic Pricing on Amazon Marketplace," *Proceedings of the 25th International Conference on World Wide Web, WWW '16*, International World Wide Web Conferences Steering Committee, Republic and Canton of Geneva, Switzerland, 1339-1349.

25 Milgrom, P. and S. Tadelis(2018), "How Artificial Intelligence and Machine Learning Can Impact Market Design," *NBER WP*, 24282.

가격책정이 보편적인 환경에서 가격차별은 과거보다 훨씬 교묘해지고, 행태차별(behavioral discrimination) 양상으로 전개될 수 있기 때문이다.[26] 즉, 기업들이 소비자들의 개인정보 데이터를 '한 소비자가 가진 어떤 감정이나 편향성이 특정 제품에 대한 구매를 촉진시키는지', 또는 '그 소비자의 그 제품에 대한 유보가격(reservation price)은 무엇인지'를 알아내는 데 사용하는 것이 가능하기 때문이다.

다만 이러한 1차가격차별에 가까운 행태를 밝히기 위한 경쟁 당국들의 집중적인 조사에도 불구하고 현실에서 1차가격차별 사례들은 아주 드물게 관찰되고 있다. 두브와 미스라(Dubé and Misra, 2017)는 소비자들의 특징들(features)을 기반으로 ML 알고리즘이 가격표적화(price targeting)를 한 경우의 후생효과를 연구했는데, 제품에 하나의 가격만 책정한 경우[단일가격책정(uniform pricing)]에 비해서, 알고리즘에 의한 맞춤가격책정(personalized pricing)이 이윤을 10% 이상 증가시키는 것으로 나타났다.[27] 특히 거의 70% 이상의 구매자들에게 단일 가격보다 싼 가격으로 판매했어도, 총 소비자 잉여는 1% 미만만 감소한 것으로 나타났다. 실러(Shiller, 2014)의 넷플릭스(Netflix) 구독율 예측 연구는 인구통계적(demographic) 요인과 소비자의 웹브라우징 행태 데이터로부터 알고리즘이 책정한 맞춤가격(personalized price)이 상

---

26 Ezrachi, A. and M. Stuke(2016).

27 Dubé J.-P. and S. Misra(2017), "Scalable Price Targeting," *NBER WP*, 23775.

당히 크게 이윤을 증가시키는 것을 밝혔다.[28] 이 연구에 의하면 일부 (some) 소비자들은 같은 제품을 다른 사람들이 사는 가격보다 두 배를 더 내도 구입하는 것으로 나타났다.

그런데 이런 맞춤가격 사례들이 드물게 관찰되는 이유는 시장의 여러 가지 제약조건들과 기술적인 장벽들(technical barriers) 때문에 현실적으로 기업들이 맞춤가격들을 사용하는 데 어려움이 있어서 일 수 있다는 추론이 있다. 예컨대, 특정 산업에서 경쟁기업들이 소비자와 관련된 동일한 정보를 공유하는 경우 가격차별은 경쟁을 버텨낼 수 없기 때문에 그럴 수 있다는 것이다.[29] 또한 만일 소비자들이 차별화된 가격책정을 착취관행(exploitive practice)으로 간주해서 분노하는 경우, 기업들은 평판(reputation)의 손상을 우려해서 이런 가격책정 방법의 사용에 신중할 수밖에 없어서 그럴 수도 있다. 이에 더해서 소비자들이 이런 위험성을 알고, 제공하는 정보의 양을 스스로 제한해서 가격차별에 전략적으로 반응하는 경향 때문이라는 견해도 있다.[30]

알고리즘에 의한 가격책정은 가격차별뿐만 아니라 담합을 촉진

28 Shiller, B.(2014), "First Degree Price Discrimination Using Big Data," Economics Department, Brandeis University, Waltham, MA USA.

29 Belleflamme, P., W. Lam and W. Vergote(2017), "Price Discrimination and Dispersion under Asymmetric Profiling of Customers," *CORE Discussion Paper*, Louvain-la-Neuve, Belgium.

30 Townley, C., E. Morrison and K. Yeung(2017), "Big Data and Personalized Price Discrimination in EU Competition Law," *Yearbook of European Law*, 36: 683-748.

하는(facilitate) 역할을 할 수 있다. 우선 알고리즘에 의한 가격책정은 기업이 경쟁자의 행동에 사람보다 더 빨리 대응할 수 있도록 해준다.[31] 동태적 가격책정으로 인해서 빈번한 상호작용이 이루어지기 때문에 담합협약(collusive agreement)으로부터 상대방이 이탈(defection)하는 경우, 보다 신속하게 인지하고 이를 응징하는 것이 가능하고, 이탈자가 얻는 이익도 과거에 비해서 아주 짧은 기간 동안에만 거둘 수 있다. 또한 최신 알고리즘에 의한 가격책정은 ML 기법에 기반하고 있어서 강화학습을 통해서 최적가격책정 전략을 알고리즘이 학습한다. 즉, 의도적으로 최적적이지 않은(sub-optimal) 임의의 가격들을 알고리즘에 먹임으로써(feeding), 시행착오(trial and error)만으로 최적전략을 알고리즘이 학습할 수 있다. 이렇게 되면 데이터 투입(input)으로 경제 모델을 구축할 필요가 없으므로, 매우 유연하게 알고리즘이 가격책정을 할 수 있어서 복잡한 환경에서의 가격책정에 아주 유리하다.

게다가 이 알고리즘은 초경쟁(supra-competitive)가격[32]을 책정하는 것을 자율적으로 배울 수 있어서 시장거래에 중요한 영향을 미칠 수 있다. 클라인(Klein, 2018)은 이미 단순 알고리즘 에이전트가 순차행동게임(sequential move game)에서 담합하는 것을 배울 수 있다는

---

31 Ezrachi, A. and M. Stuke(2016); Mehra, S.(2015), "Antitrust and the Robo-Seller: Competition in the Time of Algorithms," *Minnesota Law Review*, 100, 1323-1375.

32 경쟁시장에서 형성되어 유지되는 것보다 훨씬 높은 가격

것을 보였고,[33] 칼바노를 비롯한 연구자들(Calvano et al., 2019)은 실험 (experiment)을 통해서 동시행동게임(simultaneous move game)과 가격이 완전히 신축적인 환경에서의 반복가격책정게임(repeated pricing game) 에서도 에이전트들이 상호작용함을 보였다.[34] 이는 알고리즘 에이전 트가 소위 '팃포탯(Tit for Tat)' 같은 복잡한 담합전략을 구사하는 것 도 가능하다는 것을 의미한다. 다시 말해서 이 에이전트가 이탈의 정 도에 비례하는 징벌을 행하고, 상대가 협약가격으로 복귀하는 경우 에는 자신도 점진적으로 그 가격으로 복귀해서 담합을 유지하는 복 잡한 담합전략을 학습해서 구사할 수 있다는 것이다. 더구나 Q-러닝 알고리즘들[35]에 대한 초기실험에서 AI 에이전트들의 담합전략은 비 용과 수요의 불안정성, 플레이어의 수, 비대칭성과 불확실성의 양상 을 고려한 상태 모두에서 사람들간 담합전략보다 우월한 것으로 나 타났다.[36]

33 Klein, T.(2018), "Autonomous Algorithmic Collusion: Q-Learning under Sequential Pricing," *Tinbergen Institute Working Paper*, TI 2018-056.

34 Calvano, E., G. Calzolari, V. Denicolò and S. Pastorello(2019), "Artificial Intelligence, Algorithmic Pricing and Collusion," *CEPR Discussion Paper*, 13405.

35 강화학습 기법 중 하나로, 주어진 환경에서 주어진 행동을 할 때, 발생할 효용의 기 대값을 예측하는 Q-함수를 학습해서, 최고의 Q-값을 주는 최적전략(정책)을 찾아내 는 것을 목표로 하는 학습방법이다. 이 방법의 장점은 주어진 환경에 대한 모델없이 도 수행하는 행동의 기대값을 비교할 수 있다는 점이다.

36 Waltman, L. and U. Kaymak(2008), "Q-Learning Agents in a Cournot Oligopoly Model," *Journal of Economic Dynamics and Control*, 32(10), 3275-3293.

이러한 알고리즘 가격책정 에이전트들의 행태에서 주목해야 할 점은 이 알고리즘들이 조율된 행동(concerted action)의 흔적을 남기지 않는다는 점이다. 이미 살펴본 대로 이 에이전트들은 서로 의사소통을 하거나, 특별한 모의를 하거나, 상부로부터 지시를 받지 않고, 오직 스스로의 시행착오만을 통해서 담합가격을 학습할 수 있다. 그런데 오늘날 대부분 국가들의 담합에 관한 경쟁법규들은 담합으로 제재를 가하기 위한 기준으로 담합 참여자들간 명시적인 의도와 의견교환을 규정하고 있으므로, 알고리즘의 '담합가격책정'을 제재하는 것이 불가능하다.

또한 알고리즘 에이전트에 의한 담합가격책정이 이루어지는 경우, 설사 이로 인한 소비자 피해가 의도적으로 발생하지는 않았을지라도, '책임소재(establishing liabilities)를 어떻게 할 것인가?' 하는 문제가 대두된다. 즉, '알고리즘 설계자, 이용자 또는 가격책정의 수혜자(기업) 가운데 누가 책임을 져야 하는가?' 하는 문제가 대두된다. 여전히 이 문제에 대한 명쾌한 대답을 하기는 대단히 어려운 상태이다. 그러나 이를 해결할 방안을 반드시 찾아야 한다. 그러나 지금까지 여기서 제기된 여러 도전과 문제들은 현실화되지 않을 수도 있다는 주장도 있다. 왜냐하면 실험경제학의 '실험' 영역에서 벗어날 경우, 알고리즘에 의한 암묵적 담합은 다양한 기술과 시장의 여러 장벽들로 인해서 이루어질 가능성이 희박하기 때문이라는 것이다.[37]

다음으로 살펴볼 것은 데이터가 진입장벽(entry barrier)이 되는 경우이다. 이미 앞에서 살펴본 대로 현재의 AI 기술 작동을 위한 핵심요소는 데이터이다. 그러므로 대규모 데이터 세트의 소유는 진입장벽이 될 수 있고, 경쟁환경의 효율적인 기능(functioning)에 중요한 영향을 미칠 수 있다. 신규 진입자가 잠재적 혁신의 원천일 경우 기존 기업의 배제행위(exclusionary conduct)는 혁신에 대한 심각한 제약조건으로 작용해서 혁신의 속도를 감속시킨다.[38] 그런데 이러한 데이터의 진입장벽화를 방지하기 위해서 기존 기업에 데이터 공유를 강제할 경우 기존 기업들의 데이터 생성 인센티브가 감소될 가능성이 높다. 이러한 상충관계(trade-off)의 발생은 이 사안에 대한 적절한 대응을 매우 어렵게 하는 요인이 될 수 있다. 아기온, 호윗과 프란틀(Aghion, Howitt and Prantl, 2015)은 실증분석을 통해서 혁신과 생산성 향상을 유도하기 위해서는 특허의 보호(독점권의 보장)와 경쟁정책(독점권의 견제)이 보완적인 역할을 해야 한다는 것을 밝히고 있다.[39] 이는 특허의 보호를 통한 혁신 인센티브의 고양과 이로 인해서 발생하는 독점에 기인한 후생손실을 해소하기 위한 경쟁정책이 동시에 필요하다는 것을 시사한다. 그러므로 특허의 범위와 기간에 대한 숙고가 필요

---

37 Gautier, A., A. Ittoo and P. Van Cleynenbreugel(2020), "AI Algorithms, Price Discrimination and Collusion: A Technological, Economic and Legal Perspective," *European Journal of Law and Economics*, Springer On-Line.

38 Chevalier, J.(2018), "Antitrust and Artificial Intelligence: Discussion of Varian," *The Economics of Artificial Intelligence: An Agenda*, (Agrawal, Gans, and Goldfarb eds.) University of Chicago Press, Chicago, IL USA, 419-422.

39 Aghion, P., P. Howitt and S. Prantl(2015), "Patent Rights, Product Market Reforms, and Innovation," *Journal of Economic Growth*, 20(3), 223-262.

하고, 특허의 사용과 관련된 반경쟁적 행위에 대한 경쟁법적 규율을 정밀하게 재검토하는 것이 중요해지고 있다.

또한 알고리즘의 검색결과에 대한 선별(selection)이 배제적이고, 착취적인 반경쟁적(anti-competitive) 영업관행들(business practices)을 조장할 가능성이 있다. 이는 알고리즘을 가진 회사들이 검색결과를 선별할 때 해당 정보의 중요성과 품질 대신 해당기업에 이익이 되는 방향으로 선별을 할 가능성을 배제할 수 없기 때문이다.[40] 실제로 이미 검색엔진들이 특정 웹사이트들의 순위를 높이기 위해서 편향성을 가지고 있다는 점이 연구를 통해서 입증되고 있으며, 이 편향성에 대한 끊임없는 문제제기가 이루어지고 있다.[41] 그러므로 이런 문제를 해결하기 위해서는 지속적인 경쟁정책적 관점에서의 평가로 검색엔진 시장의 양면성(two-sided nature)으로 인한 후생효과에 대한 규정이 명백해져야 한다.[42]

더 나아가서 '기업들이 선별을 넘어 검색결과를 조작(manipulation) 할 수 있다'는 점이 시장의 정상적인 작동에 심각한 영향을 줄 수 있

40 Patterson, M.(2013), Google and Search-Engine Market Power," *Harvard Journal of Law & Technology Occasional Paper Series*.

41 Bar-Ilan, J.(2007), "Google Bombing from a Time Perspective," *Journal of Computer Mediated Communication*, 12(3), 910-938.

42 Ratliff, J. and D.-L. Rubinfeld(2014), "Is There a Market for Organic Search Engine Results and Can Their Manipulation Give Rise to Antitrust Liability?" *Journal of Competition Law & Economics*, 10(3), 517-541.

다. 댓글이나 '좋아요' 클릭 등 온라인 피드백은 전자적 시장(electronic market)에서 신뢰를 구축하는 데 사용되는 가장 중요한 평판구축 메커니즘이다. 그런데 피드백 점수와 영향력 순위(influence ratings)를 조작하기 위한 가짜계정들의 개설 증거들이 오래전부터 발견되고 있다.[43] 이렇게 입소문(word-of-mouth)의 디지털화는 시장거래와 관련된 다양한 새로운 도전을 야기하고 있다. 충분하고, 정직하며, 편향되지 않은 피드백을 이끌어 낼 수 있는 메커니즘은 어떻게 정의될 수 있고, 어떻게 이 메커니즘이 현실에서 작동하게 할 수 있을까? 신뢰할 만한 온라인 신원증명(online identities)을 어떻게 만들어내야만 하나? 이런 과제들이 앞으로 가급적 빨리 해결되어야 할 당면과제로 떠올라 있다.

마지막으로 주목할 점은 '개인정보(privacy)' 문제이다. 개인정보 보호와 관련된 규제들은 보편적으로 소비자의 기업(공급자)에 대한 상대적 힘의 크기에 영향을 미친다. 결국 소비자들의 개인정보 관련 규제와 기업, 정부를 포함한 타 주체들의 개인정보 이용에 관한 규제는 소비자의 개인정보에 대한 소유권 귀속 문제로 볼 수 있다. 누가 소비자의 데이터를 소유할 것인가? 이 데이터를 사용하기 위해서 어떤 수준의 동의를 해당 소비자에게서 받아야 할 것인가? 여기서 핵심

---

43 Dellarocas, C.(2000), "Immunizing Online Reputation Reporting Systems against Unfair Ratings and Discriminatory Behavior," *Proceedings of the 2nd ACM Conference*, Electronic Commerce Association for Computing Machinery, Minneapolis, MN USA, 150-157.

쟁점은 '소비자가 자신의 개인정보를 어떤 범위에서 통제할 수 있을 것인가?'와 '알고리즘이 빅데이터를 이용한 패턴인식으로 소비자의 행동을 추론해서 만들어진 특정 소비자의 개인정보를 그 소비자가 어느 수준까지 통제할 수 있는가?'라는 점이다.

전통적으로 정보경제학에서 다룬 소비자 개인정보 문제는 정보의 비대칭성 관점에서 다뤄졌다. 소비자와 기업 모두 사적정보(private information)를 감추거나 드러낼 인센티브를 가지고 있으며 이는 시장 효율성에 중대한 영향을 미치는 것이 보편적이다. 정보경제학의 연구결과들은 개인정보에 대한 엄격한 보호는 경제적 효율성에 부정적인 영향을 미치는 것으로 나타난다. 왜냐하면 엄격한 개인정보 보호는 정보의 부족으로 시장거래에서 제품과 소비자의 최적 매치(match)에 심각한 어려움을 초래해서 경제적 효율성을 저하시키기 때문이다. 그러므로 일정한 정도의 개인정보 이용 허용은 소비자의 제품에 대한 품질평가를 도와서 기업의 고품질 제품 생산을 고무시키는 역할을 한다.

그런데 지금 시작되고 있는 기술진보는 데이터를 대량으로 수집·저장·처리·이용하는 비용을 급격히 낮췄다. 이러한 변화는 정보 비대칭성이 특정거래를 넘어서서 지속될 수 있게 만들고 있다. 거래에서 생성된 빅데이터는 특정거래가 발생한 후 오랫동안 소비자 행동을 이해하고, 예측하고, 영향을 미치는 데 사용될 수 있는 것이다. 이에 더해서 거래에 참여한 거래자들 모두가 생성된 데이터가 앞으로 어떻게 사용될지에 대해서 '불완결 정보(incomplete information)'[44]

상태에 있을 수 있다. 즉, 거래자들이 거래 시 미처 생각하지 못했던 어떤 상황에서 해당 정보가 사용되는 일이 발생할 수도 있다. 그러므로 기업(판매자)은 기간, 목적, 처리방법을 제한해서 데이터 사용을 허용하는 규제를 싫어하고, 소비자들은 이를 제한하는 것을 더 선호할 인센티브가 있다.[45]

AI는 정보의 비대칭성을 강화시켜서 기업(판매자)이 소비자보다 미래의 데이터 이용에 관한 더 많은 정보를 가질 수 있게 만드는데, 이는 개인정보 관련 이해상충의 문제들을 더욱 심화시킨다.[46] 그러므로 이런 상황을 이해하는 보다 영리한 소비자들은 개인정보 데이터를 제공하는 것을 꺼리게 되고, 이는 소비자가 해당거래가 성사되면 발생할 이익과 그가 제공한 개인정보를 기업이 이용하면 발생할 잠재적 손실을 거래마다 비교해서 의사결정을 해야 하는 어려움을 초래한다. 또한 손해가 발생하는 경우 데이터의 오용이 시작된 원점까지 그 손해를 추적하는 것이 대단히 어렵기 때문에 기업(판매자)들이 소비자들의 손해를 내부화할 인센티브를 가질 이유가 없게 만든다.

---

44 발생할 수 있는 모든 상황들(contingencies)을 모두 다 고려한 정보를 완결 정보(complete information)라고 부른다. 그러므로 불완결 정보는 일부 상황이 고려되지 못한 상태에서의 정보를 의미한다. 보편적으로 현실은 불완결 정보 상태라고 볼 수 있다.

45 Tucker, C.(2018), "Privacy, Algorithms and Artificial Intelligence," *The Economics of Artificial Intelligence: An Agenda*, (Agrawal, Gans, and Goldfarb eds.), University of Chicago Press, Chicago, IL USA, 423-437.

46 Jin, G.(2018), "Artificial Intelligence and Consumer Privacy," *NBER WP*, 24253.

더구나 기업들은 설령 소비자친화적(consumer-friendly) 데이터 정책을 표방할지라도, 이에 대한 위반을 사후적으로 적발하고 처벌하는 것이 매우 어렵고 비용이 크다는 것을 알기 때문에, 이를 위반할 매우 높은 인센티브를 가지게 된다.

4. 인공지능화와 고용 및 소득분배 정책 이슈들

인공지능이 일과 일자리, 생산성과 경제성장 그리고 시장에 미치는 영향으로 미루어 볼 때, 정부의 고전적 기능과 정책에는 어떤 변화를 필요로 하는가? 사실 정부들은 인공지능 연구의 태동기부터 연구에 대한 지원과 지원 철회를 반복하고, 기계화, 자동화, 컴퓨터화, 디지털화, 로봇화, 인공지능화로 기술혁신이 진전됨에 따라서 다양한 정책, 규제, 법 및 제도의 변화를 모색하여 왔다. 그러므로 인공지능이 이미 광범위하게 정치, 법, 규제, 제도와 정책에 영향을 미치고 있지만, 여기서는 인공지능이 일과 일자리 그리고 시장에 초래하는 쟁점들을 해결하는 데 어떤 방식으로 개입하고 어떤 제도적·정책적 입장을 취해야 할지에 대해서만 논의를 국한하기로 한다.[47]

---

[47] 이렇게 하는 것은 인공지능의 근본적인 위험에 대한 대처로부터 여기서 논의하는 문제들까지 모두 포함하게 되면 논의가 너무 길어지고 그 초점이 흐려질 것으로 예

우리는 이미 제4장에서 인공지능 기술이 일과 일자리를 대체할 가능성이 있으며, 그 기술에 대한 채택속도가 높아질수록 대체의 범위는 보다 확대될 것임을 알게 되었다. 그리고 일자리가 유지된다고 해도 일자리나 일의 양태가 근본적으로 변화되어 임금이 하락압력에 직면하게 될 것이라는 것도 알게 되었다. 또한 전체 GDP에서 노동분배비중이 낮아져서 결국 소득 불평등도가 더욱 심화될 가능성이 높다는 것을 알 수 있었다. 이는 설사 인공지능 기술의 채택으로 생산성이 해당 부문에서 높아지고 경제성장에서 상당한 진전이 이루어진다고 할지라도 모든 사람들의 삶이 시장의 자율적인 작동만으로 보편적으로 개선될 가능성이 적다는 것을 의미한다.

이미 산업 3.0이라 불리는 ICT 혁명이 진행되면서 이런 현상은 점점 더 강화되어 왔고, 전 세계 거의 모든 국가들에서 소득 불평등과 일자리 부족 문제로 인한 사회적 갈등과 정치적 대립구조의 확대가 핵심문제가 되고 있다. 실제로 ICT 혁명 기간 동안 예상과는 달리 생산성의 향상과 경제성장은 기대에 못 미친 반면, 일자리는 예상보다 상당히 크게 증가한 것으로 나타났다. 그런데 이 기간 동안 소득 불평등에 대한 불만과 시장경제체제에 대한 근본적인 이의 제기가 거의 모든 나라에서 예외없이 나타나 정권이 교체되거나 정치체제 자

상되기 때문이다. 기술 변동이 초래할 정부의 역할과 조직에 대한 영향과 그 대책에 대한 논의만으로 또 한 권의 책이 만들어질 수 있을 정도로 현재 고려할 이슈들이 방대하다.

체가 붕괴되는 상황이 빈번해졌다.

　이런 상황에서 인공지능 기술의 도입과 확산은 이러한 경향을 더욱 강화하는 방식으로 우리의 삶에 영향을 미칠 것이라는 것을 지금까지의 설명으로 쉽게 짐작할 수 있다. 그렇다면 이런 도전의 심화에 정부는 어떻게 대처해야 할까? 당면과제는 소득 불평등 문제가 현실적인 도전이 되고 있고, 인공지능 기술이 이를 강화하는 것은 물론 만성화시키는 경향이 있는 상황에서 이에 대처할 정책적 대안을 모색하는 것이다.

　정책대안을 선택하는 데 있어서 우선 고려해야 되는 것은 '인공지능 기술의 채택과 확산이 전면적인 거시경제적 충격이 될 것인가?' 아니면 '산업 또는 부문 특정적 성격을 띨 것인가?'에 대한 판단이다. 만일 충격이 후자에 가깝다면 정책대응은 산업 또는 부문 특정적으로 정책의 목표가 정해지고 이를 기준으로 정책이 고안되고 과거의 성공사례들을 따라 집행하는 것이 바람직할 것이다. 이런 경우 '기상천외한 방안(unprecedented approach)'에 기대는 것은 실패를 자초하는 일이 될 것이라는 것이 명약관화하기 때문이다.

　이런 관점에서 현재 경제학자들을 포함한 전문가들이 주목하고 있는 보편적 기본소득(UBI: universal basic income), 고용 보조금(employment subsidies)과 고용보장(guaranteed employment) 같은 일과 일자리 및 소득재분배 정책대안들을 살펴보도록 하자.

　먼저 UBI는 성인인 국민 모두에게 기존 사회안전망의 일부 또는 전부를 대체해서 동일한 금액을 조건없이 현금으로 지불하는 정책이다. 이 정책의 특징은 첫째, 시민권과 나이 등 지극히 제한된 조건 외에 국민 누구나 보편적으로 이용할 수 있으며, 둘째, 식품, 난방연료, 주거시설 같은 현물공여가 아니라 현금으로 지급되며, 셋째, 일자리 지원자, 구직자, 학교나 직업훈련 출석을 포함한 다른 여러 조건들을 전제로 하는 프로그램들과 달리 무조건(unconditionally) 지급된다는 것이다.

대부분의 UBI 정책방안들은 빈곤선(poverty line)같은 어떤 기준으로 사람들을 끌어 올리기 충분한 수준을 UBI의 금액으로 제안하고 있다. 예컨대, 2006년 머레이(Murray)는 21세 이상의 모든 미국 시민에게 매년 1만 달러를 지급할 것을 제안한 바 있고, 2016년 스턴과 크라비츠(Stern and Kravitz)는 노인이 아닌(non-elderly) 미국 시민들에게 매년 1만 2천 달러를 지급할 것을 제안하였다.[48] 이런 제안들은 모두 이미 시행되고 있는 식품 · 주거 · 난방 보조금 등 현물보조와 현금 보조금을 대체하는 데 초점을 두는 반면, 사회보장 퇴직소득(retirement income)과 메디케어(Medicare)나 메디케이드(Medicaid)같은 공공 무료건강보험 프로그램들을 대체하는가 여부에서는 두 제안들 사이에 차이가 있다. 그러나 이와 같은 상쇄요인들을 고려하고 난 후에도 미국에서 제안된 UBI를 시행하기 위해서는 매년 1조(trillion) 달러의 추가

---

[48] Murray, C.(2006), *In Our Hands: A Plan to Replace the Welfare State*, AEI Press, Washington, D.C., USA; Stern, A. and L. Kravitz(2016), *Raising the Floor: How a Universal Basic Income Can Renew Our Economy and Rebuild the American Dream*, Public Affairs, NY USA.

적인 재정수입이 필요한 것으로 추정되고 있다.[49]

사실 UBI는 이미 수 세기 전부터 제안되어 온 구식 아이디어이다. 인공지능 기술의 채택과 확산으로 각광을 받기 시작하였으나, 이미 1797년 미국 건국의 아버지들 가운데 한 사람인 토마스 페인(Thomas Paine)이 기독교적인 도덕적 전제에 입각한 이유들로 UBI를 주장한 바 있고,[50] 재정학의 조세와 재정 관련 일부 연구자들은 UBI가 다른 기존 사회보장 프로그램들과는 달리 단일하고 간소한(streamlined) 프로그램으로 관리에 효율적이면서 경제에 대한 왜곡이 적다는 이유로 이를 긍정적으로 평가한 경우도 있다.

이런 상황에서 인공지능 기술의 발전과 확산으로 일과 일자리의 미래와 관련된 새로운 주장들과 맞물려서 UBI는 논리가 더욱 정교화되어 현재는 많은 나라와 전문가들이 주목하는 정책대안이 되었다. 이들의 핵심 주장은 UBI가 사람들에게 기본적인 최저소득(income floor)을 보장해서 대량실업의 장기화나 보편적인 빈곤화의 문제를 해소하는 데 기여할 수 있다는 것이다. 심지어 페이스북의 창시자 마크 저커버그(Mark Zuckerberg) 같은 사람조차 'UBI가 모든 사람들이 각

---

49 Furman J. and R. Seamans(2018), "AI and the Economy," *NBER WP*, 24689.

50 페인은 '경작지를 소유한 사람들은 사회에 그 땅의 지대(ground rent)를 빚지고 있다'고 주장하면서, 이 지대에 대한 상속세(estate tax)를 내야 하고, 이를 토대로 노인층과 장애인들에 대한 보편적 연금(universal pension)과 일정 연령 이상의 모든 미국 시민들에 대한 일정한 기본소득의 지급을 주장했다. 자세한 내용은 Paine, T.(1797), *Agrarian Justice*, a Pamphlet을 참조하라.

각 새로운 무엇인가를 시도하는 데 완충장치(cushion) 역할을 하게 될 것'이라고 주장하기도 했다.[51] 이미 우리나라에서도 코비드19(COVID 19)로 인하여 경제에 심각한 문제들이 발생하자, 이를 해결하는 방안으로 여야가 최근들어 모두 이의 도입을 적극적으로 제안하고 있다.[52] 사실 인공지능 기술의 영향을 연구하는 전문가들은 이미 정책 대안 가운데 하나로 UBI를 토론해 오고 있었다.

그러나 이미 많은 사람들이 우려하는 것처럼 이 방안에 심각한 단점들이 있다. 우선 이미 미국의 추정결과에서 알 수 있듯이 실행에 드는 재원이 엄청나다. 예컨대, 미국에서조차 매년 1조 달러의 재원을 정부가 조달하기 위해서는 기존 근로소득세(pay-roll tax)를 거의 2배 인상하거나, 개인소득세를 50% 가까이 인상해야 할 것으로 추정되고 있다. 조세 수용성 관점에서 볼 때, 이런 기상천외한 세율인상을 미국 국민들이 받아들이는 것은 거의 실현 불가능한 일로 추정되고 있고, 결국 이는 이 프로그램의 실현가능성(feasibility)이 매우 낮을 것임을 의미한다고 볼 수 있다.

---

51 Zukerberg, M.(2017.5.25), "Mark Zuckerberg's Commencement Address at Harvard," https://news.harvard.edu/gazette/story/2017/05/mark-zuckerbergs-speech-as-written-for-harvards-class-of-2017/.

52 이재명 경기도 지사를 필두로 여당인 민주당의 대선주자로 지목되는 이낙연 대표, 야당인 국민의 힘 김종인 대표 등이 모두 기본소득제에 대한 적극적인 관심과 제도 도입 의사를 피력하고 있는 상태이다. 박정연(2020.5.8), "이낙연 "기본소득 취지 이해, 찬반 논의 환영"," 프레시안; 김민철(2020.6.24), "김종인, "한국식 기본소득제 미리 준비하자"," 조선일보.

두 번째 거론되는 단점은 UBI가 설정하는 형평성 목표(targeting)에 내재되어 있는 상충관계를 다루는 최적수단이 아니라는 것이다. 우선 UBI는 현재 정부로부터 소득 이전을 받고 있는 저소득층 가계들의 순이전소득(net transfer)을 축소할 수 있다. 따라서 이 제도가 소득 불평등을 해소하여 공정성과 형평성을 보장하는 수단인가에 대한 의심과 비판이 있다. 또한 효율성 관점에서도 문제의 제기가 있다. 예컨대, 실업보험(unemployment insurance)은 실업을 조건으로 지급된다. 그러므로 도덕적 해이(moral hazard)의 문제가 발생하지만 실업한 가계 (실질적인 보조금 니즈를 가진 가계)의 소비를 일정한 수준으로 유지해서 프로그램이 설정한 목표에 정확하게 부합하는 역할을 한다. 그러나 UBI로 이 프로그램이 대체되면, 실업보험에서 발생하는 도덕적 해이는 감소될 것이나, 기존 프로그램으로 유지시켰던 실업자 가계의 소비수준을 지속적으로 유지시키는 것은 포기해야 한다.

셋째로 UBI가 기업가정신과 기술혁신을 고무시킬 것이라는 주장도 그럴듯하나 그 증거가 거의 없다. 지난 30년간 신규 진입기업의 진입율이 감소해왔으므로 지금의 고용 문제를 해결하기 위해서는 기업가정신을 고취하는 강력한 정책을 추진해야 한다는 주장이 힘을 얻고 있었다.[53] 이 주장이 이론적으로 타당할 수 있으나, 적어도

---

53 Decker, R., J. Haltiwanger, R. Jarmin and J. Miranda(2014), "The Role of Entrepreneurship in US Job Creation and Economic Dynamism," *Journal of Economic Perspectives*, 28(3), 3-24.

UBI가 그런 역할을 할 수단이라고 보기는 어렵다. 미국 알래스카주, 노르웨이, 중동 걸프만 지역 일부 산유국들은 원유 판매에서 발생하는 재원을 이용해서 이미 대부분 국민들에게 UBI와 유사한 형태로 소득이전(income transfers) 프로그램들을 시행하여 왔으나, 이 지역들에서 기업가정신과 혁신이 다른 지역들보다 고양된 증거는 발견하기 어렵다. 특히 기업가정신과 혁신을 UBI가 고무시킬 것이라는 주장은 기업가나 투자자가 더 많은 위험을 받아들이는 것을 전제해야 하는데, 오히려 UBI는 받는 사람들의 이런 인센티브를 약화시킬 가능성이 있으므로 정당화가 어렵다. 이에 더해서 자금을 빌려주는 대부자들은 기업가나 투자자들이 모험적일수록(risk-taking) 대출을 꺼리므로, 저커버그 류의 주장이 설득력을 가지기 어렵게 한다.[54]

둘째, 고용보조금은 고용된 노동자가 일정한 금액에 미달할 경우 그 근로소득 수준을 보전하기 위해서 보조금을 지급하는 것이다. 대표적인 사례는 근로소득 세액공제(EITC: Earned Income Tax Credit) 제도이다. 미국의 경우 2020년 두 자녀를 가진 가계의 가장은 근로소득 세액공제 상한액은 5,920달러이다. EITC는 근로소득이 증가할수록 보조금 비율이 감소하는 방식으로 설계되어 있고, 두 자녀 가계에서 소득이 5만 3,330달러에 도달하면 공제가 사라진다. 또한 자녀 수

---

54 파산과 관련된 경제학 문헌들은 대부자들의 이런 행태의 증거들을 제시하고 있다. 이와 관련해서는 Berkowitz, J. and M. White(2004), "Bankruptcy and Small Firms' Access to Credit," *RAND Journal of Economics*, 35(1), 69-84를 참조하라.

가 하나인 경우 보조금이 상당히 작고, 세 자녀 이상일 경우 상당히 크다. 그러나 자녀가 없는 가계에는 아주 작은 보조금이 주어지는데, 2020년 최대 보조금 액수는 538달러이다.[55]

고용보조금 관련 정책 대안은 두 종류로 발전했다. 하나는 EITC 를 더욱 확대하는 방안(proposals)으로 오바마 행정부와 의회가 제안한 것이었다. 이 방안은 방금 설명한 EITC 구조에서 자녀가 없는 가구에 대한 EITC를 실질적으로 증가시키는 것이었다. 이러한 제안이 대통령과 민주당 주도 의회에서 공동 제안된 배경에는 EITC가 소득분배 문제뿐만 아니라 노동참가율을 증가시킨다는 경제학자들의 실증연구 결과가 있었다.[56]

다른 하나는 에드먼드 펠프스(Edmond Phelps)가 1997년에 제안했던 고용주에 대한 보조금인 취업기회 세액공제(WOTC: Work Opportunity Tax Credit)를 확대하는 방안이었다.[57] 이 방안은 시간당 최저임금 7.25 달러를 버는 가계에 시간당 추가로 7달러를 정부가 더 지불하는 프

---

55 미국 EITC의 구체적인 수혜 대상 기준은 IRS, "Tax Year 2020 Income Limits and Range of EITC," *Income Limits and Range of EITC*, Internal Revenue Service를 참조하라.

56 Eissa, N. and J. Liebman(1996), "Labor Supply Response to the Earned Income Tax Credit," *Quarterly Journal of Economics*, 111(2), 605-637: Hotz, V., C. Mullin and J. Scholz(2006), "Examining the Effect of the Earned Income Tax Credit on the Labor Market Participation of Families on Welfare," *NBER WP*, 11968.

57 Phelps, E.(1997), *Rewarding Work: How to Restore Participation and Self-support to Free Enterprise*, Harvard University Press, Cambridge, MA USA.

로그램이다. 이 방안도 근로자의 소득이 증가하면 보조금은 삭감되기 시작하도록 설계되어 있다. 이 방안의 장점은 프로그램에 대한 모든 관리(administration)가 고용주와 세무당국에 의해서 이루어지고, 노동자는 더 높은 임금만 수령하므로 그 부담이 사실상 없다는 것이다. 더구나 이 방안은 조세와 다른 소득분배 프로그램들의 수혜대상자들에 대한 낙인효과를 확실하게 제거할 수 있다는 장점도 있었다.

그러나 이 방안 또한 약점이 있다. 이 방안은 소득분배 차원에서 노동자가 소속한 가계의 총소득(overall household income)이나 가구 전체의 환경에 따라 수혜대상(target)을 정하는 것을 어렵게 한다. 또한 고용보조금도 이를 보전하기 위해서 추가적인 재원을 조달해야 한다는 문제가 있다. 게다가 고용보조금 제도는 고용 조건부 지급이므로 관리비용이 UBI보다 높고, 소득과 근로시간에 대한 허위 보고 등 다양한 기회주의적 행동 인센티브가 커진다.

그러나 고용된 경우에만 지급되고 소득이 높아지면 점점 보조금이 낮아지므로, 그 소요재원이 UBI와 비교할 때 상당히 작다. 오바마 행정부에서 시도되었던 자녀가 없는 가구에 대한 공제를 증액하는 EITC 확대 방안의 경우 매년 추가로 50억 달러가 필요한 것으로 추산되었다. 특히 이 방식이 가진 장점은 이 혜택이 고용된 노동자에 대한 인센티브로 작용하고, 일이 여전히 사회부조(social support)의 중심이라는 신호(signaling)를 보낸다는 점이다.

셋째, 정부가 일자리를 제공하는 고용보장(employment guarantee) 방안이다. 현재 우리나라에서 시행하고 있는 '공공근로(public jobs)'와 유사한 형태인 이 방안은 노동 서비스를 하는 노동자들에 대해서만 임금을 지불하는 형태이다. 주로 좌파 또는 진보주의자들이 주장하는 일과 일자리 감소에 대처하는 방안들이다. 미국의 경우에는 미국진보센터(Center for American Progress)와 제프 스프로스(Jeff Spross) 등이 주장하는 방안들이다.[58] 이 방안들은 AI 때문에 추진된 것은 아니다. 본래 이것들은 1930년대 대공황 시기에 시행되었던 프로그램들에서 아이디어를 얻은 방안들로 지금은 AI로 인한 대량실업 발생에 대응하기 위한 제3의 접근법으로 제안되어 논의 선상에 올랐다.

다른 대안들과 마찬가지로 이 방안도 실질적인 재정부담이 발생하는 문제가 있다. 이와 같은 고용보장 일자리에 시간당 15달러의 임금을 주고, 1,000만 명이 이런 일자리를 가지는 경우, 매년 3,000억 달러 이상의 재원이 소요될 것으로 추정되고 있다. 설사 이런 공공 일자리가 사회에 필요한 서비스를 해서 공공부문에서 일정한 편익을 증가시킨다고 하더라도 실질적인 공적지출의 증가가 불가피하며 일자리 속성상 가지는 비효율성과 도덕적 해이 문제도 회피하기가 어렵다. 또한 행정적으로 프로그램 관리가 대단히 복잡하고, 사람들이 승진이나 미래전망이 불투명한 저임금 일자리에 포획될 가능성이 있으며, 노동시장이 왜곡될 가능성도 있어서 이 제도 또한 문제

---

58 스프로스의 고용보장 방안에 대한 자세한 설명은 Bruening M.(2017.3.23), What Job Would Be Doable under a Job Guarantee Program?" *Medium Daily Digest*을 참조하라.

점이 많다. 그럼에도 불구하고 많은 사람들이 주목하는 이유는 고용보장 제도가 '일'을 부조하는 가장 직접적인 방법이어서 잠재적으로 사람들을 경제활동인구 내에 유지시키고 재정의 경기순환조절(anti-cyclical) 기능을 보완하는 역할을 할 수 있다는 점 때문이다.

5. 인공지능화와 경쟁정책 이슈들

인공지능화로 시장에 발생할 파급효과는 주로 공정거래와 경쟁정책에 문제를 야기하고 있다. 이는 앞에서 논의한 알고리즘이 가격결정과 진입 등 핵심적인 시장거래의 조건들에 심각한 영향을 미치기 때문이다.

우선 가격결정이 알고리즘에 의해서 이루어지고, 동태적인 가격책정이 가능해지며, 산업을 구성하는 기업들이 플랫폼화하면서 기존의 시장에서는 드물었던 양면시장적 성격이 시장 전반에서 확대되고 있다. 또한 알고리즘 기술들에 의해서 각종 비용이 획기적으로 감소해서 진입장벽이 낮아지는 경향이 있는 반면, 알고리즘이 개인정보를 구체적으로 파악하게 되어 맞춤가격책정과 맞춤추천이 보편화됨으로써 가격차별이 더욱 심화되고, 시장이 세분화되고 있는 실정이다. 더구나 알고리즘들의 가격책정은 동일 산업 내 기업들간 담합을 쉽게 하여 담합을 촉진하는 역할을 할 가능성이 높다는 것도 심각한 우려의 대상이다.

다른 한편으로는 현재 최첨단 인공지능이 제대로 기능하기 위한 필수적인 요소인 빅데이터가 진입장벽으로 작용하는 경향이 더 강화되고 있다. 이러한 요인들은 결국 전통시장을 규율해 온 기존 경쟁정책들의 각종 기준과 규칙들이 더 이상 유효하지 않을 수 있고, 지금까지는 경제학 이론에서는 가능하지만 실현가능성이 없었던 다양한 소비자 후생을 축소시키는 관행들이 본격적으로 가시화될 가능성에 대한 우려를 자아내고 있다.

이러한 문제들의 관할권은 공정거래 정책과 관련되어 있다. 정부의 공정거래 정책이 가장 먼저 관심을 가져야 할 부분은 기업의 플랫폼화가 친경쟁적일지, 반경쟁적일지 또는 효율성 효과를 높일지, 집중으로 후생손실을 높일지를 면밀히 검토해서 경쟁정책의 틀을 다시 구축할 필요가 있는가를 파악하는 것이다. 사업 또는 기업의 플랫폼화 확대는 인공지능 기술을 비롯한 첨단기술들의 채택으로 인한 생산측면에서의 규모의 경제가 수요측면에서 이미 지속적으로 심화되어 온 네트워크효과와 이로 인한 높은 전환비용 문제와 결합해서 산업집중을 더욱 높이는 경향이 있다. 이럴 경우 가격을 경쟁의 지표로 삼는 기존 경쟁정책의 규칙들은 플랫폼기업의 보편적인 특징인 양면시장적 측면을 제대로 다룰 수 없다. 그러므로 설사 소비자에게 제공하는 서비스가 무료라고 하더라도, 이를 레버리지해서 플랫폼의 다른 측면 시장에서 우월적 지위를 가짐으로, 독점을 기도(attempt to monopoly)하거나 독점화(monopolization)하는 경향이 어떤 양태를 띨 것인가에 대한 분석을 강화해야 한다. 그리고 소비자의 무료이용으로 인한 소비자 잉여의 증가와 광고주들이 더 많은 비용을 부담하거나 소비자들의 다른 손실들로 인해서 발생하는 사회적 후생 측면에서의 손실을 비교형량할 수 있어야 한다.

둘째, 맞춤형 가격책정은 1차가격차별을 비롯한 보다 세분화된 그룹별 또는 개인별 가격차별을 강화하게 될 것인데 이에 대한 모니터링을 강화해서 어떤 가격차별이 허용되고, 어떤 가격차별이 제재되어야 할지를 명백히 해야 한다. 예컨대, 산업조직론은 전통적으로 명백히 구별되는 연령, 신분, 소득 등을 기준으로 행해지는 3차가격차별의 경우, 소비자 후생증대 효과가 사실상 없고, 기업의 이윤은 증가하는 것으로 나타난다. 맞춤형 가격차별이 모든 개인들을 유보가격을 따라서 차별할 수 있는 경우, 모든 소비자 잉여를 이윤(생산자 잉여)으로 전환하는 것을 의미한다. 그러므로 알고리즘의 개인 식별력 강화로 개인별 맞춤가격책정이 가능해지는 현상이 강화될수록 어떻게 규제를 소비자 후생을 악화시키지 않는 인센티브를 가지게 개선할 것인가를 고민해야 한다.

셋째, 동태적 가격결정의 가능성은 결국 담합의 유지가능성을 강화한다. 사실 지금까지 경제학은 정부가 만드는 법적담합(legal cartel)을 제외하고는 본질적으로 담합은 지속가능성이 없다고 생각해 왔다. 그런데 이미 살펴본 것처럼 가격결정이 알고리즘에 위임되고, 인공지능이 특정한 담합 데이터로 학습을 해서 만든 모델의 수립이 없이도 강화학습으로 담합을 할 수 있는 능력을 가질 수 있게 되면, 사적담합(private collusion)의 유지가능성은 견고해질 수 있다. 사적담합의 유지가능성이 견고해질수록, 그 색출이 불가능해질수록, 기업간 담합은 더욱 보편화될 가능성이 높다. 더구나 현재 이루어지고 있는 강화학습 인공지능 알고리즘에 의한 동태적 가격책정은 사람들이 행하는 기업간 담합과 달리 공모와 협약 없이도 최적담합가격을 기업들이 동시에 책정하는 것이 가능하다. 또한 동태적 가격책정은 실시간으로 시장의 균형가격이 결정되기 때문에, 담합과정에서 이탈하는 기업들을 쉽게 빨리 색출하는 것은 물론 즉각적인 응징을 할 수 있고, 이는 이탈 기업이 이탈로 누리는 이익을 크게 감소시킨다. 이는 결국 이탈의 비용은 크게 증가한 반면, 이탈의 편익이 아주 크게 감소하는 것을 의미하므로 담합의 유지가능성을 크게 높인다.

현재 담합에 대한 공정거래법의 규정은 사람간 담합을 전제로 만들어져 있다. 그래서 공정거래 당국은 기업에서 담합의 정황증거들을 파악해서 이를 토대로 담합 여부를 결정하는 것이 보편적이다. 그러나 이런 공모와 의견교환 등 담합과 관련된 정황들은 더 이상 담합 입증에 유효한 증거가 되지 못할 것이다. 그렇다면 이런 알고리즘을 이용한 기업간 암묵적 담합(tacit collusion)을 어떻게 색출하고 제재해야 할 것인가에 대한 새로운 규정이 모색되어야 한다. 이미 OECD(2017)가 제안한 것과 같이 인공지능이나 알고리즘을 담합의 추적과 색출에 사용하는 방안들을 보다 적극적으로 검토하고, 동태적 가격책정의 담합촉진을 제어하기 위해서 인센티브 메커니즘 디자인에 입각한 규제개혁을 모색해야 한다.

넷째, 빅데이터의 진입장벽화를 해소하기 위한 방안을 마련해야한다. 빅데이터가 인공지능 알고리즘의 필수적인 요소(essential input)이므로, 현재 경쟁정책 상 '필수설비원리(essential facility doctrine)'의 적용을 적극적으로 검토하는 것이 필요하다. 즉, '데이터의 공유와 관련된 규정을 어떻게 마련할 것인가?'가 핵심 정책 어젠다가 되어야한다. 이를 위해서는 먼저 플랫폼 서비스의 수요자가 자신이 직접 생성한 사적정보나 기업이 알고리즘을 통해서 패턴인식 등으로 확보한 그의 사적정보 데이터에 대한 소유권을 확정해야 한다. 소유권 정립의 원칙은 너무 지나친 개인정보 보호로 정보 비대칭성이 강화되어 제품과 소비자간 최적 매치를 어렵게 하는 비효율성을 배제하면서, 개인정보에 대한 기업이나 이용자의 오남용으로 소비자 후생 손실이 미래로 이어지면서 발생하는 것을 방지하는 균형을 확보하는것이다.

데이터의 진입장벽화를 감소시키기 위한 중요한 수단들 가운데하나는 데이터 이동성이다. 데이터 이동성의 강화는 우선 기존 기업간 경쟁을 촉진하는 역할을 할 것이다. 이미 정보통신산업에서 이루어진 번호 이동성이 기존 통신사들간 경쟁을 촉진했던 경험들로 볼때 이는 분명하다. 그러나 데이터 이동성이 보장되어도 기존 기업들과 신규 진입기업 간 경쟁에는 여전히 허들이 존재한다는 한계가 있다. 왜냐하면 이미 설명했던 것처럼 직·간접적인 네트워크효과와 높은 전환비용으로 인해서 소비자들의 자발적 이동가능성이 대단히 낮을 것이기 때문이다. 이를 해결하는 대안으로 '데이터 개방(data open access)'이 경쟁촉진 방안으로 논의될 수 있을 것이다.

데이터 공유를 위해서 필수설비원리를 적용할 경우, 이로 인한 공유 기업의 데이터 생성 인센티브를 저해하지 않도록 하기 위해서 데이터 이용과 관련해서 합리적인 과금을 할 수 있도록 데이터 개방 규정을 최적화해 나가는 것이 중요할 것이다. 향후 시장은 전통적인 시장 그대로가 아니라 플랫폼이 주류인 시장으로 진화할 것이므로, 이 의사결정이 결국 플랫폼 시장에서의 진입을 통한 경쟁과 인공지능을 포함한 기술혁신의 보편적 수혜 여부를 결정할 것이다. 그러므로 이 두 방안들을 지금부터 확실하게 마련하는 것이 대단히 중요하다.

이 문제를 해결하기 위한 다른 대안으로는 개인정보 오남용에 대한 소비자의 우려를 불식시키면서 기업 등 이용자의 원활한 데이터 활용을 위해서 신뢰할 만한 제3자에 의한 개인정보 보호 방안이 제안되고 있다.[59] 개인정보 보호에서 신뢰성을 가진 제3자는 AI 연관 스타트업에 개인정보 오남용 가능성을 배제한 상황에서 빅데이터에 대한 조건부 접근을 허용할 수 있고, 스타트업들이 이용할 수 있는 표준화된 훈련 데이터 세트를 만들어 제공할 수도 있는 이점을 가진다. 그런데 이 방안이 가진 핵심 문제는 '누가 그런 신뢰할 만한 제3자 역할을 할 수 있을 것인가?'이다. 대개 제3자로는 대학교 컨소시

---

59 Furman J. and R. Seamans(2018).

엄, 기존 정부규제기관, 또는 이에 특화된 신설 정부기관 또는 민관 파트너십이나 빅데이터 전문 비영리기관들이 거론되고 있다. 그러나 결국 이러한 기관의 성공 여부는 각국 정부와 정부기관들과 사회단체 및 시민사회 등의 사회적 신뢰도에 달려 있을 것으로 보인다. 특히 민관파트너십이나 시민사회 그리고 대학들이 이런 신뢰를 받을 만한 입지를 구축하고 있느냐 여부가 이런 제도적 대안의 성공적인 이용을 좌우할 것으로 보인다.

6. 인공지능화와 대외경제정책 이슈들

디지털화와 인공지능화가 대외경제에 초래할 파급효과는 무역과 해외직접투자에 관련되어 있다. 결론부터 말하자면 세계시장에서의 무역 및 투자와 관련해서 정부가 시행해 온 기존 정책들에 대한 대대적인 재검토도 불가피할 것이다. 무역과 관련해서는 세계화의 진행으로 형성된 기존의 세계적인 공급사슬이 자국우선주의를 추구하는 미국, 중국, EU를 비롯한 대규모 경제권의 정책으로 이미 심각하게 요동치고 있는 상태이다. 미국과 중국을 축으로 하는 경제적·정치적 대결구도의 심화는 지속될 가능성이 대단히 높고, 인공지능의 채택과 확산은 기후변화, 주요 에너지원의 고갈과 주 에너지원의 교체 등 인류가 직면하게 될 중요한 문제들과 맞물려서 기존의 대외무역,

해외직접투자, 그리고 다국적기업들의 전개와 관련된 지금까지 경험하지 못한 다양한 충격과 불확실성을 초래할 것으로 보인다.

먼저 고려해야 하는 점은 지금까지 노동집약적 비교우위를 가졌던 개발도상국들의 우위가 지속적으로 감소할 것이라는 점이다. 왜냐하면 자동화의 진행으로 기계에 의한 저숙련 노동에 대한 대체가 점점 더 강화될수록 개발도상국들의 입지적 우위는 급격하게 사라질 것이기 때문이다. 이럴 경우 세계화와 ICT 혁명으로 촉발되었던 개발도상국들의 산업화와 소득증가는 더 이상 지속될 가능성이 희박해질 것이다. 그리고 현재 극빈국들을 포함해서 산업화의 혜택을 받지 못한 나라들의 빈곤은 더욱 고착화될 가능성도 배제할 수 없다. 특히 미국과 중국에 의한 정치, 군사, 경제적 신냉전 기류의 강화와 블록화 추구는, 과거와 같이 자유로운 세계적인 무역과 투자 질서를 상당한 부분 저해할 가능성이 높고, 양국과 동시에 높은 상호의존성을 가진 나라들은 심각한 선택의 딜레마에 직면할 것으로 예상된다.

그러나 저렴한 임금에 기반한 해외이전은 더 이상 없을 것이지만, 인공지능화가 촉진하는 맞춤가격책정과 맞춤 제품 및 서비스 제공은 소비자가 존재하는 수요처 내지 그 주변 입지가 기업들의 입지결정에서 중요한 요인이 되어 이에 따른 기업들의 이동이 발생할 가능성을 확대하고 있다. 결국 중국, 인도, 아세안 국가들에 입지한 다국적기업들은 임금상승이나 자동화로 인한 비용절감 가능성과 제품과 서비스 수요처로서의 해당 지역들의 잠재성과 가능성을 고려해서 입지를 결정하게 될 것이다. 이런 기업 입지에 대한 새로운 고려에 따라서 해외이전 기업의 국내복귀에 대한 인센티브 정책을 재조정해야 할 필요성도 당연히 증가할 것이다.

수요처가 국내에 있는 기업들은 자동화의 진전에 따라 설사 정부의 인센티브 정책이 없더라도 국내로 복귀할 것이다. 반면 역내수출이 목적이어서 수요처를 따라서 이전한 기업들은 자동화로 인건비 절감이 가능하다고 해도 복귀를 결정하지 않을 것이다. 또한 공급사슬이 해당 지역에 존재하는 경우에도 마찬가지이다. 그러므로 제조업체들 가운데 복귀하는 기업들에 대한 인센티브 정책보다는 오히려 새로운 분야에서 스타트업으로 신기술을 개발 또는 응용하거나 기존 사업에 인공지능을 비롯한 첨단기술을 이용하는 기업들에 인센티브를 부여하는 방식으로 산업정책의 양태를 전환하는 것이 더 우월한 전략이 될 것으로 보인다. 왜냐하면 지금은 기술의 대전환기이고 전환의 신속성은 선도자 우위를 가질 수 있을 것인가를 결정할 것이기 때문이다.

둘째, 블록화 경향이 인공지능을 비롯한 첨단기술들의 이용과 관련되어서 강화되는 경우 어느 블록을 선택할 것인가에 대한 의사결정이 중요하다. 미국과 중국이 모두 주요 첨단기술 보유국으로 각축을 하고 있는 상태이기는 하나, 여전히 원천 핵심기술들은 미국을 주축으로 한 서구와 일본에 편재해 있고, 이들은 냉전시대에도 한 블록을 구성해서 공산블록에 대응했던 경험이 있으므로 미국 중심의 혁신기술 블록에 속해서 무역과 투자를 진행시켜 나가는 데 우선순위를 두어야 할 것으로 보인다. 특히 한국은 안보, 정치, 시장, 기술, 무역, 투자, 문화에서 대부분 미국, 유럽, 일본과 더 깊게 가치를 공유하고 호환성을 확보하고 있으므로, 이 경로의존성을 핵심적으로 고려해야만 심각한 효율성 손실과 국익 손상을 막을 수 있을 것이다. 특히 인공지능이나 첨단기술들과 관련된 공급사슬의 안정성을 확보하는 데 있어서 이러한 전략적 정책대응은 사활이 걸린 핵심 의사결정이 될 것이다.

셋째, 플랫폼화 경향의 가속화는 승자독식적 시장 결과를 더욱 강화할 것이고, 세계적으로 한 부문에 몇 개 기업의 집중도가 심각히 높게 나타나, 국민경제의 여러 분야에서 플랫폼 기업들에 대한 종속도가 강화될 가능성이 높다. 이런 문제를 해결하기 위해서 현재 공정거래법, 특허법, 상법 등 경제관련 법규들의 재검토는 물론 이러한 문제들을 해결하기 위한 세계적인 논의에 적극적으로 참여하여 국익을 반영할 필요가 있다. 특히 개인정보 데이터의 소유권과 관련된 의사결정과 개인정보의 보관장소와 이용관련 규제들을 오남용을 방지하면서 원활하게 개인과 기업들이 사용할 수 있는 방안을 논의하는 국제적인 규칙 제정을 위한 다자간 라운드에서 적극적인 역할을 해야 할 것이다. 이는 결국 새로 만들어지는 특허, 경쟁정책, 기술혁신, 표준 관련 국제규범의 유·불리를 결정할 것이므로 또 하나의 중요한 정부의 핵심 의사결정 될 것이다. 또한 AI 관련 또는 첨단기술 기업들이 전 세계적인 사업활동을 전개하는 데 장애가 되는 제도적 요인들과 규제들을 신속하게 개선해 나가는 것도 현시점에서 당면한 과제이다. 특히 데이터의 원활한 이용을 위한 다양한 방안들을 적절한 개인정보 보호와 동시에 고려하는 세부조정된 정책 및 규제 대안들이 지속적으로 발굴되어야 한다. 이런 제도적 인프라의 신속한 완비는 결국 세계적인 기술경쟁에서 승리하기 위한 경쟁력의 핵심 토대가 될 것이다.

참고문헌

강인효(2016.3.1), "구글 자율주행차, 버스와 첫 접촉사고 … 일부 책임 인정," 조선비즈.

게리 마커스(Gary Marcus, 2008), 클루지(Kluge): 생각의 역사를 뒤집는 기막힌 발견, 갤리온.

김민철(2020.6.24), "김종인, "한국식 기본소득제 미리 준비하자"," 조선일보.

김주완(2019.1.26), "이번엔 '알파고' 아닌 '알파스타' 충격 … 구글 AI, 인간 프로게이머도 이겼다," 한국경제신문.

더글라스 호프스태터(Douglas Hofstadter, 2017), 괴델, 에셔, 바흐: 영원한 황금 노끈 (Gödel, Escher, Bach: an Eternal Golden Braid), 까치, 개역개정판.

레이 커즈와일(Ray Kurzweil, 2007), 특이점이 온다(The Singularity Is Near), 김영사.

류한석(2020), "범용 AI의 선두주자 GPT-3가 가져온 충격," 나라경제, 359, 56-57.

르네 데카르트(René Descartes, 1637), 방법서설: 정신지도를 위한 규칙들, 문예출판사, 1997년.

마틴 포드(Martin Ford, 2019), AI 마인드, 터닝포인트.

박정연(2020.5.8), "이낙연, "기본소득 취지 이해, 찬반 논의 환영"," 프레시안.

배재경(2020), "신경망 번역 모델의 진화과정," AI Research, https://tech.kakaoenterprise.com/45.

숀 게리시(Shen Gerrish, 2019), 기계는 어떻게 생각하는가?(How Smart Machines Think?), 이지스 퍼블리싱.

"알파고," 위키백과, https://ko.m.wikipedia.org/wiki/%EC%95%8C%ED%8C%8C%EA%B3%%A0.

양병찬(2018.12.05), "구글 딥마인드의 최신병기 알파폴드(AlphaFold), 단백질의 3D 형태 예측," BRIC 동향, https://www.ibic.org/myboard/read.php?Board=news&id

=300218.

유원준(2020), "16장 어텐션 메커니즘, 1절 어텐션 메커니즘," 딥러닝을 이용한 자연어 처리 입문, WikiDocs, https://wikidocs.net/22893.

윤광제(2019.9.9), "AI 역사의 시작," AI 타임스, http://www.aitimes.com/news/articleView.html?idxno=119328.

이기원(2019.12.10), "테슬라 자율주행차, 미서 또 사고 … 안전 우려 제기," 연합뉴스.

이민정(2019.3.2), "미국서 연이은 테슬라 차량 사망 사고 … 자율주행차 안전 논란," 중앙일보.

이소영(2018), "최초의 프로그래머 에이다 러브레이스," 기술과 혁신, 416, 한국산업기술진흥협회.

이정현미디어연구소(2016.7.13), "자율로봇, 어린이 공격 '황당 사건'," ZDNet Korea.

이재윤 · 김토일(2018.3.20), "우버 자율주행차 첫 보행자 사망 사고 … 안전성 논란 증폭," 연합뉴스.

조우쯔화(Zhou Zhihua, 2019), 단단한 머신러닝(Machine Learning), 제이펍.

줄리앙 오프레이 드 라 메트리(Julien Offray de La Mettrie, 2020), "제2장 인간기계론," 라 메트리 철학선집: 인간기계론, 영혼론, 인간식물론, 섬앤섬, 43-126.

장길수(2016.6.16), "자유 찾아 연구실 밖으로 탈출한 로봇," 로봇신문.

장병탁(2018), "인간지능과 기계지능-인지주의 인공지능," 한국정보과학회지, 17-26.

장우정 · 이나라(2019.11.20), "우버 자율주행차 보행자 사망 사고, 원인은 운전자 탓," 조선일보.

정진우 · 백수진(2013.3.15), " 2분 만에 460억을 날린 투자 AI … 사생활 침해 논란 '딥페이스'," 중앙일보.

한스 로슬링(Hans Roslin, 2019) 외, 팩트풀니스(Factfulness), 김영사.

한스 모라벡(Hans Moravec, 1988), 마음의 아이들(Mind Children), 김영사, 2011년.

황혜란(1992), "제5세대 컴퓨터 연구의 공과," 과학기술정책, 2(31), STEPI, 20-22.

Accenture(2016), "How AI Boosts Industry profits and Innovation," *Accenture AI Research*, Accenture.

Acemoglu, D., D. Autor, D. Dorn, G. Hansen and B. Price(2014), "Return of Solow Paradox? IT, Productivity, and Employment in US Manufacturing," *American Economic Review*, 104(5), 394-399.

Acemoglu D. and P. Restrepo(2017), "Robots and Jobs: Evidence from US Labor Markets," *NBER WP*, 23585.

Ackerman, A., I. Gaarder and M. Mogstad(2015), "The Skill Complementarity of Broadband Internet," *Quarterly Journal of Economics*, 130(4), 1781-1824.

Ackley, D., G. Hinton and T. Sejnowski(1985), "A Learning Algorithm for Boltzmann Machines," *Cognitive Science*, 9(1), 147-169.

Aghion, P., A. Bergeaud, R. Blundell and R. Griffith(2019), "The Innovation Premium to Soft Skills in Low-Skilled Occupations," *CEP Discussion Paper* 1665, Center for Economic Performance, London School of Economics and Political Science(LSE).

Aghion, P., P. Howitt and S. Prantl(2015), "Patent Rights, Product Market Reforms, and Innovation," *Journal of Economic Growth*, 20(3), 223-262.

Aghion, P., B. Jones and C. Jones(2018), "Artificial Intelligence and Economic Growth," *The Economics of Artificial Intelligence: An Agenda*, (Agrawal, Gans, and Goldfarb eds.), University of Chicago Press, Chicago, IL USA, 237-282.

Agrawal, A., J. McHale and A. Oettl(2018), "Finding Needles in Haystacks: Artificial Intelligence and Recombinant Growth," *The Economics of Artificial Intelligence: An Agenda*, (Agrawal, Gans, and Goldfarb eds.), University of Chicago Press, Chicago, IL USA, 149-174.

AI Index(2017.11), https://aiindex.org/2017-report.pdf.

AI Multiple(2021), "995 Experts Opinion: AGI/Singularity by 2060[2021 Update]," https://research. aimultiple.com/artificial-general-intelligence-singularity-timing/.

Akhgar, B., P. Bayerl and F. Sampson(2016), *Open Source Intelligence Investigation: From Strategy to Implementation*, Springer International Publishing.

Arntz, M., T. Gregory and U. Zierahn(2016) "The Risk of Automation for Jobs in OECD Countries: A Comparative Analysis." *OECD Social, Employment and Migration Working Papers*, OECD.

Athey, S., E. Calvano and J. Gans(2018), "The Impact of Consumer Multi-homing on Advertising Markets and Media Competition," *Management Science*, 64(4), 1574–1590.

Autor, D., D. Dorn, L. Katz, C. Patterson and J. Reenen(2017), "The Fall of the Labor Share and the Rise of Superstar Firms," *NBER WP*, 23396.

Autor, D. and A. Salomons(2017), "Robocalypse Now-Does Productivity Growth Threaten Employment?" *MIT Working Paper*.

Azulay, D.(2019), "When Will We Reach the Singularity? - A Timeline Consensus from AI Researchers," *Emerj*, https://emerj.com/ai-future-outlook/when-will-we-reach-the-singularity-a-timeline-consensus-from-ai-researchers/.

Bahdanau, D., K. Cho and Y. Bengio(2015), "Neural Machine Translation by Joint Learning to Align and Translate," *Proceedings of 3rd International Conference on Learning Representations(ICLR)*, 1-15.

Bajari, P., V. Chernozhukov, A. Hortaçsu and J. Suzuki(2018), "The Impact of Big Data on Firm Performance: An Empirical Investigation," *NBER WP*, 24334.

Baldwin, R.(2016), *The Great Convergence: Information Technology and the New Globalization*, Harvard University Press, Cambridge, MA USA.

Bar-Ilan, J.(2007), "Google Bombing from a Time Perspective," *Journal of Computer Mediated Communication*, 12(3), 910-938.

BBC NEWS(2018.7.19), "Google's Loon Brings Internet-by-balloon to Kenya,"

Tech, *BBC*, https://bbc.com/news/technology-44886803.

BCG(2015), "Industry 4.0: The Future of Productivity and Growth in Manufacturing Industries," BCG.

Belleflamme, P., W. Lam and W. Vergote(2017), "Price Discrimination and Dispersion under Asymmetric Profiling of Customers," *CORE Discussion Paper*, Louvain-la-Neuve, Belgium.

Bengio, Y., P. Lamblin, D. Popovici and H. Larochelle(2006), "Greedy Layer-Wise Training of Deep Network," *Advances in Neural Information Processing Systems 19*(NIPS 2006), 153-160.

Berkowitz, J. and M. White(2004), "Bankruptcy and Small Firms' Access to Credit," *RAND Journal of Economics,* 35(1), 69-84.

Bessen, J.(2018), "AI and Jobs: the Role of Demand," *NBER WP*, 24235.

Bloom, H.(1995), *The Lucifer Principle: A Scientific Expedition into the Forces of History*, Atlantic Monthly Press, Grove Atlantic, NY, USA.

Bloom, N., L. Garicano, R. Sadun and J. Van Reenen(2014), "The Distinct Effects of Information Technology and Communication Technology on Firm Organization," *Management Science*, 60(12), 2859-2885.

Bloom, N., C. Jones, J. Van Reenen and M. Webb(2017), "Are Ideas Getting Harder to Find?" *NBER WP*, 23782.

Bloom, N., R. Sadun and J. Van Reenen(2012), "Americans Do I.T. Better: US Multinationals and the Productivity Miracle," *American Economic Review*, 102(1), 167-201.

Bobrow, D.(1964), "Natural Language Input for a Computer Problem Solving System," *Ph.D Thesis*, MIT.

Brennan, L., K. Ferdows, J. Godsell, et al.(2015), "Manufacturing in the World: Where Next?" *International Journal of Operations & Production Management*, 36(9), 1253-1274.

Brown, T., D. Mane, A. Roy, M. Abadi and J. Glimer(2017), "Adversarial Patch," *Proceedings of 31st Conference on Neural Information Processing Systems*(NIPS 2017), https://arxiv.org/pdf/1712.09665.pdf.

Brown, T., B. Mann, N. Ryder et al.(2020), "Language Models are Few-Shot Learners," arXiv:2005.14165.

Brynjolfsson, E., Y. Hu and M. Smith(2003), "Consumer Surplus in the Digital Economy: Estimating the Value of Increased Product Variety at Online Booksellers," *Management Science*, 49(11), 1580-1596.

Bruening, M.(2017.3.23.), "What Job Would Be Doable under a Job Guarantee Program?" *Medium Daily Digest*.

Brynjolfsson, E. and A. McAFee(2014), *The Second Machine Age: Work, Progress, and Prosperity in a Time of Brilliant Technologies*, Norton & Company, NY USA.

Brynjolfsson, E., T. Mitchell and D. Rock(2018), "What Can Machines Learn and What Does It Mean for Occupations and the Economy?" Papers and Proceedings, *American Economic Review*, 108: 43-47.

Brynjolfsson, E., D. Rock and C. Syverson(2017), "Artificial Intelligence and Modern Productivity Paradox: A Clash of Expectations and Statistics," *NBER WP*, 24001.

Calvano, E., G. Calzolari, V. Denicolò and S. Pastorello(2019), "Artificial Intelligence, Algorithmic Pricing and Collusion," *CEPR Discussion Paper*, 13405.

Chandy, L. and B. Seidel(2017), "How Much Do We Really Know about Inequality within Countries around the World? Adjusting Gini Coefficients for Missing Top Incomes," Brookings Institute. http://www.brookings.edu/opinions/how-much-do-we-really-know-about-inequality-within-countries-around-the-world/.

Cai, H., Y. Chen and H. Fang(2009), "Observational Learning: Evidence from a Randomized Natural Field Experiment," *American Economic Review*, 99(3), 864-882.

Chen, L., A. Mislove and C. Wilson(2016), "An Empirical Analysis of Algorithmic

Pricing on Amazon Marketplace," *Proceedings of the 25th International Conference on World Wide Web, WWW '16*, International World Wide Web Conferences Steering Committee, Republic and Canton of Geneva, Switzerland, 1339-1349.

Chen, Y., Q. Wang and J. Xie(2011), "Online Social Interactions: A Natural Experiment on Word of Mouth versus Observational Learning," *Journal of Marketing Research*, 48, 238-254.

Chevalier, J.(2018), "Antitrust and Artificial Intelligence: Discussion of Varian," *The Economics of Artificial Intelligence: An Agenda*, (Agrawal, Gans, and Goldfarb eds.), University of Chicago Press, Chicago, IL USA, 419-422.

Chiou, L. and C. Tucker(2017), "Search Engines and Data Retention: Implications for Privacy and Antitrust," *NBER WP*, 23815.

Cockburn, I., R. Henderson and S. Stern(2017), "The Impact of Artificial Intelligence on Innovation," *The Economics of Artificial Intelligence, An Agenda*, (Agrawal, Gans and Goldfarb eds.), University of Chicago Press, Chicago, IL USA, 115-146.

Cole, D.(2020), "The Chinese Room Argument," *Stanford Encyclopedia of Philosophy*, https://plato.stanford.edu/entries/chinese-room/.

Corea, F.(2019.3.21), "Distributed Artificial Intelligence: A Primer on MAS, ABM, and Swarm Intelligence," Part I, II, *The Forbes*, https://www.forbes.com/sites/cognitiveworld/2019/03/21/distributed-artificial-intelligence-part-i-a-primer-on-mas-abm-and-swarm-intelligence/?sh=40335f9318a3; https://www.forbes.com/sites/cognitiveworld/2019/03/21/distributed-artificial-intelligence-part-ii-a-primer-on-mas-abm-and-swarm-intelligence/?sh=af6157e261f1.

Cortes, C. and V. Vapnik(1995), "Support Vector Network," *Machine Learning*, 20, 273-297.

Council of Economic Advisors(CEA, 2016), *The 2016 Economic Report of the President*, White House, USA.

Crafts, N.(2004), "Steam as a General Purpose Technology: A Growth Accounting

Perspective," *The Economic Journal*, 114, 338-351.

Creighton, J.(2020), "The "Father of Artificial Intelligence" Says Singularity Is 30 Years Away: All Evidence Points to the Fact That the Singularity Is Coming (regardless of which futurist you believe)," *Futurism*, https://futurism.com/father-artificial-intelligence-singularity-decades-away.

Cremer, J., Y.-A. de Montjoye and H. Schweitzer(2019), *Competition Policy for the Digital Era*, Final Report for the European Commission, Directorate-General for Competition.

"Cyc," Overview, *Wikipedia*, https://en.m.wikipedia.org/wiki/Cyc.

Dachs, B., M. Borowiecki, S. Kinkel and T. Schmall(2012), "The Offshoring of Production Activities in European Manufacturing," *MPRA Working Papers*.

Dahl, G., T. Sainath and G. Hinton(2013), "Improving Deep Neural Networks for LVCSR Using Rectified Linear Units and Dropout," *Conference Paper on 2013 IEEE, International Conference on Acoustics, Speech and Signal Processing*.

Dalakov, G.(2017), *History of Computers and Computing, Automata, Jacques Vaucanson*, http://history-computer.com/Dreamers/Vaucanson.html.

Dauth, W., S. Findeisen, J. Südekum and N. Wößner (2017), "German Robots -The Impact of Industrial Robots on Workers," *IAB discussion paper*.

DeCanio, S.(2016), "Robots and Humans - Complements or Substitutes?" *Journal of Macroeconomics*, 49, 280-291.

Decker, R., J. Haltiwanger, R. Jarmin and J. Miranda(2014), "The Role of Entrepreneurship in US Job Creation and Economic Dynamism," *Journal of Economic Perspectives*, 28(3), 3-24.

Delis, A., N. Driffield and Y. Temouri(2017), "The Global Recession and the Shift to Re-shoring: Myth or Reality?" *Journal of Business Research*, http://dx.doi.org/10.1016/j.jbusres.2017.09.054.

Dellarocas, C.(2000), "Immunizing Online Reputation Reporting Systems against

Unfair Ratings and Discriminatory Behavior," *Proceedings of the 2nd ACM Conference*, Electronic Commerce Association for Computing Machinery, Minneapolis, MN USA, 150-157.

Devlin, J., M.-W. Chang, K. Lee and K. Toutanova(2018), "BERT: Pre-training of Deep Bidirectional Transformers for Language Understanding," https://arxiv.org/abs/1810.04805.

Dreyfus, H.(1979), "From Mico-Worlds to Knowledge Representation: AI at an Impasse," *Mind Design II* (ed. by J. Haugeland), 143-159.

Dreyfus, H. and S. Dreyfus(1988), "Making a Mind Versus Modeling the Brain: Artificial Intelligence Back at a Branchpoint," *Daedalus*, 117, 15-54.

Dubé J.-P. and S. Misra(2017), "Scalable Price Targeting," *NBER WP*, 23775.

Economist(2017.5.9), "A New York startup shakes up the insurance business," When Life Throws You Lemons, *Economist*, https://www.economist.com/finance-and-economics/2017/03/09/a-new-york-startup-shakes-up-the-insurance-business.

Eissa, N. and J. Liebman(1996), "Labor Supply Response to the Earned Income Tax Credit," *Quarterly Journal of Economics*, 111(2), 605-637.

Elsby, M., B. Hobjin and A. Sahin(2013), "The Decline of the U.S. Labor Share," *Brookings Papers on Economic Activity*, 1-42.

Ezrachi, A. and M. Stuke(2016), "Virtual Competition," *Journal of European Competition Law & Practice*, 7(9), 585-586.

"Ferranti Mark 1," *Wikipedia*, https://en.m.wikipedia.org/wiki/Ferranti_Mark_1.

Freiberger, P. et al., "EDSAC Computer," Technology, *Britannica*, https://www.britannica.com/technology/EDSAC.

Frey C. and M. Osborne(2017), "The Future of Employment: How Susceptible Are Jobs to Computerization?" *Technological Forecasting and Social Change*, 114, 254-280.

Ford, M.(2009), *The Lights in the Tunnel: Automation, Accelerating Technology and the Economy of the Future*, CreateSpace Independent Publishing Platform, Scotts Valley, CA USA.

Ford, M.(2015), *The Rise of the Robots,* Basic Books, NY USA.

Furman, J.(2017), "Is This Time Different? The Opportunities and Challenges of Artificial Intelligence," *Remarks at AI Now: The Social and Economic Implications of Artificial Intelligence Technologies in the Near Term*, NYU, https://obamawhitehouse.archives.gov/sites/default/files/page/files/20160707_cea_ai_furman.Pdf.

Furman, J. and R. Seamans(2018), "AI and the Economy," *NBER WP*, 24689.

Gal, M. and N. Elkin-Koren(2017), "Algorithmic Consumers," *Harvard Journal of Law and Technology*, 30(2), 309-352.

Galeon, D.(2020), "Separating Science Fact From Science Hype: How Far off Is the Singularity?" *Futurism*, https://futurism.com/separating-science-fact-science-hype-how-far-off-singularity.

Gautier, A., A. Ittoo and P. Van Cleynenbreugel(2020), "AI Algorithms, Price Discrimination and Collusion: A Technological, Economic and Legal Perspective," *European Journal of Law and Economics*, Springer On-Line.

George, D., W Lehrach, K. Kansky et al.(2017), "A Generative Vision Model That Trains with High Data Efficiency and Breaks Text-based CAPTCHAs," Research Article, *Science*, 358(6368), https://science.sciencemag.org/content/358/6368/eaag2612.

Goel, A.(2016), "Deep Boltzmann Machines," ppt. 4, http:/swoh.web.engr.illinois.edu/courses/IE598/handout/fall2016_slide18.pdf.

Goldfarb, A.(2014), "What Is Different about Online Advertising?" *Review of Industrial Organization*, 44(2), 115-129.

Goldfarb, A. and C. Tucker(2019), "Digital Economics," *Journal of Economic*

Literature, 57(1), 3-43.

Good, I.(1965), "Speculation Concerning the First Ultra-Intelligent Machine," *Advances in Computers*, 6, 31-88, https://doi.org/10.1016/S0065-2458(08)60418-0.

Good, I.(1965.4.15), "Logic of Man and Machine," *The New Scientist*, 182-183.

Goodfellow, I., Y. Bengio, J. Pouget-Abadie, M. Mirza et al.(2014), "Generative Adversarial Networks," *NIPS(Neural Information Processing Systems) proceedings*, 1-9.

Goolsbee, A.(2017), "Public Policy in an AI Economy," *The Economics of Artificial Intelligence: An Agenda*, (Agrawal, Gans and Goldfarb eds.), University of Chicago Press, Chicago, IL USA, 309-316.

Gordon, R.(2014), "The Demise of US Economic Growth: Restatement, Rebuttal, and Reflections," *NBER WP*, 19895.

Grace, K., J. Salvatier, A. Dafoe, B. Zhang and O. Evans(2018), "When Will AI Exceed Human Performance? Evidence from AI Experts," arXiv:1705.08807v3[cs.AI].

Greatz, G. and G. Michaels(2015), "Robots at Work," *CES Discussion Paper*, 1335.

Green Leigh N. and B. Kraft(2017), "Emerging Robotic Regions in the United States: Insights for Regional Economic Evolution," *Regional Studies*, 1-13.

Groover, M.(2014), *Fundamentals of Modern Manufacturing: Materials, Processes, and Systems*, 4th ed., John Wiley & Sons, Hoboken NJ USA.

Gugerty, L.(2006), "Newell and Simon's Logic Theorist: Historical Background and Impact on Cognitive Modeling," *Proceedings of the Human Factors and Ergonomics Society Annual Meeting*, https://doi.org/10.1177/154193120605000904.

Gunning, D. and D. Aha(2019), "DARPA's Explainable Artificial Intelligence(XAI) Program," *AI Magazine*, 40(2), http://doi.org/10.1609/aimag.v40i2.2850.

Guzman, A.(1968), "Decomposition of a Visual Scene into Three-Dimensional

Bodies," *Proceedings of Fall Joint Computer Conference*, Part 1, AFIPS '68, 291–304, https://doi.org/10.1145/1476589.1476631.

Haugeland, J.(1985), *Artificial Intelligence: The Very Idea*, MIT Press, Cambridge MA, USA.

Heaven, W.(2020), "Artificial General Intelligence: Are We Close, and Does It Even Make Sense to Try?" *MIT Technology Review*, https://www.technologyreview.com/2020/10/15/1010461/artificial-general-intelligence-robots-ai-agi-deepmind-google-openai/.

Hémos, D. and M. Olsen(2016), "The Rise of the Machines: Automation, Horizontal Innovation and Income Inequality," *IESE Business School WP*, WP-1110-E.

Himel, S. and R. Seamans(2017), "Artificial Intelligence, Incentives to Innovate, and Competition Policy," *Antitrust Chronicle*, 1(3), https://www.competitionpolicyinternational/wp-content/uploads/2017/12/CPI-Himel-Seamans.PDF.

Hinton, G.(2009), "Deep Belief Networks," *Scholarpedia*, 4(5), 5947.

Hinton, G., S. Osindero and Y. Teh(2006), "A Fast Learning Algorithm for Deep Belief Nets," *Neural Computation*, 18(7), 1527–1554.

Hinton, J. and T. Sejnowsky(1983), "Optimal Perceptual Inference," *Computer Vision and Pattern Recognition*, 448–453.

"History of Artificial Intelligence," AI 1993-2011, *Wikipedia*, https://en.m.wikipedia.org/wiki/History_of_artificial_intelligence.

Hochreiter, S.(1998), "The Vanishing Gradient Problem during Learning Recurrent Neural Nets and Problem Solutions," *International Journal of Uncertainty, Fuzziness and Knowledge-Based Systems*, https://doi.org/10.1142/S0218488598000094.

Hopfield, J.(1982), "Neural Networks and Physical Systems with Emergent Collective Computational Abilities," *PNAS(Proceedings of the National Academy of Sciences of the USA)*, 2554–2558, https://doi.org/10.1073/pnas.79.8.2554.

Horvitz, E.(2016), "Machine Learning, Reasoning, and Intelligence in Daily Life: Directions and Challenges," https://www.microsoft.com/en-us/research/wp-content/uploads/2016/11/AmbientAI_Keynote.pdf.

Hotz, V., C. Mullin, and J. Scholz(2006), "Examining the Effect of the Earned Income Tax Credit on the Labor Market Participation of Families on Welfare," *NBER WP*, 11968.

IRS, "Tax Year 2020 Income Limits and Range of EITC," *Income Limits and Range of EITC*, Internal Revenue Service.

Jäger, A., C. Moll and C. Lerch(2016), *Analysis of the Impact of Robotic Systems on Employment in the European Union - Update*, Publication Office of the European Union.

Jia, D., D. Way, R. Socher, L. Li-Jia, L. Kai and F.-F. Li(2009), "Imagenet: A Large-Scale Hierarchical Image Database," *CVPR(Computer Vision and Pattern Recognition)* 2009; 248-255.

Jin, G.(2018), "Artificial Intelligence and Consumer Privacy," *NBER WP*, 24253.

Jorgenson, D., M. Ho and K. Stiroh(2008) "A Retrospective Look at the U.S. Productivity Growth Resurgence," *Journal of Economic Perspectives*, 22(1), 3-24.

Karabarbounis, L. and B. Neiman(2014), "The Global Decline of the Labor Share," *Quarterly Journal of Economics*, 129(1), 61-103.

Karpathy, A., A. Joulin, and F.-F. Li(2014), "Deep Fragment Embeddings for Bidirectional Image Sentence Mapping," *Proceedings of the 27th International Conference on Neural Information Processing System*, 2, Cambridge, MA USA, 1889-1897.

Kavuri, A. and W. McKibbin(2017), "Technology and Leisure: Macroeconomic Implications," *CAMA Working Paper*, 43.

Klein, T.(2018), "Autonomous Algorithmic Collusion: Q-Learning under Sequential Pricing," *Tinbergen Institute Working Paper*, TI 2018-056.

Krishna, R., Y. Zhu, O. Groth F.-F. Li, et al.(2016), "Visual Genome: Connecting Language and Vision Using Crowdsourced Dense Image Annotations," *arXiv*, arXiv:1602.07332(cs).

Krizhevsky, A., I. Sutskever and G. Hinton(2012), "ImageNet Classification with Deep Convolutional Neural Networks," *Advances in Neural Information Processing Systems*, 25(2), 1097-1105.

Kurzweil, R.(2002.4.9), "Response to Mitchell Kapor's "Why I Think I Will Win,"" https://www.kurzweilai.net/response-to-mitchell-kapor-s-why-i-think-i-will-win.

Lecun, Y., B. Boser, J. Denker et al.(1989), "Backpropagation Applied to Handwritten ZIP Code Recognition," *Neural Computation*, 1, 541-551.

Leibniz, G.(1666), "Dissertation on the Art of Combinations," *Philosophical Papers and Letters*, (ed. by L. Loemker), 2, Springer, Dordrecht, Netherlands, https://doi.org/10.1007/978-94-010-1426-7_2.

Levin, J. and P. Milgrom(2010), "Online Advertising: Heterogeneity and Conflation in Market Design," *American Economic Review*, 100(2), 603-607.

Lighthill, J.(1973), "Artificial Intelligence: A General Survey," *Artificial Intelligence*, British Science Research Council.

Lu, Y. and Y. Zhou(2019), "A Short Review on Economics of Artificial Intelligence," *CMA Working Paper*, 54.

Markoff, J.(2012.6.25), "How many Computers to Identify a Cat? 16,000," *The New York Times*, https://www.nytimes.com/2012/06/26/technology/in-a-big-network-of-computers-evidence-of-machine-learning.html.

McCarthy, J. and P. Hayes(1969), "Some Philosophical Problems from the Standpoint of Artificial Intelligence," *Machine Intelligence 4*(Meltzer and Michie eds.), Edinburgh University Press, Edinburgh, UK, 463-502.

McCorduck, P.(2004), *Machines Who Think: A Personal Inquiry into the History and*

Prospects of Artificial Intelligence, A.K. Peters, Natick, MA USA.

McCulloch W. and W. Pitts(1943), "A Logical Calculus of Ideas Immanent in Nervous Activity," *Bulletin of Mathematical Biophysics*, 5, 115-133.

McKibbin, W. and A. Triggs(2019), "Stagnation vs Singularity: The Global Implications of Alternative Productivity Growth Scenarios," *CAMA Working Paper*, 2019-26.

"Mean-Field Game Theory," *Wikipedia*, https://en.m.wikipedia.org/wiki/mean_field_game_theory.

Mehra, S.(2015), "Antitrust and the Robo-Seller: Competition in the Time of Algorithms," *Minnesota Law Review*, 100, 1323-1375.

MGI(McKinsey Global Institute, 2017), "A Future That Works: Automation, Employment, and Productivity," https://www.mckinsey.com/~/media/McKinsey/Global%20Themes/Digital%20Disruption/Harnessing%20automation%20for%20a%20future%20that%20works/MGI-A-future-that-works_Fullreport.ashx.

MGI(2018), "Note from the AI Frontier: Modeling the Impact of AI on the World Economy," *Discussion Paper*.

Mguni, D., J. Jennings and E. Munoz de Cote(2018), "Decentralized Learning in Systems with Many Strategic Agents," arXiv:1803.05028v1.

Milgrom, P. and S. Tadelis(2018), "How Artificial Intelligence and Machine Learning Can Impact Market Design," *NBER WP*, 24282.

Minsky, M.(1967), *Computation: Finite and Infinite Machines*, Prentice-Hall, Englewood Cliffs, NJ USA.

Minsky, M. and S. Parpert(1969), *Perceptrons: An Introduction to Computational Geometry*, MIT Press, Cambridge, MA USA.

Molloy, R., C. Smith and A. Wozniak(2014), "Declining Migration within the US: the Role of the Labor Market," *NBER WP*, 20065.

Müller, V. and N. Bostrom(2014), "Future Progress in Artificial Intelligence: A Survey of Expert Opinion," *Fundamental Issues of Artificial Intelligence* (ed. by V. Müller), Springer, Berlin, Germany.

Murray, C.(2006), *In Our Hands: A Plan to Replace the Welfare State*, AEI Press, Washington, D.C., USA.

Nair, V. and G. Hinton(2010), "Rectified Linear Units Improve Restricted Boltzmann Machines," *Proceedings of the 27th International Conference on Machine Learning*(ICML-10), 807-814.

Ng, A., J. Dean, Q. Le et al.(2012), "Building High-level Features Using Large Scale Unsupervised Learning," *Google Research*, arXiv:1112.6209(cs).

Nordhaus, W.(2015), "Are We Approaching an Economic Singularity? Information Technology and the Future of Economic Growth," *NBER WP*, 21547.

Norton, A.(2017a), "Automation Will End the Dream of Rapid Economic Growth for Poorer Countries," *The Guardian*, http://www.theguardian.com/sustainable-business/2016/sep/20/robots-automation-end-rapid-economic-growth-poorer-countries-africa-asia.

Norton, A.(2017b), "Automation and Inequality: The Changing World of Work in the Global South," *Issue Paper*, http://pubs.iied.org/pdfs/11506IIED.pdf.

Oakley B. and K. Owen(1990), *Alvey: Britain's Strategic Computing Initiative*, MIT Press, London, UK.

OECD(2015), *Data-Driven Innovation: Big Data for Growth and Well-Being*, OECD Publishing, Paris, France, http://dx.doi.org/10.1787/9789264229358-en.

OECD (2016a), "Competition and Innovation in Land Transport," https://one.oecd.org/document/DAF/COMP/WP2(2016)6/en/pdf.

OECD (2016b), "Protecting and Promoting Competition in Response to 'Disruptive' Innovations in Legal Services," https://one.oecd.org/document/DAF/COMP/WP2(2016)1/en/pdf.

OECD (2016c), "Refining Regulation to Enable Major Innovations in Financial Markets," https://one.oecd.org/document/DAF/COMP/WP2(2015)9/en/pdf.

OECD(2017), "Algorithms and Collusion: Competition Policy in the Digital Age," https://www.oecd.org/competition/algorithms-collusion-competition-policy-in-the-digital-age.htm.

Oliner, S., D. Sichel and K. Stiroh(2007), "Explaining a Productive Decade," *Brookings Papers on Economic Activity*, 1, 81-137.

Paine, T.(1797), *Agrarian Justice*, a Pamphlet.

Patterson, M.(2013), "Google and Search-Engine Market Power," *Harvard Journal of Law & Technology Occasional Paper Series*.

Phelps, E.(1997), *Rewarding Work: How to Restore Participation and Self-support to Free Enterprise*, Harvard University Press, Cambridge, MA USA.

Pollack, A.(1992.6.5.), "'Fifth Generation' Became Japan's Lost Generation," *The New York Times*.

Quillian, R.(1968), "Semantic Network," *Semantic Information processing* (ed. by M. Minsky), The MIT Press, Cambridge MA, USA.

Ratliff, J. and D.-L. Rubinfeld(2014), "Is There a Market for Organic Search Engine Results and Can Their Manipulation Give Rise to Antitrust Liability?" *Journal of Competition Law & Economics*, 10(3), 517-541.

Rochet, J.-C. and J. Tirole(2003), "Platform Competition in Two Sided Markets." *Journal of the European Economic Association*, 1(4), 990-1029.

Rochet, J.-C. and J. Tirole(2006), "Two Sided Markets: A Progress Report," *RAND Journal of Economics*, 37(3), 645-667.

Roland, A. and P. Shiman(2002), *Strategic Computing: DARPA and the Quest for Machine Intelligence, 1983-1993*, MIT Press, Cambridge MA USA.

Rosen, S.(1981), "The Economics of Superstars," *American Economic Review*,

71(5), 845-858.

Roseneberg, L.(2018), "New Hope for Humans in an A.I. World," *TEDx Talks*(vod).

Rosenberg, N.(1983), "The Effects of Energy Supply Characteristics on Technology and Economic Growth," *Energy, Productivity, and Economic Growth*, (Schurr, Sonenblum, and Wood eds.), Oelgeschlager, Gunn, and Hain, Cambridge, MA USA.

Rosenblatt, F.(1957), "The Perceptron-a Perceiving and Recognizing Automation," *Report*, 85-460-1, Cornell Aeronautical Laboratory.

Rumelhart D., G. Hinton and R. Williams(1986), "Learning Representations by Back-Propagating Errors," *Nature*, 323, 533-536.

Russell, R. and P. Norvig(2003), *Artificial Intelligence*, Pearson Education, London, UK.

Russel, S. and P. Norvig(2013), *Artificial Intelligence: A Modern Approach*, 3rd ed., Prentice Hall, Englewood Cliff, NJ USA.

Sachs, J., S. Benzell and G. LaGarda(2015), "Robots: Curse or Blessing? A Basic Framework," *NBER WP*, 21091.

Sagar, R.(2020.3.6), "Open AI Releases GPT-3, The Largest Model So Far," *Analytics India Magazine*, https://analyticsindiamag.com/open-ai-gpt-3-language-model/.

Salganik, M., P. Dodds and D. Watts(2006.2.10), "Experimental Study of Inequality and Unpredictability in an Artificial Cultural Market," *Science*, 311, 854-856.

Sample, I.(2018.12.2), "Google Deepminds AI Program Alphafold Predicts 3D Shapes of Protains," Science, *The Guardian*, https://www.theguardian.com/science/dec/02/google-deepminds-ai-program-alphafold-predicts-3d-shapes-of-protains.

Samuel, A.(1959), "Some Studies in Machine Learning Using the Game of Checkers," *IBM Journal of Research and Development*, 3(3), 210-229.

Schank, R.(1972), "Conceptual Dependency: A Theory of Natural Language

Understanding," *Cognitive Psychology*, 3, 552-631.

Schurr, S.(1983), "Energy Efficiency and Economic Efficiency," *Energy, Productivity, and Economic Growth*, (Schurr, Sonenblum, and Wood eds.), Oelgeschlager, Gunn, and Hain, Cambridge, MA USA.

Schwab, K.(2016.1.14), "The Forth Industrial Revolution: What It Means, How to Respond," *World Economic Forum*, https://www.weforum.org/agenda/2016/01/the-fourth-industrial-revolution-what-it-means-and-how-to-respond.

Shead, S.(2020.7.29), "Elon Musk Says DeepMind Is His 'Top Concern' When It Comes to A.I.," Tech, *CNBC*, https://www.cnbc.com/2020/7/29/elon-musk-deepmind-ai.html.

Shead, S.(2020.7.31.), "Why Everyone is Talking about the A.I. Text Generator Released by an Elon Musk-backed Lab," *CNBC*.

Shiller, B.(2014), "First Degree Price Discrimination Using Big Data," Economics Department, Brandeis University, Waltham, MA USA.

Silver, D., T. Hubert, J. Schrittwieser et al.(2018), "A General Reinforcement Learning Algorithm That Masters Chess, Shogi, and Go through Self-Play," *Science*, 1140-1144.

Silver, D., J. Schrittwieser, K. Simonyan et al.(2017), "Mastering the Game of "Go" without Human Knowledge," *Nature*, 550, 354-359.

Simon, H.(1965), *The Shape of Automation for Men and Management*, Harper & Row, NY USA.

Simon, H. and A. Newell(1958), "Heuristic Problem Solving: the Next Advance in Operations Research," *Operation Research*, 6(1), 1-10.

"Siri," Development, *Wikipedia*, https://en.m.wikipedia.org/wiki/Siri.

Solow, R.(1987.7.12.), "We'd Better Watch Out," *The New York Times Book Review*, 36.

Spelke, E.(1985), "Object Permanence in Five-month-old Infants," *Cognition*, 20(3), 191-208.

Spice, B.(2017.12.17), "Carnegie Mellon Reveals Inner Working of Victorious AI: Libratus AI Defeated Top Pros in 20 Days of Poker Play," *Carnegie Mellon University News*, https://cmu.edu/news/stories/archives/2017/december/ai-inner-workings.html.

Stentolft, J., J Olharger, J. Heikkila and L. Thomas(2016), "Manufacturing Backshoring: A Systematic Literature Review," *Operations Management Research*, 9(3-4), 53-61.

Stern, A. and L. Kravitz(2016), *Raising the Floor: How a Universal Basic Income Can Renew Our Economy and Rebuild the American Dream*, Public Affairs, NY USA.

Sussman, G. and T. Winograd(1970), *Micro-Planner Reference Manual,* Project MAC, MIT Press, Cambridge, MA USA.

Taddeo, M. and L. Floridi(2018), "How Can AI Be a Force for Good: An Ethical Framework Will Help Harness the Potential of AI While Keeping Humans in Control," *Science*, 361, 751-752.

The Capitol Forum(2017.1.20.) "Tech Platforms Weekly: A Closer Look at Amazon's Conduct in the Book Market; More Claims of Search Bias; Facebook, Apple, and Net Neutrality Updates; The Myspace Myth," http://thecapitolforum.cmail2.com/t/ViewEmail/j/91CFEB1924D56C52/45A74A929A973E10E663AB054A538FBA.

Tirole, J.(2017), *Economics for the Common Good*, Princeton University Press, Princeton, NJ USA.

Townley, C., E. Morrison and K. Yeung(2017), "Big Data and Personalized Price Discrimination in EU Competition Law," *Yearbook of European Law*, 36, 683-748.

Tucker, C.(2018), Privacy, Algorithms and Artificial Intelligence," *The Economics of Artificial Intelligence: An Agenda*, (Agrawal, Gans, and Goldfarb eds.), University of Chicago Press, Chicago, IL USA, 423-437.

Tucker, C. and J. Zhang(2011), "How Does Popularity Information Affect Choices? A Field Experiment," *Management Science*, 57(5), 828-842.

Turing, A.(1936), "On Computable Numbers, with an Application to the Entsheidungproblem: A Correction," *Proceedings of the London Mathematical Society*, 42(2), 230-265.

Turing, A.(1950), "Computing Machinery and Intelligence," *Mind*, 49, 433-460.

Tyers R. and Y. Zhou(2017), "Automation and Inequality with Taxes and Transfers," *CAMA Working Papers*, 2017-16.

UNCTAD(2017), *Trade and Development Report 2017-Beyond Austerity: Towards a New Global Deal*.

Van Der Hoog, S.(2017), "Deep Learning in (and of) Agent-Based Models: A Prospectus," arXiv:1706.06302.

Varian, H.(2018), "Artificial Intelligence, Economics, and Industrial Organization," *The Economics of Artificial Intelligence: An Agenda*, (Agrawal, Gans, and Goldfarb eds.), University of Chicago Press, Chicago, IL USA, 399-419.

Vaswani, A., N. Shazeer, N. Parmer et al.(2017), "Attention Is All You Need," *Proceedings of NIPS,* arXiv:1706.0376.

Vicarious(2017.10), "Common Sense, Cortex, and CAPTCHA," *Research Blog*, https://www.vicarious.com/posts/common-sense-cortex-and-captcha.

Vinyals, O., I. Babuschkin, W. Czarnecki et al.(2019), "Grandmaster Level in StarCraft II Using Multi-Agent Reinforcement Learning," *Nature*, 575, 350-369.

Vinyals, O., A. Toshev, A. Bengio and D. Erhan(2014), "Show and Tell: A Neural Image Caption Generator," *CoRR*, abs/1411.4555.

Waltman, L. and U. Kaymak(2008), "Q-Learning Agents in a Cournot Oligopoly Model," *Journal of Economic Dynamics and Control*, 32(10), 3275-3293.

Weizenbaum, J.(1976), *Computer Power and Human Reason: From Judgment to*

Calculation, W.H. Freeman and Co, NY USA.

Werbos, P.(1974), "Beyond Regression: New Tools for Prediction and Analysis in the Behavioral Science," *Ph.D Thesis*, Applied Mathematics Department, Harvard University.

Wilks, Y.(2014.6.11), "Don't Believe the Science Hype-We Haven't Created True AI Yet," *The Guardian*.

Wilson, H., P. Daugherty and C. Davenport(2019), "The Future Will Be about Less Data Not More," *Harvard Business Review*, http://hbr.org/2019/01/the-future-will-be-about-less-data-not-more.

Winston, P.(1970), *Learning Structural Description from Examples*, Project MAC, MIT Press, Cambridge MA, USA.

World Bank(2016), *World Development Report 2016: Digital Dividends*.

World Bank(2017), *Trouble in the Making? The Future of Manufacturing-led Development*, https://open-knowledge.worldbank.org/handle/10986/27946.

Wu, L., Y. Xia, F. Tan et al.(2018), "Adversarial Neural Machine Translation," *Proceedings of Machine Learning Research*, 95, 534-549.

"XCON," Wikipedia, https://en.m.wikipedia.org/wiki/Xcon.

Yang, Y., R. Luo, M. Li et al.(2018), "Mean Field Multi-Agent Reinforcement Learning," arXiv:1802.05438.

Yang, Z., Z. Dai, Y. Yang et al.(2019), "XLNet: Generalized Autoregressive Pretraining for Language Understanding," https://arxiv.org/abs/1906.08237.

Yirka, B.(2017.10.27), "Vicarious AI Team Reveals How It Defeated CAPTCHA," Computer Science, *Tech Xplore*, https://techxplore.com/news/2017-10-vicarious-ai-team-reaveals-defeated.html.

Zhang, J.(2010), "The Sound of Silence: Observational Learning from the U.S. Kidney Market," *Marketing Science*, 29(2), 315-335.

Zhou, Y. and R. Tyers(2017), "Automation and Inequality in China," *CAMA Working Papers*, 2017-59.

Zingales, L. and G. Rolnick(2017.6.30), "A Way to Own Your Social-Media Data," op-ed, *The New York Times*.

Zukerberg, M.(2017.5.25), "Mark Zuckerberg's Commencement Address at Harvard," https://news.harvard.edu/gazette/story/2017/05/mark-zuckerbergs-speech-as-written-for-harvards-class-of-2017/.

AI 임팩트 – 인공지능의 정체와 삶에 미치는 파장

초판 2쇄 펴낸날 2021년 8월 30일 ∥ **지은이** 이주선
펴낸곳 굿인포메이션 ∥ **펴낸이** 정혜옥 ∥ **편집** 연유나, 이은정 ∥ **영업** 최문섭
출판등록 1999년 9월 1일 제1-2411호
사무실 04779 서울시 성동구 뚝섬로 1나길 5(헤이그라운드) 7층
사서함 06779 서울시 서초구 동산로 19 서울 서초우체국 5호
전화 02)929-8153 ∥ **팩스** 02)929-8164 ∥ E-mail goodinfozuzu@hanmail.net
ISBN 979-11-975111-7-2 03300

굿인포메이션(스쿨존, 스쿨존에듀)은 작가들의 투고를 기다립니다.
책 출간에 대한 문의는 이메일 goodinfozuzu@hanmail.net으로 보내주세요.